한국어로 내려온
New Bible

새로운 성 경

제42권

3부 | 총10부

하얀마음

하나님 말씀 중에서

1. 사랑의 하나님

- 세상을 창조하신 하나님은 모두를 사랑하신다. 인간만 특별히 더 사랑하지 않고, 우주 만물을 다 똑같이 사랑하신다. 그러니 하나님이 창조하신 천지 만물과 화친하고, 미물까지도 소중히 대하라.

- 하나님은 특정 종파나 민족만을 더 사랑하지 않으신다. 자기 자신만 구원받겠다는 욕심을 버리고, 자기 종파만 구원받는다는 편협한 교리에서 벗어나야 한다. 종파를 초월해서, 모두를 사랑하라.

- 원수까지 사랑하라 했으니, 이 세상에 사랑하지 못할 자가 누가 있겠는가? 종파가 다르다고 해서 부모 형제와 원수처럼 지내는 자는 인간의 근본을 모르는 자다. 가장 가까운 가족부터 사랑할 때 남도 진심으로 사랑할 수 있다.

- 한 사람을 원수같이 생각하던 마음에서 사랑하는 마음으로 돌리면, 자기 자신의 마음이 가장 기쁘고 행복하다. 하나님께서는 인간의 마음속에 무거움이 없이 기쁘고 행복한 삶을 살기를 바라신다.

- 이웃을 "내 몸처럼" 사랑하라 했으니, 마지막 한 장 남은 천국의 티켓도 이웃에게 양보하라. 자기 중심적인 신앙에서 벗어나서 남을 위해 살아야 한다.

- 독초도, 약초도, 이단도 사탄도 천사도 다 필요하기에 존재한다. 독초일지라도 극소량을 사용해서 생명을 살릴 수 있고, 약초라 하더라도 남용하면 생명을 잃을 수 있다.

- 세상 모든 것을 명약으로 활용하는 것은 인간의 지혜에 달렸다. 어떤 것이든 어떤 사람이든 적재적소에 꼭 필요한 명약으로 승화시키라.

- 사탄도 이단도 천사도 모두 하나님의 주관하에 존재한다. 진정한 하나님의 백성은 사탄과 마귀까지도 감화시켜서 천사로 거듭나게 한다.

2. 기도

- 하나님은 인간의 생각까지 모두를 다 알고 계신다. 우리의 소원도 이미 알고 계시기에, 소원의 기도를 할 필요가 없다. 우리가 받을 자격이 되면 내려 주신다.

- 죄를 짓고 아무리 회개를 해도 용서받지 못한다. 도둑질한 자는 용서해 달라고 기도하고, 도둑맞은 자는 도둑을 잡게 해 달라고 기도하면, 공의의 하나님은 누구의 편에 서시겠는가?

- 자기가 잘못한 것은 그 사람에게 직접 갚고 용서를 구하라. 그가 용서하면 하나님도 용서하신다. 땅에서 매면 하늘에서도 매이고, 땅에서 풀리면 하늘에서도 풀리는 이치다.

- "회당에서 기도하지 말고 골방에서 기도하라" 했다. 눈에 보이는 골방이 아니라, 골방과 같이 고요한 마음이다. 잡념을 버리고 하나님을 향해 마음을 집중하며, 사랑하고 용서하는 아름다운 생각만 나오도록 하라.

- "두드리면 열릴 것이다." 하는 것은 육의 소원을 위해 두드리라는 것이 아니라, 진리의 깨달음을 얻기 위해 두드리라는 것이다.

- 기도하는 방법: 생활 속에서 수시로 기도하는 삶을 살아야 한다.

- "저의 죄를 용서하여 주옵소서." 하는 회개의 기도를 하라.
- 범사에 "하나님! 감사합니다." 하라. 현재 가진 것에 감사하며, 과욕하지 말라. 자기 노력 이상의 것을 더 갖고자 기도하는 것은 도둑놈심보다. 공의의 하나님은 각자 노력한 만큼 주신다.
- "하나님 뜻대로 살아가겠나이다." 하며 마음의 각오를 다지라.

- 기도는 하나님의 말씀을 받아서 "행하는 것"이다. 하나님이 계심을 굳건히 믿고, 하늘을 향하여 한 점 부끄럼 없이 사는 삶 자체가 가장 위대한 기도이며, 삶이 곧 예배다.

3. 지도자

- 똑같이 사랑한다는 말을 해도, 순수하게 하는 말은 천사의 말이지만, 사기 쳐서 재산을 가로채려고 하는 말은 사탄의 말이다.

- 종교 지도자가 아무리 훌륭한 설교를 해도, 신도의 재물을 거둬서 더 큰 교회를 짓고 자기의 부귀영화를 바라며 설교하면 사탄의 가르침이 된다.

- "저희 교회는 만원사례요, 믿음은 다 같으니 이웃의 개척 교회에 가서 예배를 드리시오." 하며, 이웃 교회의 부흥을 먼저 생각하여 제 신도를 보내는 종교 지도자가 있다면 그를 따르라. 그가 하나님의 사랑을 실천하는 자다.

- "부자가 천국에 들어가는 것은 낙타가 바늘구멍을 통과하는 것보다 더 힘들다" 하였거늘, 지금의 교회에서는 부자가 되기만을 기도하고 소원하니, 이는 곧 천국을 포기하고 지옥 행 열차의 티켓을 사는 것과 같다.

- 예수는 빈손이었다. 종교 지도자가 예수보다 더 호화롭고 편안하게 살아간다면 잘못된 것이다. 부귀영화와 명예를 바라는 자는 절대로 갈 수 없는 좁고 협착한 길이 종교 지도자의 길이다.

- 종교 지도자는 유리로 비춰 봐 한 점의 부끄러움이 없이 살아야 한다. 의식주도 직접 일해서 해결하고, 예수의 가르침과 행함을 그대로 따라야 한다.

- 종말은 없다. 지금의 잘못 가는 종교 집단에게만 종말이 있다. 보이지 않는 하나님은 보이는 육의 종말은 관여하지 않으신다. 환경 파괴로 인간이 스스로 멸망을 자초하는 것이다. 종파끼리 싸우기 전에, 무너진 인성을 바로잡고 지구의 몸살을 해결하는 데 뜻을 모으는 게 급선무다.

4. 성전이란

- 이 세상 자체가 하나님께서 만드신 성전이다. 자연보다 더 아름다운 성전이 있는가? 보이는 건물이 성전이 아니라, 성스러운 마음가짐이 성전이다.

- 반석 위에 교회를 지으라 했다. 지상의 단단한 돌은 인간이 쪼갤 수 있으나, 마음속의 굳은 결의는 세상 무엇으로도 쪼갤 수 없다. 바르고 굳건한 믿음으로 성경의 가르침을 실천하는 것이 마음의 반석 위에 교회를 짓는 것이다.

- 손으로 지은 건물의 교회에 모여서 복음을 전하는 것이 아니라, 교회를 개인과 가정에 심어 주어야 한다. 무너지고 부서지는 건물을 짓지 말고, 마음속에 영원히 불변하는 참진리의 교회를 지으라.

5. 십계명

- 십계명은 인간이 죽어서 반드시 통과해야만 하는 열 개의 관문이다.

- 부모를 공경하지 아니한 자는 “네 부모를 공경하라.” 하는 제5계명의 관문이 열리지 않으니 구원받을 수 없다.
- 살인, 간음, 거짓, 우상 등의 나머지 계명도 마찬가지다.

- 십계명은 하나님의 친필이다. 모기소리만 한 하나님의 음성이라도 들어 보겠다고 여기저기 찾아 헤매지 말고, 십계명부터 암송하고 지키라.

- 십계명은 영혼을 구원하는 양식이며, 십계명을 지키는 것이 구원을 받는 길이다. 인간이기에 지키고자 노력하고 또 노력한다면 지킬 수 있다.

- 십계명을 지키고 천사처럼 아름답게 살아가는 그 마음 하나면 세상에 이루어지지 않는 것이 없다.

6. 보물

- 하나님은 재물이 아니라 우리의 마음을 받으신다. 사랑을 실천하며 천사처럼 변하는 마음이 하나님께 바치는 보물이다.

- 보이지 않는 하나님께 재물을 바치려 하지 말고, 너희를 길러 준 부모에게 용돈 드리고, 찾아뵙고, 효성을 다하라. 그것이 하나님께 효도하는 것이다.

- 하늘에는 선과 악의 창고가 있다. 자기 창고에 선이 많으면 천국으로 구원을 받고, 악이 많으면 심판받아 지옥으로 간다. 그것이 바로 “선한 일을 행한 자는 생명의 부활로, 악한 일을 행한 자는 심판의 부활로” 나오는 것이다.

- “선악과를 따먹지 말라”는 것은 양심을 지키라는 것이다. 선과 악을 구분할 수 있는 양심을 최초에 인간에게 주셨다. 선한 열매는 취하고, 악한 열매는 버리며, 양심에 비추어 부끄럼 없는 삶을 살아가라.

- 가장 작은 거짓말을 하지 않고, 가장 작은 죄를 짓지 않으며, 가장 작은 선행을 하고, 가장 작은 악행을 멀리하는 것이 율법의 일점 일획도 빠뜨리지 말고 다 지키는 삶을 사는 것이다.

7. 우상

- 박물관에 있는 불상은 하나의 예술품이다. 그 조각품에 대고 제 소원을 빌 때 우상숭배가 된다. 십자가라 하여도 그 앞에서 소원을 빈다면 우상숭배하는 것이며, 하나님께 소원을 빈다면 하나님을 우상으로 전락시키는 것이다.

- 지금 기복신앙에 젖어 있는 모든 사람이 우상 앞에 절을 하고 있다. 조각품을 우상이라며 파괴하지 말고, 네 마음속에 있는 욕심의 우상을 무너트리라.

- 생수를 약초가 먹으면 약을 만들고 독사가 먹으면 독을 만든다. 같은 성경을 봐도 선한 지도자는 신도를 천사로 만드는 데 활용한다. 그러나 욕심이 가득한 지도자는 재물을 거두어들여 제가 부귀영화를 누리는 데 악용한다. 그가 바로 성경을 우상숭배의 도구로 전락시키는 거짓 선지자다.

- 성경을 한 획도 빼거나 더하지 말라는 것은, 그 가르침을 빠트리지 말고 온전히 지키라는 것이다. 성경 속에서 자기에게 유리한 구절만 보는 것은, 자기에게 불리한 구절들을 빼 버리는 것이다. 믿음이 제일이요, 행함은 구원과는 관계없다는 것은 자신에게 유리한 쪽으로 성경을 악용하는 것이다.

- 진정한 종교 지도자는 종파에 관계없이 어떤 종파든 어떤 책이든 접하고 보고 깨우쳐 견문을 넓히도록 인도한다. 참진리를 모르고 자신이 없는 자가 남을 이단이라며 배척하고, 신도들의 눈과 귀를 가린다.

8. 예수

- 예수의 재림은 없다. 예수가 다시 온다 해도, 과연 누가 그를 예수라고 믿겠는가? 예수와 같은 삶의 행함이 곧 예수의 재림이다. 각자 모두가 "재림 예수"가 되는, 차원 높은 믿음으로 가야 한다.

- 예수는 "주여 주여 하지 말고, 아버지의 뜻대로 행하라"고 했다. 예수가 전한 하나님의 뜻이 곧 "길이요, 진리요, 생명"이며, 그 가르침이 예수의 보혈처럼 소중한 것이다. 예수를 믿는 것은, 예수의 가르침을 믿고 따르는 것이다.

- 예수는 낮은 자로서 만백성을 섬기고자 했다. 만나는 모든 사람을 다 하나님이라 생각하라. 돈을 벌수록 겸손하고, 높은 지위를 얻을수록 낮아지라.

▪ 예수는 종파를 만들지 않았다. 인간이 만든 종교와 인간의 교리를 따르지 말고, 예수를 통해 전한 하나님의 참진리를 연구하고 따르라.

▪ 예수가 2천 년 전에 만백성을 위해 죽었으니, 지금 이 땅에는 예수의 가르침대로 사는 천사만 존재해야 한다. 예수가 죽어 가면서 바란 것은 만백성이 천사가 되어 예수의 자리를 채워 주는 것이지, 지금과 같이 재물을 바치면서 중언부언 제 소원만을 비는 백성들을 바란 것이 아니다.

9. 구원

▪ 천사가 사는 천국에는 천사만 갈 수 있으니, 천사 같은 마음을 길러야 한다.

- "천국 열쇠를 네게 주리니 땅에서 무엇이든지 매면 하늘에서도 매일 것이라" 했다. 땅에서 천사같이 사는 자가 하늘에서도 천사가 되어 천국에 들어간다. 모든 사람에게 천사같다는 말을 듣는 삶을 살아야 한다.

▪ 천사의 곱고 아름다운 마음은 부모를 공경하고 어른을 어른으로 대접하는 데에서 출발한다. 효도하는 자는 형제와 화목하게 지내기에 가정이 화목해지고, 이웃과 화목해지고, 국가가 화목해지고, 온 인류가 화목해진다.

- 그러므로 지상의 아름다운 소왕국은 가정에서부터 이루어야 한다.

▪ 선택된 14만 명만 구원받는 것이 아니라, 천사처럼 변하고자 하는 14만 명을 기초로 온 인류가 천사처럼 거듭나는 영적인 개혁이 시작되는 것이다.

▪ 천 년에 걸쳐서 하늘에서 이루어진 것같이 이 세상을 낙원으로 만들어, 만백성이 지상의 천국에서 살다가 죽어서 그대로 하늘의 천국으로 들어가는, 영원한 지상 낙원을 건설하는 것이 하나님의 계획이다.

- **이것이 구약과 신약에 이어 "새로운 성경"으로 역사하시는 하나님의 창조의 완성이다.**

▪ 지금의 믿음으로 구원받을 수 있다면 그 길을 가라. 그러나 자신이 없다면 하나님께서 직접 내리신 160권의 "새로운 성경"을 읽고 구원의 길을 보라!

하나님 머리말씀

이 새로운 성경을 읽는 너희 모두는
이 율법에 따라 행하면 영원히 구원받을 것이니라.

너희 인간이 수년, 수십 년, 평생
성서를 공부하고 기도하는 것은
하늘나라 나의 곁으로 오고 싶은 소망일진대,

몇천 년 전의 너희 인성과 생각이
지금의 너희와는 판이하게 다르니,

꺾여 가고 병들어 가는 너희를 고칠 수 있는 길은,
오늘 내가 선지자에게 내리는 새로운 성경과 같이
너희가 변화되는 것뿐이니라.

나의 예수가 태어난 것처럼
내가 아들 선지자를 선택하여
나의 새로운 성경을 온 세계에 전하고자 하니,

묵은 것은 버리고 새로운 것은 취하여,
너희 모두는
'여호와 하나님! 저의 죄를 용서하여 주옵소서.'
하는 기도문으로 기도하고, 죄를 뉘우치라.

이 새로운 성경은
수천 년간 내려온 성서를 요약한 것이니,
너희는 이 책을 정독하여 쉽게 깨달음을 얻고,
이대로 실천하여 하늘에 오르라.

대역자 머리말

■ 하나님의 율법을 지키는 선지자로 선택을 받도다.

저는 남들처럼 그저 열심히 살아온 평범한 사람이었습니다. 그러나 50대 중반에 사업에 실패하여 많은 부채에 시달렸으며, 건강도 악화되어 눈이 잘 안 보이고, 걷기도 어렵고, 두통이 심해서 잠을 이룰 수 없는 고통의 나날을 보냈습니다. 그때 제가 선택할 수 있는 것은 육의 삶을 끝내는 길뿐이었습니다.

죽기 직전에 그동안에 죄를 지은 이들에게 용서를 빌고 인생을 끝내기로 작정하였습니다. 어려서부터 지은 죄를 빌고 빌다 보니 끝이 없었고, 죽음으로도 그 많은 죄를 용서받을 길이 없다는 생각에 하염없이 눈물이 흘렀습니다. 그 순간 '재래식 화장실의 구더기는 죄를 짓지 않는데, 나는 인간으로서 구더기만도 못한 삶을 살았구나.' 하는 생각이 들면서 괴로움에 몸부림칠 때, 갑자기 하나님의 음성이 들렸습니다.

"나는 여호와 하나님이니라. 너는 십계명을 암송하고 내가 내려 주는 메시지를 받아 책으로 만들어 만백성을 구하라." 하시며, 제 눈을 손으로 문지르게 하시고, 아픈 머리와 다리를 손으로 두드리게 하셨습니다. 그러고 나니 눈도 잘 보이고 걸을 수 있었으며 머리의 통증도 말끔히 낫게 되었습니다. 그때부터 십계명을 암송하고 나면 들려주시는 말씀을 기록하였고, 1999년 8월부터 2004년 7월까지 권당 288쪽, 총 160권을 받아서 "새로운 성경"이라는 책으로 펴내게 되었습니다.

그러한 저에게 죽기보다도 힘든 길이 시작되었습니다. 모든 교인들이 저에게 사탄이요, 이단이요, 악마요, 마지막 시대에 온 거짓 선지자라 하면서 공격하였고, 저를 짐승을 보듯이 대하는가 하면, 편협한 종교 지도자들의 선동으로 신도들이 이 책을 직접 읽어보고 평가할 기회마저 막아 버렸습니다. 그래서 하나님의 말씀을 세상에 내는 데 많은 어려움을 겪으며, 피를 토하는 심정으로 책을 전하고 있습니다.

그러나 아무리 인간의 힘으로 막으려 해도, 하나님의 뜻이 세상에 전해지는 위대한 역사는 계속될 것입니다. 책으로 전해지는 "하나님의 말씀"은 세상 끝날까지 항상 우리와 함께하실 것입니다. 사람은 죽어도, 책에 기록된 말씀은 영원히 남으니까요.

■ 따뜻한 실천

하나님께서는 어려운 사람들에게 삶의 터전을 마련해 주고, 미래를 열어 주는 것을 기뻐하십니다. 어려운 이웃이 스스로 자립할 수 있도록 이끌어 주는 것이 진정으로 이웃을 돕는 것이라고 말씀하셨습니다. 그래서 일자리가 없는 제자들에게 작은 사업장을 만들어 주는 "달란트 사업"을 하고 있습니다. 식당, 반찬 가게 등을 차려 주고, 기존의 어려운 사업장이 자립할 수 있도록 돕고 있습니다(커피숍, 미용실, 의상실 등).

하나님께서는 교회에 나와서 모든 시간과 재물을 쏟기를 원하지 않으시고, 그 시간과 재물을 교육에 투자하여 스스로 미래를 열어 가기를 원하십니다. 그래서 제때 공부하지 못한 제자들에게 학업을 이어 가도록 하였습니다. 중화요리 주방장을 하며 초등학교 검정고시부터 공부하여 2012년에 방통대를 졸업한 36세 남성, 만학도들의 2년제 중학교에 입학해서 2007년에 명지대학을 졸업한 38세 여성, 중학교 검정고시를 시작으로 숭의여자대학을 졸업한 47세 여성 등이 있습니다. 그밖에도 많은 제자들에게 나이를 초월하여 배우고 깨우쳐서 사회 속의 당당한 일원이 되도록 인도하고 있습니다.

학자금 대출로 힘겨워하는 젊은이들을 위해 "따뜻한 바람 장학회"를 발족하여(2016년 12월) 대출받은 학자금 전액을 매월 갚아 주고 있습니다. 또한, 다문화 가정을 위해 "다문화 가족 랜드"를 조성하여, 각종 시설을 무료로 활용하도록 하고 있습니다.

이러한 따뜻한 실천이 아직은 미약합니다. 그러나 책의 수입이 늘고, 저와 뜻을 같이하는 분들이 늘어나면 계속 확대할 것입니다. 지도자로서 신도의 재물을 헌금으로 거둬들여 착복하는 것이 아니라, 하나님께서 기뻐하시는 일에 사용하도록 중매 역할만 하며 살아가고자 합니다. 이런 제가 과연 사탄이고 이단인가요? 하나님께서 기뻐하시는 일이라면, 저에게 사탄이라 하든 거짓 선지자라 하든 굽히지 않고 실천해 나갈 것입니다.

끝으로, 일상의 삶 속에서 "지금 내가 하는 행동이 과연 하나님께서 기뻐하실까, 슬퍼하실까?" 생각하고, 매사에 하나님께서 기뻐하시는 길을 택하기 바랍니다. 교회에 모여서 집단적으로 예배 드리는 것이 아니라, 개인이나 가정 단위로 새로운 성경을 읽어 스스로 깨우치고 그대로 행하면 충분합니다. 그것이 마음속에 성전을 짓고, 신령과 진정으로 예배 드리는 길입니다. 그러면 천국의 문에 들어서게 됩니다.

2017. 2. 1.

하나님 말씀 대역자 김용철

차 례

십 계 명

이 책은 십계명을 암송하고 나면 내려 주시는 "하나님의 음성"을 듣고 그대로 받아쓴 기록입니다. 하나님께서 십계명을 모세에게 내려 주셨지만, 그것은 만백성에게 내려 주신 것입니다. 마찬가지로 이 책의 모든 말씀도 저에게 내려 주셨지만, 만백성 각자에게 들려주시는 말씀입니다. 여러분도 이 책을 접할 때마다 십계명을 암송하고 나서 정독해 주시기 바랍니다.

제일은, 너는 나 외에는 다른 신들을 네게 있게 말지니라.
제이는, 너를 위하여 새긴 우상을 만들지 말고, 또 위로 하늘에 있는 것이나, 아래로 땅에 있는 것이나, 땅 아래 물 속에 있는 것의 아무 형상이든지 만들지 말며, 그것들에게 절하지 말며, 그것들을 섬기지 말라.
제삼은, 너는 너의 하나님 여호와의 이름을 망령되이 일컫지 말라.
제사는, 안식일을 기억하여 거룩히 지키라.
제오는, 네 부모를 공경하라.
제육은, 살인하지 말지니라.
제칠은, 간음하지 말지니라.
제팔은, 도적질하지 말지니라.
제구는, 네 이웃에 대하여 거짓 증거하지 말지니라.
제십은, 네 이웃의 집을 탐내지 말지니라.

나 여호와가 존재함을 믿는 그 자체가 구원의 길에 들어서는 기본이요, 근본이며, 나의 새로운 성경을 가슴에 안고 정독하는 자, 반석 위에 서서 하늘에 오르는 찬란한 빛을 보게 되는 영광을 얻게 됨이니라. 진정 나를 따르고 믿는 자는 감히 사탄이나 마귀도 근접하지 못하느니라.

〈하나님 말씀〉

2002년 8월

3,049 번째 하나님 말씀

2002년 8월 21일 11시 19분

1 사랑하는 나의 아들아!
2 "네, 아버님! 말씀하옵소서."
3 내가 구약 시대에 모세를 통하여 그 백성들에게 천사와 같은 마음이요, 나의 심성과 같은 백성으로 살아가 그들이 천국의 문에 올 수 있도록 그리했으나, 그들은 그를 기다리지 못하고 나의 뜻을 역행하여, 우상을 만들며 너희들이 볼 수 없는 그 추악한 행위의 역사를 이루었음이니,
4 그리하여 내가 그에게 십계명을 내려 그 백성을 이끌고자 하였으나, 그들이 나의 뜻을 거역하고 역행하였음이니라.
5 그리하여 그들은 저희들이 오르고자 하는 그 하늘의 문을 스스로 내가 닫도록 하여 그들이 구원의 길에 오를 수 없는 그와 같은 역사의 구약 시대가 흘러갔음이니라.
6 그리하여 내가 너희들에게 십계명을 지키는 것을 강조하며, 그 십계명의 뜻을 일깨워 주기 위하여 신약 시대를 열어 직접 나의 아들을 내려보내 그 역사를 이루려 하였으나,
7 그것 또한 너희들이 사악한 방법으로 나의 아들을 그리 처형함으로 인해서 그 역사의 아픈 단면이 또 하나 시작이 되었음이니라.
8 그리하여 너희들이 하늘에 오르는 길을 막았으며, 암흑의 시대가 흘러 오늘에 너희들이 왔음이니라.
9 그리하여 내가 직접 세상에 내려가 나의 피조물 만백성을 구하기 위하여 지금 너희들을 다스려 가고 있음이니,
10 그리하여 밤과 낮을 가리지 아니하고 내가 나의 성령을 나의 아들을 통하여 법전이라는 책으로써 세상에 내려보내 너희들을 구하고자 하는 역사의 이 길을 가고 있는 것을 너희들은 알아야 될 것이니라.
11 그러나 너희들은 지금 어찌 가고 있는가?
12 수천 년 동안에 구약 시대에 그와 같이 포악한 행위를 했으며, 그 뿌리가 씨앗을 낳고 또 그 뿌리가 씨앗을 낳아 신약 시대도 그와 같이 포악한 행위로써, 더 잔인한 방법으로써 너희들의 악한 씨가 세상에 내려왔음이니,
13 2천 년의 역사가 흐르면서 너희들은 악의 씨앗이 또 악의 씨앗을 낳으며, 너희들이 죄를 지으면서도 죄의 두려움을 모르고 그와 같이 살아와, 지금에 너희들이 말하는 종말이요, 사악한 시대가 왔음이니라.
14 이제는 돈으로써, 재물로써, 금화와 은화로써 사람의 생명을 계산하며 사고파는 그와 같은 형국에 이르렀으니, 너희들이 구약 시대보다 신약 시대가 더 잔악했으며, 신약 시대보다 지금의 시대가 더 잔악하며 가혹한 형국에 이르렀음을 너희 스스로 알고 있을 것이

니라.
15 그리하여 인간이 두려우며, 인간이 무
서우며, 사랑을 베풀며 더불어 살아가
는 그 인간이 너희들에게는 항상 적대
시하는 마음, 의심하는 마음, 의혹하
는 마음, 그리고 불의를 저지르는 사
람이 아닌가 하는 그와 같은 의혹의
마음을 갖고 살아가는 형국에 이르렀
음이니라.
16 거기에 내가 어떠한 성령을 내려보내
어 너희들을 깨우치려 한다 해도, 지
금까지 굳어져 온 너희들이 세뇌 교육
이 되었으며, 너희 생각을 돌이킬 수
없으며, 너희들이 가는 길이 구원의
길이라 그리 매달림이니,
17 거기에는 어떠한 것도 타협이 없으며,
어떠한 깨우침도 너희들이 받아들일
마음의 준비가 되어 있지 아니함이니,
18 내가 그래서 천 년에 걸쳐 160권으로
너희들의 마음의 문을 열어, 너희 스
스로 지금 너희들이 지어 놓은 그 성
전에 가 재물을 바치며 모두를 바치는
것으로 구원을 받는다는 것이 허상이
라는 걸 깨닫게 하며 너희들에게 그를
느끼게 하여, 내가 이 세상의 모든 종
파의 문을 닫고자 함이니,
19 문을 닫은 그 위에서 나의 성령의 싹
이 시작될 것이며 새로운 역사가 시작
되는 그때가 올 것이니라.
20 이것이 나의 뜻이며 내가 이루고자 하
는 것이니라.
21 그리하여 그 준비에 필요한 너희들이
나로부터 선택된 백성이며, 나의 아들
의 제자로서 나의 성령을 들으며 나의
법전을 읽고 깨우쳐 만백성을 구하고
자 변해 가는 그 삶을 살고 있는 너희
들이 기초요, 근본이요,
22 너희들을 보고 나의 백성들이 깨우쳐
가는 그 역사를 이루도록 너희들이 선
택된 자요, 기초를 이루는 자이기에
내가 너희들이 소중하다 하였음이니
라.
23 이와 같이 기초를 이루는 너희들이 흔
들리며 너희 마음 자세가 다져지지 아
니하였을 때 어찌하겠는가?
24 너희들이 지금 나를 위하여 경배하며
기도드리는 이 성전의 건물도 어떠하
던가?
25 이 건물이라는 것도 기초가 잘못되어
있으며, 기초를 허술하게 하며, 그 기
초를 단단히 가꾸지 아니하였을 때,
그리고 기초를 완벽하게 다스리지 않
았을 때, 이 건물은 무너질 것이니라.
26 아무리 수백 층을 아름다운 자재와 모
두를 다 바쳐 예술적으로 역사한다 해
도 기초가 부실하면 그것은 쓰러짐이
니라.
27 바로 너희들은 기초이니라.
28 완벽한 건축물을 지을 수 있는 단단하
고 하나도 하자가 없는 건축물의 기초
이니라.
29 너희들이 기초이며 기반이니라.
30 이리하여 너희들이 소중함이니, 너희
들이 얼마나 완벽하게 마음을 다스리
고 가꿔야 되며, 깨우쳐야 되며, 변화
의 역사를 이뤄야 되며, 너희들이 하
나가 되어야 되는지 알아야 될 것이니
라.
31 기초요, 기본이 되는 너희들이 나의
성전에 모여 서로 헐뜯고 미워하며 서

로 시기하고 질투하며, 너희 마음에
맞지 아니한다 하여 그를 토로하며 너
희들의 뜻에 맞지 않는다 하여 너희들
의 의사를 토로하고 불평불만을 하며,
상대방의 이름을 거론하며 상대방의
단점을 지적하니,
32 장점을 키워 주는 그와 같은 마음을
갖지 못한다면, 너희들은 지금 기초
공사도 시작하지 못하고 있음이니라.
33 너희들이 잡석을 골라내는 그와 같은
시련을 또 겪어야 될 것인가?
34 너희들이 서로 얼굴을 붉히고 서로의
단점을 말하고 서로 추하고 부끄러운
모습을 들추어내며, 사랑으로 감싸지
아니하고 너희 자신과 같이 사랑하지
아니한다면, 너희들은 기초를 하는 그
자재로서 여기에서 또 잡석을 골라내
는 그와 같은 역사가 이루어짐이니,
바로 잡석이 무엇이던가?
35 나의 성전에 왔다가 떠나는 자가 됨이
니라.
36 너희들은 완벽한 자로서 지금 성장해
서 하나로 합치고 범벅이 되어 또 짓
이겨져서 기초를 단단히 하는 그와 같
은 역사를 이루어야 될 것이니,
37 감히 너희들이 남의 이름을 거론하며,
그의 단점이요, 그의 추한 모습이요,
그의 아픈 상처를 건드리며 남을 평가
하고 남에 대해 시시비비하는 그와 같
은 것을 버려야 될 것이니라.
38 그것부터 버려 너희들이 하나가 되는
그 역사를 이루지 아니한다면, 너희들
은 또 그 건축의 기초 자재로서 잡석
을 골라내어 그 잡석으로서 버려지는
자가 수없이 나올 것이니,
39 내가 너희들에게 깨우치는 이 이치를
깊이 깨달아 그리 행하도록 하라.
40 사람은 사람을 모르느니라.
41 너희들 말에 있지 않으냐?
42 열 길 물속의 그 깊이는 다 뒤져 알 수
있으나, 한 길도 안 되는 사람의 마음
은 알 수 없다는 뜻이 얼마나 무서운
교훈인지 알겠는가?
43 그 가르침의 위대함을 알라.
44 사람의 속을 모름이니라.
45 그가 되어 보지 아니하면 그 속을 모
름이니, 감히 누구에 대해 왈가왈부하
고 평가하는 그와 같은 어리석은 행위
를 하지 말라.
46 남을 평가하는 자, 잡석으로서 물러나
며 떨어져 버림이 될 것이니, 이를 명
심하여 행하도록 그리하라.

3,050 번째 하나님 말씀

2002년 8월 21일 14시 57분

1 사랑하는 나의 아들아!
2 "네, 아버님! 말씀하옵소서."
3 호수에 많은 잡스러운 오물들이 그득
히 쌓여 있을 때, 너희들이 그것을 건
어내는 것은 크고 큰 것들은 건어내기
가 쉬움이니라.
4 그리하여 그 물을 정화하여 쓰고자 한
다면 그 보이는 큰 것보다도 보이지
않은 작은 것들을 다 건어 냄으로 인
하여 그 물이 완전히 정화되었으며 모
두는 다 정리가 되었다 너희들이 말할
수 있을 것이니라.
5 그와 마찬가지이니라.
6 내가 호수를 예를 들어 너희 마음을

밝혀 줌이니, 너희 마음속에, 또한 너
와 너의 제자들의 지금의 마음에, 호
수에 떠 있는 큰 오물들은 너희들 마
음의 큰 죄요, 큰 잘못이니, 이와 같은
것은 너희들이 스스로 제거하며 깨우
쳐 가는 그와 같은 삶을 지금 살아가
고 있음이니라.
7 이제는 너희들이 작은 오물을 건져 내
는 그와 같은 삶의 훈련에 들어가야
됨을 알아야 될 것이니라.
8 너희들은 '이것은 괜찮겠지?' 하며 의
도적으로 또는 너희도 모르는 사이에
한 번씩의 작은 실수를 저지르며 알게
모르게 너희들이 작은 거짓말을 한 번
씩 함이니,
9 너희들 앞에 당장 불리하다 하여 작은
거짓말로써 그를 모면하는 그와 같은
삶을 살아서는 아니 됨이니라.
10 이제 그것까지도 너희들이 완벽히 고
쳐 가는 훈련에 돌입하여야 될 것이니
라.
11 가장 작은, 아무런 이해관계도 없이
그저 한마디 하면 모면할 수 있으며
한마디 하면 모두가 다 즐거울 것 같
으며 편안할 것 같은 그러한 것도 너
희들이 거짓으로써 행해서는 아니 되
느니라.
12 그렇지 아니하면 너희들이 완전하게
물을 정화시킬 수 없는 그와 같은 형
국이 됨이니,
13 큰 오물보다도 작은 오물이 더 독소를
안고 있을 수도 있음이니라.
14 너희 마음속에 큰 죄요, 큰 잘못은 스
스로 너희들이 죄를 인식하며 깨우쳐
그를 행하지 않는 그와 같은 마음이
되어 있으며, 큰 것은 너희들 자신에
게서 건져 낼 수 있는 그와 같은 깨달
음의 경지에 지금 너희들이 올라 있으
나,
15 아직도 너희들이 모르는 사이에 작은
것들의 오물을 제거하지 못하고 있음
이니,
16 너희 마음이 더러는 작기에 실수를 하
며, 또 너희들이 실수를 함으로써 모
든 것이 편안히 넘어가기에 의도적으
로 너희들이 작은 거짓말이요, 작은
실수를 함이니, 그것도 해서는 아니
됨이니라.
17 이제는 그와 같은 것을 하지 말아야
될 것이며, 나 여호와에게 한 점의 부
끄러운 일을 해서는 아니 되며, 너희
스스로 정도가 아닌 부끄러운 어떤 행
위를 해서도 아니 되는 것이니,
18 이제 너희들의 작은 마음을 다스리는
데 모든 훈련을 돌입하도록 하라.
19 가장 작은 것을 지키는 훈련을 하며,
20 이제 큰 것은 너희들이 건져 내는 훈
련을 마쳤음이니라.
21 이제는 가장 작은 것을 용서하지 않는
그와 같은 훈련에 너희들이 돌입하여
행하여 가야 할 것이니라.
22 그리하여 그리되었을 때 너희들이 바
로 설 수 있으며 나에게 오르는 길을
볼 수가 있음이니라.
23 아직도 너희들이 더러는 그저 넘어갈
만한 것, 별로 죄가 되지 아니하며 흉
이 되지 않는다 생각하며 남에게 폐가
되지 않는다 생각하여 슬쩍 너희들이
잘못된 것을 행하고 눈감아 주며, 또
너희 스스로 그와 같은 행위를 하고

살아가는, 아주 작은 실수도 하지 않
는 그 훈련에 돌입하라.
24 너희들이 먹는 생수요, 호수의 물에
큰 오물보다도 작은 오물들이 더 위험
하며 그들의 독소가 더 강할 수 있듯
이, 너희들의 작은 거짓으로 인하여
그가 또다시 싹을 틔워 사악한 싹이
너희 마음속에 있음이니, 더 무서운
독소로 변할 수도 있음이니라.
25 그러니 가장 작은 것을 용서하지 않는
그와 같은 훈련에 이제 돌입하라.
26 의식적으로 하는 잘못된 행위를 하지
말며, 의식적으로 너희들이 선하고 아
름다운 것만을 대답하며, 오로지 진실
만을 대답하며, 너희들이 말을 하고
돌아서서 후회하지 않는 그와 같은 진
실만을 말하며,
27 그리고 너희 스스로 부끄럽고 마음이
불안하며 마음이 편치 못한 그러한 어
떠한 행위도 해서는 아니 될 것이니,
28 가장 작은 것을 싸워서 이기는 훈련에
돌입하도록 그리하라, 아들아!
29 "네, 아버님! 알겠사옵나이다.
30 아버님께서 말씀하시는 그 뜻과 그 가
르침을 알겠사옵나이다.
31 그 훈련에 돌입하여 아버님께 상을 받
을 수 있도록 그와 같은 피나는 노력
으로써 그 말씀하심에 보답하고자 함
을 결심하고 또 결심하며,
32 또한 저의 제자들에게 그리 가르치고
또 가르쳐 그들의 가슴에 깊이 심겠사
옵나이다."

3,051 번째 하나님 말씀

2002년 8월 21일 15시 04분

1 사랑하는 나의 아들아!
2 "네, 아버님! 말씀하옵소서."
3 수천 년 동안 나의 피조물 만백성이
살아오며 말로써는 저희들이 구원을
받으며 하늘에 오르는 것이 저희들의
최후의 목표라 말함이니라.
4 그러나 그들은 과연 어찌 살아가는가?
5 그들의 삶을 너희들이 돌아다보며, 또
한 나의 피조물 만백성이 나의 법전을
정독하여 스스로 자기 자신을 진단할
때가 되었음을 알라.
6 지금 나의 백성들이 살아가면서 구원
을 받고자 하며 천국의 문에 들어서고
자 하는 자들의 삶의 형태요, 믿음의
형국이 어찌 가고 있는가?
7 그들은 나 여호와와 아무런 관계도 없
는 행동이며 내가 지키라 하여 불로
써 내린 십계명에 어긋나는 행위를 일
삼으며, 저희들의 육의 삶의 평안함을
위하여 육의 생활에 초점을 맞춰 살아
가면서 그들은 스스로 작고 큰 죄를
알면서도 짓고 넘어가며, 또 모르면서
도 그 많은 죄를 짓고 가고 있음이니,
8 그들이 죄를 짓고 죄 속에서 살아감을
깨닫지 못하고 지금의 저희들이 가는
길만이 믿음의 길이요, 구원의 길이라
하며 그 믿음을 따라 길을 가고 있음
이니,
9 너희는 정녕 그와 같은 형국으로써는
절대로 구원을 받을 수 없음을 알아야
될 것이니라.
10 너희들이 구원을 받을 수 있는 것은

내가 만든 이 자연의 성전에서 나의
십계명을 지키며 나의 율법에 따라 행
하며 내가 원하는 사랑을 베풀어 나눔
을 갖고 사는 그 마음이면 구원을 받
을 수 있는 것이며,
11 내가 제3의 시대에 나의 아들을 통하
여 내리는 나의 법전을 정독하여 그
내용에 따라 행하고 산다면, 그게 바
로 너희들이 구원을 받을 수 있는 길
이니라.
12 그리 간단하고 편안한 길로써 너희들
이 나에게 오르도록 되어 있으나, 너
희들이 어렵고 힘든 고난의 길을 평생
금화와 재물을 갖다 바치며, 너희들이
주종 관계의 종과 같은 부림을 받으며
군림하는 자들 앞에서 너희들이 구원
을 받겠다고 그리 간악한 자들에게 현
혹되어 살아감이니,
13 나의 재물을 함부로 씀이며, 내가 너
희들에게 내려 준 그 시간을 함부로
씀이요, 모두를 너희들이 잘못 바치며,
14 내가 '네 부모를 공경하라.' 십계명에
못박아 내렸지만 그것도 하지 못하게
하며,
15 '형제지간에 반목하는 자 지옥 불로
간다.' 성서에 기록되어 내가 너희들
에게 가르쳤건만,
16 너희들은 믿는 자와 믿지 아니하는 자
로 구분하여 형제지간에 우애를 가르
며, 믿지 아니하는 자를 전쟁의 적보
다도 더 경원시하고 그와 같은 마음으
로 살아가는 것이 잘못된 종파 속에
잘못 믿음을 믿어 가고 있는 자들의
오만함이며 방자함이니라.
17 아름답게 살아가는 자들까지 저주하
며, 저희들만이 구원받으며 저희 집단
에 와 기도하지 아니하는 자라면 저희
부모요, 형제까지도 경시하며,
18 너희들이 한 부모의 한 형제라 하여
가슴에 안는 그와 같은 마음도 갖지
아니하고, 인간의 기본자세요, 인본주
의까지 말살시키며,
19 신본주의라는 것에 너희들이 잘못 가
는 그 믿음에만 연연하여 살아가니
절대로 구원받을 수 없다는 것을 알라.
20 지금의 믿음으로 가는 자, 누구도 구
원받을 수 없으며, 그 가르치는 지도
자에게 배우는 자도 구원받을 수 없음
이니라.
21 너희들이 나의 십계명을 지켜 한 계명
한 계명 그 속에 있는 뜻을 깨우치며
나의 법전에 장장 마다 기록되어 있는
너희들이 행하여야 할 행동 지침을 따
르는 것만이 구원을 받을 수 있음을
알라.
22 너희들이 나의 뜻을 거역함이 곧 죄
요, 내가 지키라는 것을 지키지 아니
하고 너희 임의대로 너희 인간의 입맛
에 맞도록 구상해 만들어 놓은 그곳에
가 너희들이 기도하고 재물을 바치며
그와 같이 살아감이 너무나 무서운 죄
요,
23 그 죄를 너희들이 끊지 못하며 끊을
용기가 없음이니,
24 너희들은 정녕 지금 가고 있는 것이
악의 사탄에 의해서 지옥 불로 가고
있는 것이니,
25 악과 싸워 이길 수 있는 자신의 변화
를 이루는 자만이 구원을 받을 것이니
라.

26 지금의 잘못 가는 종교 지도자들이요, 지옥으로 이끌어 가는 그들이 무엇이 던가?
27 너희들에게 악의 씨를 심어 주며 저희들 자체도 죽어 가도록 그리 만들며, 나에게 와 너희들이 상상할 수 없는 그 무서운 지은 죄에 대한 벌을 받는 그와 같은 길로 너희들을 끌어가며, 천국이요, 천국의 문을 여는 것과는 전혀 관계없음이니, 나에게 등 돌리고 나와는 먼 곳으로 너희들을 끌고 가느니라.
28 너희들을 잘못 인도하는 그 종교 지도자들과 너희들의 그 악의 집단과 싸워 이기는 자만이 구원을 받을 수 있으며, 그들과 싸워서 이길 수 있는 그 변화의 용기만이 구원받을 수 있으며,
29 그리하여 나의 법전을 가슴에 안고 정독하는 자, 너희들이 구원을 받을 수 있는 자임을 잊어서는 아니 될 것이니라.

3,052 번째 하나님 말씀

2002년 8월 21일 15시 17분

1 사랑하는 나의 아들아!
2 "네, 아버님! 말씀하옵소서."
3 나 여호와의 진리를 깨우쳐 너희들이 구원의 빛을 향하여 달려오도록 가르치는 것은 구약과 신약의 그 모두를 간추려 뽑아 놓은 그 십계명이며,
4 지금 나의 제3의 시대에 나의 아들을 통하여 너희들을 구원하고자 내리는 법전만이 너희들이 참진리의 구원의 빛을 보며 구원의 길에 오를 수 있도록 너희들을 일깨우고 가르치는 것임을 알아야 될 것이니라.
5 그러기에 이 모두는 영적으로 어렵고 힘듦을 가르침이 아님이니라.
6 너희들은 나의 십계명이요, 나의 법전이 너희들을 영적으로 구원의 길에 오르는 그 세월의 어렵고 힘든 고난의 길을, 그와 같은 가엾고 힘든 것을 가르치는 것이 아님을 나의 피조물 만백성은 알아야 될 것이니라.
7 너희들이 말하기는 지금 수천 년 동안 흘러오는 너희들의 종교 집단에서 지도자라는 자들이요, 성서의 그 깊이도 모르며 내가 이루고자 하는 그 뜻도 모르며 변질시키고 고쳐 저희들의 입맛에 맞도록 재물을 거둬들이면서 너희들의 구원이라는 것을 팔며
8 나의 이름과 나의 아들의 이름을 빙자하여 만백성을 구원해 준다는 그 미명 아래 수없이 재물을 거둬들이며 시간을 뺏으며 저희 마음대로 나의 피조물 만백성을 우롱하고 살아감이니, 그들의 그 제왕적인 행동이 구원의 길에 가는 것이 아니니라.
9 그와 같이 힘들고 어렵게 너희들을 노예와 같은 길로써 인도하여 영혼을 구원하는 것이 아님을 알라.
10 나에게 오르는 길이요, 너희들이 영적인 깨우침을 얻는 것은 가장 편안한 것이니라.
11 너희들의 평소 살아가는 육의 삶에 있어서, 너희들이 하루하루 생활하며 살아가는 그 속에서 너희들이 올바르게 살아가는 거기에 있음이니라.
12 매일매일 너희들이 살아가면서 남에

게 부끄럽지 아니하며 사랑을 나누며
질서에 어긋나지 아니하는 그 생활 속
에서 사는 것을 가르치는 것이 나의
십계명이요, 나의 법전이니라.
13 영적인 하늘의 천기를 가르치는 것도
아니요, 하늘에서 천사들이 행하는 어
렵고 힘든 것을 가르치는 것이 아니니
라.
14 너희들과 같이 평생 재물을 바치며 재
물을 거둬들이는 사악한 자들과 거래
하며 힘들고 어려운 그와 같은 믿음의
길을 가는 것이 아니니라.
15 그저 너희들이 하루하루 살아가는 일
상생활 속에서 남에게 누를 끼치지 아
니하는 바른 생활의 방식을 가르치며
그 기초에서 깨우침을 얻도록 너희들
에게 가르치는 것이 내가 불로 써 내
린 십계명의 가르침이요,
16 내가 제3의 시대에 나의 아들을 통하
여 만백성을 구하고자 너희들을 가르
치는 나의 법전의 근본의 요지가 거기
있음을 알아야 할 것이니라.
17 그러하니 너희가 그리도 갈망하고 소
원하는 구원으로 가는 길은 생활의 형
태를 어찌 행하여 너희가 살아왔느냐
에 달렸으며,
18 너희들이 하루하루 살아가는 생활의
삶의 모습이 어찌 살았느냐에 따라서
너희들이 구원을 받고 못 받는 그 역
사가 이루어짐을 알아야 될 것이니라.
19 그러나 지금의 너희 종교 지도자들이
어찌 가르치며 어찌 가는가?
20 인간의 육의 삶은 구원과 관계없다 말
함이니라.
21 더욱이 너희들이 하루하루 생활 속에
서 깨우치도록 내가 내려보낸 것이 나
의 법전이요, 나의 십계명이라 하였거
늘,
22 지금 나 여호와를 위하여 나의 나라에
구원의 길을 인도한다고 가르치는 종
교 지도자들은 인간의 육의 삶은 관계
가 없으며, 너희들의 육의 삶은 구원
을 받는 것과 전혀 관계가 없다 하며,
저희들이 지은 성전에 와 구하는 것만
이 구원을 받는다 그렇게 말하니, 너
희들이 얼마나 어리석고 우매한 가르
침으로 가는가?
23 그리고 또 그를 따라가는 자들이 그저
그들이 지껄이는 대로 '아멘!', '할렐루
야!' 하며 소리 지르고 그리 따라감이
니, 너희들이 스스로 '나는 지옥으로
간다, 나는 용감하기 때문에 지옥 불
로 간다.' 그리 부르짖고 있는 것으로
내 귀에 들린다면 너희들은 어찌하겠
는가?
24 '나는 여호와 하나님의 십계명이요,
하나님이 내리신 법전이요, 하나님이
내리신 율법 같은 것은 필요 없다, 그
리고 내가 여기서 아무리 악하거나 선
한 행위를 한다 해도, 내가 육의 삶으
로써는 구원을 받고 못 받는 것이 아
니요, 내가 그저 가르치는 지도자를
따라 목청 높여 그가 외치는 대로 할
렐루야, 아멘 하며 광란적인 모습으로
달려가며, 육의 어떤 행위도, 더럽고
추한 죄도 다 거기에서는 감면되며,
그것은 감히 내가 심판받는 데까지
오지도 못하며 심판을 받는 무게의 역
할을 하지 못한다.' 그리 가르치는 자
들에게 현혹되어 너희들이 그를 믿고

착각하고 있음이니,
25 착각하는 속에서 살아가는 너희들이
과연 어찌하여야 될 것인가?
26 너희들의 육의 삶이 얼마나 선하고 아
름답게 살았느냐의 그것이 너희들의
영혼이 구원의 심판을 받는 기본임이
니라.
27 너희들이 지금 육의 삶에서 너희 영
혼을 어찌 바르게 양육시켰으며, 어찌
너희들이 길렀으며, 어찌 그를 성장하
도록 하여 나의 나라에 와 심판을 받
게 하느냐 하는 것은 육의 책임이니라.
28 그 육의 책임이 얼마나 무거운데, 육
으로써 행하는 그 죄가 구원과 관계없
다 너희들은 말하는가?
29 육에서 영혼이 떠날 때까지 영의 집인
육이 인간 세속에서 육의 행동에서 어
찌 살았느냐에 그 죄를 가지고 심판을
받음을 너희는 잊지 말아야 할 것이니
라.
30 그러하니 너희들이 얼마나 어리석은
삶을 사는가?
31 너희 육의 삶이 지속될 때, 육의 생활
속에 있을 때 나에게 너희들은 구원을
받기를 소원할 수 있으며, 너희들이
나의 천국의 문에 올 수 있는 깨달음
을 얻어 회개하고 반성하는 그와 같은
기회는 그때뿐이며, 육 속에서만 너희
가 나를 아버지라 부를 수 있으며 나
에게 용서를 빌 수 있으며, 육이 존재
하는 속에서만 너희들이 천국의 문을
들어올 수 있도록 노력하고 기도하는
것이 이루어짐이니라.
32 너희들의 육이 죽었을 때 나에게는 아
무것도 원하는 것이 없으며 원할 수도
없으며 너희들이 소원할 수도 없으며
구원의 소리로 매달릴 수도 없음이니,
육의 행함이 얼마나 소중하고 위대한
것인가를 알라.
33 이와 같이 소중하고 위대한 육의 삶은
아무것도 아니라 가르치는 그 종교 지
도자들이 무엇을 알고 가르치는가?
34 저 자신이 지금 어디로 가는지도 모르
며, 제가 얼마나 무서운 죄를 행하고
있는지도 모르며, 제가 스스로 사악한
짓이요, 추악한 짓을 하며 그 죄를 지
으면서도 죄의식이 없고 죄에 대한 부
끄러움을 모르며 그에 반성할 줄 모르
며, 하늘 높은 줄 모르고 저희들이 악
앞에서 행하는 것이 지금 잘못 가르치
는 종교 지도자들의 추한 모습이니,
35 그들 앞에 너희 모두를 바쳐 너희들이
희생양이 되지 말아야 할 것이니라.

3,053 번째 하나님 말씀

2002년 8월 21일 19시 30분

1 사랑하는 나의 아들아!
2 "네, 아버님! 말씀하옵소서."
3 네가 인간의 세속에서 60평생이라는
그 삶을 얽히고설켜 살았으며, 남들보
다 밝고 명랑하고 곱게 자라지 못하
며, 험악한 모두를 다 체험하며 살아
왔음이니, 그는 내가 너를 쓰기 위하
여 오늘의 시험의 삶을 살았다 하였음
이니라.
4 그 속에서 그리 살아왔던 네가 어떠한
재산이요, 어떠한 물건도 네 이름 앞
에 놓지 아니하며 네 앞으로 재산을
해 놓지 아니하고 산다는 그 마음을

그리 네 제자들 앞에 공언하며 그와
같은 마음자리를 가졌음이니, 네가 어
떠한 마음에서 그러한 것인지를 나는
아느니라.
5 나 여호와가 존재함이요, 내가 있기에
너는 나 외에 더 소중한 것이 없으며,
나를 위하여 경배하는 것보다 더 소중
함이 없기 때문에, 네가 재물이요, 너
희들이 말하는 금화와 은화요, 명예가
다 부질없는 것이라는 것을,
6 나 여호와를 향하여 오는 것보다 더
소중한 것이 없으며, 나에게 기도하며
나의 성령을 들으며 나의 천국의 그것
을 너는 바라보기에 지상의 모든 인간
들이 가지고 있는 그 모두는 부질없음
을 깨달아 그 마음을 비울 수 있었음
이니라.
7 그리하여 모든 종교 지도자들이 제 앞
으로 재산을 하는 자, 제 앞으로 무엇
을 쌓아 놓는 자, 또한 제 자식들을 위
해 쌓아 놓는 자, 그들이 얼마나 추한
모습이며 잘못 가는 믿음인가를 네가
너의 제자들에게 강론하여 깨우쳐 주
었음이니라.
8 그러나 여기서 너희들은 또 하나 알고
가야 할 것이 있음을 알라, 나의 아들
아!
9 내가 너희들에게 말했으니, 나의 성전
에 와 나의 법전을 읽고 깨우치는 모
든 제자들과 백성들은 아무리 너희들
이 베풀고 싶어도 없으면 베풀지 못하
는 것이 인간사의 삶이 아니던가?
10 나누어 주고 싶고 베풀고 싶고 도와주
고 싶으며, 마음은 천사와 같아도 너
희들이 손에 가진 것이 없으면 그리
행할 수 없지 않던가?
11 그러니 바로 가진 자가 베푸는 것이니
라.
12 그리하여 나의 성전에 와 나의 법전을
읽는 모든 백성들에게 너는 깨우쳐 줘
야 될 것이니라.
13 있는 자가 깨우쳐 나누어 주며 가진
자가 베풀 때 모두는 다 더불어 살아
갈 수 있는 것이요, 가진 자가 더 챙기
며 가진 자가 더 갖고자 감싸고 있으
면, 거기는 나눔의 사랑이나 또 너희
들이 돕고 살아가는 그 실천이 있을
수 없느니라.
14 없는 자가 말로써 천 냥 빚을 갚아 준
다 하면 무엇하며, 수없는 금화와 은
화를 쥐여 준다 말하면 무엇하며, 또
그 사람에게 살아갈 길을 열어 주고자
하면 무엇하는가?
15 없는 자의 마음이 그와 같이 고와도
그것은 이루어짐이 없지 아니한가?
16 그리하여 가진 자가 나누어 주며 가진
자가 베푸는 그와 같은 마음으로써 너
의 제자들을 깨우쳐 줘야 될 것이니라.
17 또한, 여기서 내가 너희들에게 명하노
니, 그렇다면 너희들이 하나가 되는
길은 무엇이더냐?
18 너희들은 학문이라는 것이 있으며 깨
닫는 것이 있으며 지식이라는 것이 있
느니라.
19 더 많이 배운 자, 그리고 많이 아는
자, 세상의 삶에 경험을 쌓은 자, 그러
한 사람들이 무지하고 우매한 자를 감
싸 주며 덮어 줘야 되는 것이며, 그들
을 이끌어 가야 되는 것이니라.
20 너희들이 말하는 초등학교 학생이라

는 열 살짜리와 30대 40대요, 50대 60
대 된 사람 중에 누가 누구를 다스리
고 깨우쳐 주기를 바라는가?
21 나이가 먹고 배운 사람이 열 살짜리를
다스려 주지 아니하며, 열 살짜리가
나이 든 자에게 무엇인가를 가르쳐 주
기를 바라는 그와 같은 형국이 되어서
는 아니 되는 것이니라.
22 어렵고 힘든 정신이 불편한 사람, 또
몸이 불편한 사람, 너희들이 소위 장
애자라는 사람, 육신의 장애자요, 정
신적인 장애자요, 그러한 사람들에게
너희들이 무엇을 깨우치며 너희 수준
에 맞춰 행동하며 너희 수준에 맞춰
이루어져 가는 삶을 살기를 원한다면
너희들은 얼마나 간악하고 사악한 자
들인가?
23 그를 생각하지 못하는가?
24 인간의 정신이 부족한 자요, 육신이
부족한 자에게 너희들과 똑같은 삶을
살지 못한다 하여 너희들이 핍박하고
그리 말한다면 어찌하는가?
25 다리가 시원찮아 걷지 못하는 자에게
너희들이 앞에 나는 나비처럼 달려가
며 너희들을 따라오라고 소리 지르며
못 따라온다고 핀잔하고 그에게 불평
한다 하면 너희들은 그를 두 번 죽임
이니라.
26 다리가 불편한 줄 모르고 인생을 극
복하여 살아가고자 노력하는 그자를
너희들은 천 길 낭떠러지로 밀어내는
그와 같이 사악하고 인간으로서 할 수
없는 무서운 행위를 하며 살인과 같은
행위를 하는 것이거늘, 어찌하여 너희
들이 그를 깨우치지 못하는가?
27 정신이 불편한 자, 정신이 모자란 자,
육신이 모자란 자에게 너희들이 완벽
한 자, 또 지식층이요, 또 너희들이 더
많은 것을 배워서 깨달은 자요, 건전
한 육신과 건전한 정신을 가지고 있으
며 사고력을 가지고 있는 너희들이 그
들에게 너희 수준에 맞춰서 못 온다
하면 너희들은 어찌하는 것인가?
28 이것은 있을 수도 없는 것이며, 너희
들이 얼마나 잔인하고 우매한 것인가
를 알아야 될 것이니라.
29 너희들은 그의 수준에 맞추며 그를 이
끌어 가며, 너희들 생활에서는 너희들
의 수준으로써 맞춰서 살아가며, 이와
같이 사랑하고 베풀며 살아가는 것이
곧 어려운 자를 보살피며 모자란 자를
도와주는 것이며, 그와 같이 살아가는
것이 너희들이 살아가야 할 자세이니,
30 나의 성령을 받으며 나의 법전을 들으
며 나의 아들을 통하여 나의 강론을
듣는 너희들이 감히 그와 같은 말을
하며 그와 같이 생각을 하고 있다면
너희들이 얼마나 추하고 어리석은 자
며 불쌍한 자인가?
31 너희들의 마음에 있는 그 독소부터 뽑
어내야 될 것이니라.
32 내가 너희들에게 말하기를, 나로부터
선택된 백성들은 뭐라 말하라 하였던
가?
33 나의 천사요, 나와 같은 심성으로 살
며 너희들이 한마디 말을 할 때는 향
기로운 말이 나와야 되며, 너희들 가
슴에는 백합처럼 하얀 꽃이 그득히 차
있는 그와 같은 마음을 가지라 하였거
늘, 너희들이 오늘에 그와 같이 사는

자가 없다 하면 이를 어찌하여야 되겠
는가?
34 그리하면서도 너희들이 나의 딸이요,
나의 아들이요, 선택된 백성이라 하겠
는가?
35 천 년에 걸쳐 변화될 백성들의 가르침
을 오늘에 기틀을 만들며 기본을 만들
며 나의 법전을 세상에 전하는 너희들
이 과연 어떠한 자세로 가야 되겠는가?
36 넘지 못하는 길을, 갈 수 없는 길을 가
는 것이 너희들임을 잊지 말라.

3,054 번째 하나님 말씀

2002년 8월 21일 19시 35분

1 사랑하는 나의 아들아!
2 "네, 아버님! 말씀하옵소서."
3 수천 년 동안 너희들이 세뇌되어 굳어
지고 굳어졌으며, 너희들의 그 믿음의
길만이 구원을 받는다 믿고 그리 달려
가는 너희들이 향하는 지금의 믿음을
너희 자신이 분석해 보고 돌아다보며,
너희들이 가는 길이 과연 하늘에 오를
수 있는 길인가 아닌가를 너희들 자신
이 진단해 볼 때가 지금임을 알라.
4 그리하여 너희들에게 진단할 수 있는
그 길을 일깨워 주기 위하여 내가 나
의 아들을 통하여 나의 법전에 기록하
여 십계명대로 살아야 되는 그 이유를
가르치며, 나의 법전이 세상에 내려가
너희들이 행하여 구원을 받는 하나하
나를 내가 내려보냄이니,
5 너희들은 지금 나의 법전을 읽으며 십
계명을 지키는 것이 영혼의 양식이라
는 그와 같은 깨달음을 듣고 본 자, 너
희들 자신을 진단해 보며, 너희들의
믿음을 분석해 봐야 될 때가 지금임을
알아야 될 것이니라.
6 진정한 진리의 가르침인가 너희들 자
신을 돌아다보고, 믿음에 대한 것을
너희들이 정말 자신 있게 진단해 보며
냉철한 자세로써 너희들이 세상의 이
우주 만물의 돌아가는 그 형태를 보
며, 이 지상이 나 여호와가 만든 위대
한 성전이며,
7 너희들은 내가 내린 십계명과 내가 내
리는 법전을 보고 깨우쳐 기도하는 방
법과 하늘에 오르는 길을 배워, 가장
편안하고 순리적인 길로써 편안한 마
음으로 하늘에 오르도록 하는 것이 내
가 너희들을 인도하며 이끌어 주는 길
이라는 것을 너희들이 한번 지켜보고
분석해 볼 때가 지금 되었음을 알아야
할 것이니라.
8 너희들이 지금의 믿음이 잘못되었다
생각하며, 지금까지 잘못 믿음의 그
죄를 너희들은 지금 시인해 봐야 될
것이며, 또 그들을 받아들이며 그러한
입장에서 너희들이 한번 생각해 볼 때
가 되었음을 알아야 될 것이니라.
9 너희들의 믿음만 위대하고 진정한 하
늘에 오르는 길이라 생각하지 말며,
너희들이 지금 믿으며 지은 작은 죄,
큰 죄 그 모두를 하나하나 '이것은 죄
인가 아닌가?' 분석하며 시인하는 자
세를 가져야 될 것이며,
10 너희들이 잘못된 죄라 생각할 때는 그
를 받아들이며 그를 바로잡을 길이 무
엇인가를 연구하고 찾다 보면, 십계명
대로 지키고 살아야 되며, 나의 아들

을 통하여 내가 내리는 제3의 시대의 이 법전을 본다 하면 너희들은 그를 깨달을 수 있음을 알아야 될 것이니라.

11 그리하여 정녕 너희들이 잘못된 길이라고 생각하면, 너희들은 두 무릎 꿇고 나 여호와에게 회개하며 반성하며 새로운 삶의 방향으로 바꾸지 아니하면 절대로 구원을 받을 수 없음을 알라.

12 너희들이 지금 나의 법전을 읽고 깨우침이 있어 내가 내리는 십계명을 강조하는 그 뜻을 깨달아 새로운 믿음이요, 새로운 삶으로써 거듭나지 않을 때, 그 결과에 얼마나 무서운 형벌을 너희가 받아야 되며 그를 감내해야 되는 것인가를 알아야 할 것이니라.

13 너희들이 같은 세월을 살아가면서 같은 세속에서 같은 삶의 육신의 생활을 하면서 너희들은 스스로 지은 죄까지도 죄라 인정하지 아니하고 시인하지 아니하며, 그를 받아들여 너희들이 회개하고 반성하는 그와 같은 삶을 가지지 아니하며, 그저 예수의 보혈로써, 너희들이 지은 성전에 가는 것으로써 구원을 받았다 그리 여기고 고집스럽게 가는 자,

14 정녕 너희들이 얼마나 무서운 형벌로써 가는 것이며, 지금 너희들이 달려가는 것이 하늘에 오르는 천국의 문을 향해서 가는 것이 아니요, 지옥을 향하여 달려가고 있는 그 형국을 분석하며 너희들 자신이 진정 그와 같은 것을 들여다보는 그 시간을 갖지 아니하면, 진정한 진단을 하지 아니하면, 바르고 정의로운 입장에서 진단을 하지 못하면 너희들은 영원히 이 기회를 놓침을 알아야 할 것이니라.

3,055 번째 하나님 말씀

2002년 8월 21일 20시 28분

1 사랑하는 나의 아들아!

2 "네, 아버님! 말씀하옵소서."

3 너의 제자들에게 네가 일러 깨우쳐 주라.

4 수천 년 동안의 그 믿음 속에 얼마만큼 많은 자들이 믿음의 길을 향했으며, 그들이 구원의 길을 갈구했으며, 기적을 이루길 원했으면, 나의 음성을 들으며 나의 형체를 보기 위하여 얼마나 많은 사람들이 노력했으며 그들이 또 세상에 나와 죽어 갔는가?

5 수천 년 역사의 그 방대한 세월 속에 방대한 조직 속에 적게는 몇십 대를 이어서 그와 같이 믿음의 길이요, 나로부터 구원을 받는 길이요, 나로부터 어떤 기적을 얻고자 한 그와 같은 백성들이 수없이 살다 갔음이니라.

6 그런가 하면 몇천 년의 역사가 흐르는 속에 그 수천수만의 종교 지도자들이 나의 형체를 보며 나의 음성을 들으며 나로부터 그 구원의 기적을 이루며 역사를 이루고자 얼마나 노력하고 발버둥쳤는가?

7 그러나 그들 역시 나의 형체를 본 자 없으며, 나의 음성을 들은 자 없으며, 나로부터 선택된 자가 하나도 없었음이니, 오늘 너의 제자들이 여기서 깨우침이 있어야 될 것이니라.

8 너희들이 하나가 되지 못하고 마음이

흔들리며, 열이면 열이요, 백이면 백
의 마음이 흔들려 각자 생각이 다르
니, 그와 같은 너희들의 마음이 무엇
이던가?
9 기초가 전혀 다져지지 아니하였기 때
문이니라.
10 나의 성전에 나와 나의 법전을 보고
나의 성령을 들어 공부하는 너희들은
지금 무엇인가 너희들의 육적인 기적
이요, 영혼의 기적이요, 너희들의 그
변화의 역사를 나 여호와에게 이루고
자 하는 그와 같은 마음을 가지고 있
음이니, 너희들이 얼마나 욕심에 차
있는 자인가?
11 내가 나의 아들을 통하여 너희들에게
뭐라 말했던가?
12 160권이라는 법전을 내가 세상에 내
보내 만백성을 구한다 하였음이니,
160권 중에 10부로 나뉜 그 법전이
세상에 과연 지금 얼마나 나와 있는가?
13 내가 너희들에게 그 10분의 1인 1부
의 열여섯 권의 법전만이라도 몇 회
씩 읽고 그 이치를 깨달으라 하였거
늘, 너희들이 과연 얼마나 진지하게
나의 법전을 가슴에 안고 정독하여 깨
우쳤으며 그 내용을 알고 있는가?
14 내가 10부에 나눠 내리는 나의 성령
의 뜻을 그 10분의 1도 읽지 아니하고
깨우치지도 아니한 너희들이 지금 어
떤 기적이요, 역사를 이루고자 그와
같이 하니,
15 몇천 년 동안 기적이 이루어지기를 기
다리는 그 잘못 믿음을 가는 그들보다
도 너희들이 얼마나 욕심에 차 있으
며 잘못된 자들인가 너희 자신을 한번
돌아다보라.
16 어찌하여 너희들이 그리도 우매한가?
17 나의 아들이 법전을 10부를 쓸 것이
며, 그리고 그의 머리가 하얘졌을 때
그가 경지에 오를 것이며 변화되는 모
습을 너희들이 볼 수 있다 하였음이니,
18 16권의 법전이요, 10분의 1을 기록하
여 이제 세상에 내는 나의 아들에게,
너희들은 어찌하여 걸음마도 제대로
하지 못하는 나의 아들에게서 무슨 기
적이요, 역사요, 너희들의 육의 영광
을 바라는가?
19 너희들이 과연 나의 법전에 따라서 공
부를 얼마나 했으며, 얼마나 그 이치
를 깨달았으며, 내가 원하는 뜻을 과
연 얼마나 알고 있는가?
20 이 세상 많은 백성 중에서 선택된 너
희들이 가장 욕심이 많은 자이며, 너
희보다 마음이 급한 자가 없으며, 너
희들같이 무엇인가를 얻고자 하는 계
산 있는 행동을 하는 자들이 없음이니
라.
21 너희들이 10분의 1도 안 되는 나의 법
전을 한 번 읽고 두 번 읽었다 하여 너
희들에게 기적이 이루어지고 육의 부
귀영화를 누리고자 하는 그런 생각을
한다면, 내가 너희들에게 무엇을 내려
주겠는가?
22 아직은 10분의 1도 안 되어 있으며,
또한 나의 아들이 이제 갓 걸음마를
시작하는 그와 같은 단계에 있음이니,
너희들은 너희 자신의 위치를 돌아다
보라.
23 지금 내가 너희들의 주변의 변화를 이
루어 주는 것은 너희들이 깨우친 것만

큼 주는 것이니, 그것도 너희들에게
과분함을 알아야 될 것이며, 너희들에
게 깨우침을 주는 것 그 자체도 너희
들이 부끄러움을 알아야 될 것이니라.
24 지금 이것이 나의 아들을 따르는 제자
들이요, 나로부터 선택된 나의 혈통을
받으며 나의 성령으로 임하여 만백성
을 구한다는 너희들이니,
25 너희들이 과연 나의 아들 앞에 와, 나
의 법전이요, 성령 앞에 무엇을 얼마
나 바쳤으며, 얼마만큼 노력했으며,
과연 그 뜻을 얼마만큼 깨닫고 있는가?
26 너희들이 그와 같이 욕심쟁이이니라.
27 너희들이 그러고서도 무엇을 나에게
얻고자 하며 구원을 얻고자 하는가?
28 너희 자신이 지금에 처해 있는 그 위
치와 너희들이 나의 법전을 얼마나 깊
이 깨우쳤으며 160권이 세상에 내려
오는 데 너희들이 얼마만큼 깨닫고 보
았는가 돌아보라.
29 너희들이 5부요, 6부가 나오기도 전
에 1부의 법전을 한두 번 읽었다 해서
기적을 이루기를 바라며, 역사의 변화
를 바람이니, 이는 너희들의 욕심이니
라.
30 내가 너희들의 마음이 변하는 것에 따
라서 반드시 상을 내릴 것이며, 너희
들이 바란다 하여 그 역사의 은혜와
은총이 내려짐이 아님을 알라.
31 너희들은 더 깊이 정독하며 연구하고
나의 법전을 가슴에 심어 너희 것으로
만드는 데 최선을 다하라.
32 내가 너희들에게 160권의 법전을 놓
고 시험관으로서 시험을 내린다면, 너
희들은 과연 그 내용의 몇 점을 받겠
는가?
33 너희들이 그러한 입장에서 나에게 구
원받고 무엇을 얻고자 하며, 너희들이
힘들고 어려운 것에서 벗어나지 아니
한다 하여, 너희를 도와주지 아니하는
나의 아들이요, 나를 원망하는 마음을
갖는 자, 그것이 얼마나 부끄러운 자
세인가 깊이 반성하는 시간을 가져야
될 것이니라.
34 그리 깨닫고 반성하지 못하는 자, 너
희들이 영원히 나로부터 멀어져 내가
알곡을 추릴 때 너희들의 이름 석 자
가 나의 손에 잡히지 아니함을 알라.

3,056 번째 하나님 말씀

2002년 8월 21일 22시 30분

1 사랑하는 나의 아들아!
2 "네, 아버님! 말씀하옵소서."
3 너희들이 정상적인 인간의 삶의 세속
에서 이해할 수도 없고 믿을 수도 없
는 그와 같은 종교요, 나름대로 종파
요, 너희들이 말하는 미신이요, 이와
같은 것을 믿고 살아가는 사람들을 볼
때, 너희들은 이해할 수 없는 것을 그
들은 우상으로 받들며 저희들의 신으
로 그리 받드는 그와 같은 그들이 하
는 행위를 볼 때, 너희들로서는 이해
못 하는 행위가 너무나도 많을 것이니
라.
4 나무를 숭배하며 돌을 숭배하며 짐승
을 숭배하며 나름대로 저희들이 어떠
한 형태로써 만들어 놓은 것에 대한
신이요, 저희들의 구세주라 말하며 날
짐승을 보고 또 저희들의 구세주라 말

하는, 그와 같은 너희들이 상식적으로
이해하지 못할 각종 종파들이 다 있느
니라.
5 정상적인 인간인 너희들이 볼 때 도저
히 이해할 수 없는 그 종파를 믿는 자
들에게 물어보라.
6 그들은 절대적으로 그것이 그들에게
구세주요, 구원의 신이라 그리 말하
니, 그들의 마음을 돌릴 수가 없으며
그들을 깨우칠 수가 없는 것이니라.
7 하물며 수천 년 동안 지금 믿어 오는
그 종파의 믿음 속에서 가는 그들을
과연 너희들이 깨우칠 수 있으며 돌이
켜 그들이 바른길을 보도록 할 수 있
겠는가?
8 그들을 무너트리고 그들을 깨우쳐 일
깨워 주며 그들이 바른 믿음으로 간다
는 것은 너희들이 상상할 수도 없는
어렵고 힘든 길임이니라.
9 너희들이 이해할 수 없는 종파를 가지
고 있는 그들도 그와 같이 마음이 변
하지 아니함이니, 너희들이 수천 년
동안 흘러온 그 종파의 믿음이요, 그
들이 가지고 있는 그 집단이 정녕 잘
못 가고 있으며, 잘못 깨우쳐 가고 있
다 말할 때, 그들이 그를 들을 수 있으
며 그들이 너희들의 말을 들을 수 있
다 생각하는가?
10 이것이 지금의 믿는 종파요, 너희들의
벌어진 시국의 현상이니라.
11 하물며 그 속에 어떠한 자들이 있는가?
12 너희들이 이해할 수 없고 참으로 볼
수 없는 그와 같은 그 모두를 신이라
생각하며, 너희들이 도대체 이해할 수
없고 너희들이 봐서 인정할 수도 없는
엉터리와 같은 행위를 하면서도 그들
은 저희 목숨을 바치고 그들을 숭배하
고 따르며, 또한 지금 너희들의 모든
종교 집단 그들도 또한 저희들의 종파
에서 돌아설 수 없으며 양보할 수 없
으며 이해할 수 없는 그와 같은 믿음
의 세계로 가느니라.
13 그중에 가장 너희들에게 와서 갑론을
박하며 너를 핍박하며 나의 법전이요,
나의 성령을 잘못된 것이라 욕하는 자
들이 또 있음이니라.
14 그와 같은 자들이 어떠한 자들인가?
15 나로부터 정녕 저희들이 성령을 받았
으며, 나로부터 명을 받았으며, 나에
게 지시를 받았다 그리 환상에 젖어
있는 자들이야말로 그들을 돌이키는
것은 어떠한 종파의 사람들보다도 더
돌리고 바로잡기가 힘든 것이니라.
16 인간을 통하여 배우는 그 종파요, 그
속에서 따라가는 백성들도 그와 같이
저희들이 믿는 그 종파의 마음을 돌릴
수가 없으며, 자신을 돌아볼 그와 같
은 시간적인 여유와 생각도 갖지 아니
하며, 그저 그 종파만을 향하여 달려
가니,
17 나에게 직접 명을 받았으며 나에게 대
명을 받았으며 하늘로부터 계시를 받
았다 말하는 자, 그들이 과연 어떠한
형국으로 가겠는가?
18 그와 같은 자를 네가 바로잡고 돌린다
는 것은 지금의 종교 집단 속에 있는
자들을 돌리는 것보다 더 어렵고 힘드
니라.
19 그들이 저희만이 이 지구상에 최고요,
나에게 최고의 은혜를 받은 자들이요,

영광을 받은 자들이요, 또 저희들만이
나로부터 선택된 자요, 절대적이라 생
각하기 때문이니라.
20 네가 그들을 이해시키고 가기가 너무
나도 힘든 길이며, 그들이 너를 따라
와 나의 뜻을 이해하는 것 또한 절대
불가능한 것이니라.
21 저희들이 나로부터 직접 받으며 직접
명을 받들며 세상을 저희들이 직접 통
제한다 그리 말함이니, 그들의 마음을
돌릴 수 없음이니라.
22 그들은 환상에 젖어 있으며 거짓의 찬
란한 빛에 빠져 있음이니, 그들을 어
찌 잡겠는가?
23 다만, 네가 그들에게 전할 수 있는 것
은, 내가 성령의 글로써 내리는 법전
같이 그들이 글로써 증명할 수 있는가
그를 물어보라.
24 그러하지 아니하거든 그들 자신이 그
환상의 빛에서 돌아볼 수 있으며 깨우
쳐야 된다는 것을 그저 한마디 네가
전해 주는 그뿐이지, 그들을 깨우쳐
나의 법전을 읽으며 너와 더불어 가고
자 인도한다는 것은, 그들은 정녕 돌
이킬 수 없음이니라.
25 첫날, 네 앞에 와서 그들이 옳다, 또
그들이 변화된다 하나, 그들은 저희들
의 마음속에 있는 허황된 그 사악한
사탄에게 사로잡혀 있으니, 일대일로
사탄에 잡혀 있는 그를 사탄이 놓아
주지 아니하며 그 사악한 마음을 돌릴
수가 없음이니라.
26 그러하니 너는 그들에 대하여 더 이상
갑론을박하는 그와 같은 시간을 소비
하지 말며, 네가 그들을 설득하고자
하는 그와 같은 말들이 네 입에서 나
와서는 아니 될 것이니라.
27 그들은 죽음의 고비를 한 번 넘길 때,
그리고 그들이 정녕 그 알에서 깨어나
고자 한다면, 새로운 생명으로 태어나
고자 한다면, 몇십 배 고통과 어려운
저희들의 체험이요, 깨달음이요, 시련
과 고통이 임하지 아니하면 그들은 정
녕 돌이킬 수가 없음이니라.
28 오로지 그들은 너에게 말할 것이니라.
29 네가 아무리 160권의 법전을 만들어
세상에 전해도, 죽어 하나님 앞에 심
판을 받을 때 그를 알 것이라 그리 말
할 것이며, 이 법전의 역사의 기적을
그들은 믿으려 하지 아니할 것이니라.
30 이미 그들은 완전히 사악한 자에게 현
혹되어 그의 조종을 받으며, 가짜의
그 황홀한 빛에 그들이 이미 자기 자
신을 다 던졌기 때문이니라.
31 그들을 구하려 너는 애쓰지 말라.
32 다만, 너는 160권의 법전을 세상에 내
는 그것에만 전념을 다할 것이며, 그
와 같이 제가 받았다며 와서 말하는
자, 그에 귀 기울이지 말며, 그들과 더
불어 네가 한 시대를 이끌어 가는 구
원의 빛을 인도하겠다는 그와 같은 생
각과 마음 자세를 버려야 될 것이니라.
33 너 자신이 그와 같은 마음을 가지며
그들을 구원하고자 그들과 갑론을박
한다면, 너 스스로 지탱하기도 어렵고
힘든 그 역사만이 이루어지고 그들로
부터 네가 충격을 받을 것이니, 그와
같은 역사를 행하지 말라.
34 그들은 그들로서 가도록 그리 내버려
두라.

35 그들이 언젠가는 시련의 고통으로써
저희들이 인내할 수 없는 그 고통 속
에서 나의 법전을 보게 될 것이며, 그
와 같은 시련의 고통과 견딜 수 없는
어떤 시련 속에서 그를 체험하지 아니
하면 그들은 깨우칠 수 없는 자들이니
그리 알라.
36 너는 몇 사람이 너를 핍박하며 너에게
갑론을박하며 떠나는 그들을 불쌍하
게 생각하지 말라.
37 수천, 수억의 나의 백성을 천 년에 걸
쳐서 깨우치는 이 역사를 이룸이니,
네 마음에 파장이 있어서는 아니 됨을
알라.

3,057 번째 하나님 말씀

2002년 8월 21일 23시

1 사랑하는 나의 아들아!
2 "네, 아버님! 말씀하옵소서."
3 나의 성령을 태워 마지막으로 만백성
을 구하고자 세상에 내려가는 나의 법
전이요, 글로 쓴 이 책이 만백성을 구
하는 역사를 이루고 못 이룸은, 네가
살아가는 그 모습이 천사와 같은 형태
로 변하여 있느냐 변하지 아니하느냐
여기에 답이 있음을 알아야 될 것이니
라.
4 네가 정녕 천사와 같은 형태로 모두
변해질 때 나의 법전이 세상을 다 덮
을 것이며, 내가 이루고자 하는 그 역
사는 이루어짐이니라.
5 내가 너희들에게 한 사람의 나의 피조
물 만백성이 천사와 같은 사람으로 변
하는 자가 있으면 이 세상을 다 얻은
것보다 더 기쁘다 말하였음이니, 그를
너희들이 뒤집어 생각해 보면, 이 세
상 모두를 다 줘도 그와 같이 천사와
같은 마음을 가지고 사는 백성이 한
사람도 없다는 뜻임이니,
6 지금 수천수만 년 동안에 그 수억의
나의 백성들이 살아가며 하늘에 오르
고자 기도하고 발버둥치며 그 모두를
다 바쳤으나, 그와 같이 한 사람도 구
원받을 수 있는 자가 없다는 말이 아
니던가?
7 한 사람이 나로부터 구원을 받을 자
가, 천사와 같이 변한 인간이 있다면
세상을 다 줘도 아깝지 아니하다 함
은, 그를 다 줘도 그와 같은 자를 구할
수 없으며, 다 뒤져 봐도 너희 백성 중
에 그리 변할 수 있는 사람이 없다는
말임이니, 과연 너희들이 어찌 살아가
야 하는가?
8 지금의 살아가는 그 형태를 바라봐야
될 것이니라.
9 나의 아들을 통하여 내가 내리는 나의
성령의 강론을 들으며, 나의 법전을
가지고 깨우치는 백성 너희들이 나의
성전에 와서 공부하며 무엇을 얻고자,
무엇을 이루고자 하나, 너희들은 어찌
하여 그리도 어리석은가?
10 나의 법전을 읽고 깨우치며 여기에 와
서 나의 성령을 듣는 선택된 너희들은
너희들의 천 가지, 만 가지 중에서 하
나를 고치면 하나를 고친 만큼 내가
너희들에게 상을 주며, 열이 변했으면
열이 변한 만큼 내가 너희들에게 상을
내림이니라.
11 너희들이 나로부터 상을 받지 못하며

고통과 시련의 세월을 벗어나지 못함
은, 너희들의 마음에 자리하고 있는
그 잘못된 추하고 더러운 욕심이요,
사악함이 너희들에게서 아직 떠나지
아니하고 존재하기 때문임을 알아야
될 것이니라.
12 너희들이 마음을 다 비운 자, 그리고
정녕 천사와 같은 마음으로 살아가는
자, 그에게 내가 육신의 고통이요, 영
적인 고통이요, 시험함이 없음이니라.
13 그에게는 모두를 편안히 갈 수 있는
것을 다 내려 줌이니, 너희들이 완벽
하게 육의 행복이요, 영혼의 행복이
요, 그와 같이 충만된 삶을 살지 못하
는 것은 너의 제자들 또한 그와 같이
마음을 비우지 못하였기 때문이니,
14 너희들이 구하지 못하며 얻지 못함은
너희들이 마음의 죄악을 버리지 못하
였으며 너희들이 잘못 살아가며 잘못
된 그 사악한 욕심을 버리지 못했기
때문임을 깨우쳐야 할 것을 알려 주라.
15 너희들이 정녕 진심으로 모두를 다 비
웠으며 천사와 같은 마음이요, 천사와
같은 심성으로 변하면 세상사 너희들
이 이루지 못하는 것이 없으며, 내가
너희들에게 내리지 아니함이 없음이
니라.
16 너희들이 마음을 그리 비우지 못했으
며 깨우치지 못하였기 때문에 너희들
이 모두를 얻을 수 없음이니라.
17 내가 나의 아들을 통하여 나의 법전이
요, 성령을 내려보내니, 이는 나의 아
들이 천사와 같이 완벽하게 다스려지
지 아니하였을 때 나의 법전이 세상에
전하여져 눈과 같이 덮지 못한다는 것
이 여기에 있음이니라.
18 나의 아들 네가 만일 천사와 같이 변
하여 나의 심성을 닮아 네가 그리 나
처럼 변하여진다면 이 역사는 하루아
침에 이루어질 것이며, 네가 천사와
같이 변하지 아니할 때 이 역사의 시
간은 점점 길어짐을 알아야 될 것이니
라.
19 이것이 네가 가지고 있는 책무요, 네
가 이루어야 할 대명이며 네가 가야
할 길임을 알라.
20 나의 백성들이요, 너의 제자들, 그들
이 얼마만큼 편안한 마음으로써 편안
한 삶을 사느냐 하는 것은 그들의 마
음속에 있는 사악한 욕심을 얼마만큼
비웠나에 따라서 내가 상과 복을 내림
이니, 과연 얼마나 비워졌다 생각하는
가?
21 너희들의 삶이 고달프며 너희들의 깨
달음이 고달프며 너희들의 하루하루
지탱함이 고달픔은 너희들이 그만큼
마음을 비우지 못하였기 때문에 내가
내리는 그 상을 받지 못함이니, 그것
은 다 너희들의 죄임을 알라.

3,058 번째 하나님 말씀

2002년 8월 22일 01시 14분

1 사랑하는 나의 아들아!
2 "네, 아버님! 말씀하옵소서."
3 나의 아들 예수가 그리 고행의 길을
가며 십자가에 못 박혀 죽지 아니하면
아니 되었던 그 상황의 단면만을 너희
들이 보고 깨달아서는 아니 됨을 알아
야 할 것이니라.

4 나의 아들이 십자가에 못 박혀 죽으
며, 그 제자들이 그를 팔며 그에게 등
을 돌렸으며 그가 죽어야 했던 그 상
황을, 그 시대의 그 단편적인 것만을
보며 그를 깨우치고 생각한다면 너희
들은 아무것도 모르는 그와 같은 것이
며, 정녕 진정한 깨달음을 알 수 없음
이니라.
5 그 시대에 나의 피조물 그가 나의 성
령을 받아 나의 아들로서 세상에 나
가 만백성 너희들을 구하고자 하였음
이니,
6 그 시대에 그를 죽이기까지 했던 그
상황이 얼마나 나의 아들을 핍박하며,
또 나의 모든 피조물 백성들이 사악하
였으며, 너희들이 얼마나 인간 이하의
악독한 그와 같은 형국으로 그 시대에
살았던가?
7 그와 같이 사는 모습을 나 여호와가
더 볼 수 없으며, 그와 같이 사악한 자
로서 세상을 지배하는 너희들의 집단
을 창조주인 나 여호와가 더 이상 볼
수 없었기 때문이니라.
8 그리하여 나의 아들이 십자가에 못 박
혀 죽는 그 형국을 보고 내가 참고 견
디었음이니, 나의 아들을 죽게 한 그
시대의 백성들이 얼마나 사악하며 간
악하였는가, 그때의 그 형국을 봐야
될 것이니라.
9 나의 피조물 만백성이 너무나 사악하
며, 나의 아들 예수를 핍박하며, 나 여
호와에 부정적이며, 내가 존재하는 것
을 믿지 아니하는 너희들을 도저히
다스릴 수가 없으니, 그와 같은 시대
적인 상황에 따라 내가 너희들을 더
이상 볼 수 없는 그 형국이기에 내가
나의 아들을 그리 너희들에게 던져 주
었음이니, 이와 같은 시대의 상황을
알아야 될 것이니라.
10 얼마나 너희들이 사악하고 간악했으
면 내가 나의 아들을 던져 너희들을
구원하고자 했던 것인가를 너희들은
생각하여야 될 것이니라.
11 그러나 너희들은 지금에 와서 뭐라 말
하는가?
12 너희들은 그저 구세주요, 예수를 죽도
록 한 것은 그 시대의 나의 피조물 만
백성을 구하며 미래의 너희들 백성을
구하고자 하여 그가 대신 죽었다 그리
말하는 것이니라.
13 그러나 너희들은 여기서 깨달아야 될
것이니라.
14 그 당시 그 시대의 나의 피조물 백성
들이 얼마나 사악하고 간악하였는가
그것을 너희들이 먼저 알아야 될 것이
며, 나의 아들을 그와 같이 죽일 때까
지 형성된 그 시대의 분위기요, 나에
게 거부하며 나의 아들을 핍박하며,
나의 아들이 나의 아들이 아니요, 내
가 내리는 성령이 나의 참진리가 아니
라며 사회가 그리 들끓고 험악했던 그
분위기를 너희들이 만들었음이니,
15 이는 곧 내가 나의 아들의 손을 놓도
록 그만큼 사악한 분위기로 그 시대가
형성되었다는 것을 너희들은 한번 깨
우치고 그 시대를 돌아다보는 그와 같
은 자세가 되어야 될 것이니라.
16 내가 나의 아들의 손을 놓지 아니하면
아니 될 정도로 사악하고 극에 달했던
너희들이 뭐라 말하느냐?

17 나의 아들이 너희들을 대신하여 죽었
다 말하며, 너희들은 보혈로써 구원을
받으며 용서를 받으며 그와 같이 너희
들이 하늘에 오를 수 있도록 그 모든
죄를 대신 짊어지고 나의 아들이 죽었
다 그리 말하는 것이니라.
18 너희들은 여기서 깊이 깨우쳐야 될 것
이니라.
19 나의 아들이 너희 죄를 사하여 주기
위하여 그와 같이 고통으로써 죽어 갔
으며, 보혈로써 너희들을 구원하고자
했던 것을 너희들은 여기서 돌이켜 봐
야 될 것이니라.
20 그 시대의 나의 피조물 만백성이 그리
사악해졌고 더 이상 용서할 수 없으며
더 이상 구제할 수 없는 그와 같은 분
위기 속에서 존재하였음이니,
21 그 형국을 보고 내가 스스로 나의 아
들을 구원하지 아니하며 그의 손을 놓
도록 너희들이 그와 같이 사악했던 것
을 먼저 깨우쳐야 될 것이니라.
22 내가 나의 아들을 버리도록 그와 같이
사악한 형국이요, 사악한 그 시대의
분위기를 너희들이 만들어 놔, 내가
나의 아들을 구원하지 아니하며, 내가
그의 고통과 그 기도를 들으면서도 그
를 들어주지 아니하고 그의 손을 놓았
음이니,
23 그 분위기에 그만큼 사악해졌던 그 시
대에 너희들이 죄를 지은 것을 먼저
깨달아야 될 것이니라.
24 내가 나의 아들의 손을 놓지 아니하면
아니 될 정도로 너희들이 사악한 그와
같은 형국에 살아간 것을, 너희들이
저지른 그 죄를 먼저 생각하여야 될
것이니라.
25 나의 아들이 너희 죄를 대신 짊어지고
너희들을 구원하기 위하여 죽었으니
그 보혈로 구원을 받았다 그리 말하기
전에, 너희들은 진실한 그 시대의 상
황을 봐야 될 것이니라.
26 지금 나의 아들을 통하여 내가 나의
법전이요, 성령을 세상에 내려보내니,
너희들이 이를 핍박하며 거짓 선지자
라 하며 너희들의 그 모든 종파가 하
나의 힘이 되어 그를 몰아치며, 태풍
보다도 더 강한 것으로써 그를 몰아치
게 될 것이며, 그를 쓰러트리려 할 것
이니라.
27 지금은 너희들이 잔잔한 호수와 같으
나, 나의 법전이 세상에 나올 때, 너희
들은 모두를 뒤엎는 그와 같은 형국을
만들 것이니,
28 나의 아들이 너희 죄를 짊어지고 간
것이 아니요, 너희들이 나의 아들의
손을 놓지 아니하면 아니 될 정도로
그리 사악하고 잔인한 시대적인 형국
을 이루었기 때문에, 너희들을 구원하
는 길은 나의 아들의 손을 놓지 아니
하면 아니 되는 그와 같은 분위기를
만든 것이니, 너희들이 큰 죄를 지었
음을 알아야 될 것이니라.
29 너희들은 너희 조상들이 그 시대에 사
악한 형국으로 내가 나의 아들의 손을
놓지 아니하면 아니 될 정도로 만든
그 시대의 그 죄를 먼저 사하는 그와
같은 기도로써, 그와 같은 마음으로
살아가는 자세를 갖춰야 그 후손으로
서 너희들이 나에게 용서를 비는 그러
한 것이니라.

30 그러나 너희들은 그와 같은 것을 생각
하기 전에 나의 아들 예수가 그저 너
희 죄를 다 짊어지고 너희들을 구원하
기 위하여, 평온한 미래에 너희들을
다 하늘나라에 인도하기 위하여 그가
죽었다 그리 생각함이니라.
31 그래서 그 보혈로써 너희들이 구원을
받았다 그리 말함이니, 이는 무엇이던
가?
32 나의 아들을 죽인 그 죄를 너희들이
받을 수가 없으며, 너희들이 그 죄에
대한 죄책감을 지우고 너희 마음을 스
스로 다스리기 위하여 나의 아들이 너
희들을 구원하기 위하여 그리 죽었으
며 그 보혈로써 구원을 받았다 그리
뒤집어씌우는 이와 같은 기도의 현실
을 부르고 있음이니, 이것이 얼마나
무서운 결과를 가져왔는가?
33 나와 나의 뜻과는 전혀 관계없는 방향
으로 흘러가는 것이기 때문에 보혈로
써 용서받을 수 없다 함을 나의 아들
을 통하여 너희들에게 말하였음이니
라.
34 사악한 그 당시의 백성들이 그 죄의식
에서 벗어나고자 하며 면죄부를 받고
자 하여 그와 같이 나의 아들이 너희
들을 대신하여 죽음으로써 너희 죄를
사하여 주었다 그리 덮어씌우고 있음
이니, 이 엄청난 현실의 그 당시의 깨
달음을 너희들이 모른다 하면, 너희들
은 정녕 성령의 그 구절을 알 수 없음
이니라.
35 내가 2천 년의 역사가 흐른 다음에 나
의 아들에게 전함이니, 너희들이 얼마
나 사악하고 포악했으면 내가 나의 아
들의 손을 놓고 너희들에게 그가 죽음
으로써 내가 존재하며 나 여호와가 있
으며, 그가 나의 아들이요, 나의 성령
을 전한 것을 그 시대에 보이는 방법
으로 그 길을 선택했겠는가?
36 그럴 수밖에 없도록 너희들이 그리 포
악 무도한 시대의 형국의 분위기가 되
었음이니라.
37 너희들은 단순히 몇몇 사람이요, 한
왕이 나의 아들을 핍박하며 몇몇 제자
가 그를 배신하며 등을 돌려 그가 그
저 너희 죄를 안고 죽었다는, 십자가
에 못 박혀 죽은 그 형상만을 생각하
나,
38 그 시대의 사회의 분위기요, 그들의
포악함과 그들의 악랄함과 용서할 수
없는 그와 같은 상황을 봐야 될 것이
니라.
39 내가 오죽하면, 너희들이 얼마나 험난
하고 험악한 자들이었으면 나의 아들
의 손을 놓지 않고는 너희들을 구원할
수 없었겠는가?
40 그와 같은 급박한 상황으로 만든 원죄
를 가지고 있음을 너희들이 알아야 될
것이니라.
41 그리하여 너희들은 많은 나의 피조물
만백성에게 너희들의 면죄부를 받기
위하여, 그저 예수가 너희 죄를 대신
짊어져 고통스럽게 죽었다 그리 말하
며, 그리하여 보혈로써 구원을 받는다
하여 너희 손으로 지은 그 성전에 가
기도하고 경배하면 다 구원을 받는다
하는 이 엄청난 차이를 알아야 될 것
이니라.
42 이제 너의 제자들과 법전을 읽는 만백

성 너희들은 깨달아야 될 것이니라.
43 그 시대에 나의 아들의 손을 내가 놓
지 아니하고 그가 고통스럽게 죽음의
길로 가지 아니하면 아니 될 정도로
너희들이 사악한 분위기의 삶을 살고
있었다는 그 무서운 죄를 너희들은 지
금서부터 깨달으며, 그와 같은 뉘우침
과 회개함을 너희들이 먼저 알아야 될
것이니,
44 이제는 나의 아들 예수의 보혈로써 구
원을 받았다는 그 추악한 더러운 말을
사용하지 말라.
45 너희들이 나의 가슴을 두 번 다시 울
린다면 그를 용서치 아니할 것이니라.
46 나의 아들을 그리하여 내가 던졌으며,
그를 던질 때 너희들은 내가 내린 그
계명을 지키며 그것에 따라서 너희들
이 구원을 받을 수 있는 그 면죄부의
시간을 너희들에게 주었으나,
47 너희들은 지금도 그저 보혈로써 구원
을 받았다 그리 말하며, 참회할 줄 모
르고 용서를 빌지 못하며 너희 죄를
인식하지 못하고 사는 것이 너희들임
이니라.
48 이 깊은 밤, 내가 나의 아들을 통하여
그때의 상황을 너희들에게 전해 주니,
먼저 너희들이 그와 같이 내가 나의
아들의 손을 놓지 않으면 아니 되도록
몰아갔고 그 사악한 분위기를 가졌던,
그리고 너희들을 돌이킬 수 없었던
그 엄청난 시대의 상황을 봐야 될 것
이니라.
49 그 힘과 그 여파에 의하여 그 시대의
백성들이 나의 아들을 십자가에 그리
고통스럽게 죽게 했으며, 그 제자들
또한 그에게서 등을 돌렸으며 그를 팔
았을 때 그들이 얼마나 사악한 상황이
었으면 그와 같은 행위를 했을 것인가?
50 너희들 먼저 지은 죄에 대한 것을 알
라.
51 너희들이 이것을 깨우치지 못한다면
정녕 하늘의 뜻을 알 수 없는 것이니
라.
52 너희들은 너희 조상들이 그와 같이 험
악했던 그때의 상황을 사죄하고 용서
빌며 죄를 의식하며 회개하는 그와 같
은 깨달음을 먼저 가져야 할 것이며,
53 그리하여 그 죽어 간 나의 아들의 보
혈로써 너희들은 그저 구원을 받을 수
있으며 구원을 받았다 그리 뒤집어씌
우는 것은 그 조상들이 지은 엄청난
죄를 스스로 면죄부요, 저희 스스로
용서하며 저희 마음을 다스리기 위하
여 그와 같이 뒤집어씌운 내용임을 너
희들은 이제 알아야 할 것이니라.
54 이와 같은 역사의 흐름을 깨달아야 될
것이니라.
55 지금 바로 그보다도 더 간악한 방법이
또 이루어지려 함이니라.
56 제3의 시대에 내가 나의 아들을 통하
여 너희들을 구원하고자 직접 내려가
나의 성령을 너희들에게 전함이니, 너
희들은 이를 또 짓밟으며 찢어 버릴
것이며, 그와 같이 나의 마음을 울리
려 하고 있는 것이 너희들이니라.
57 이와 같은 너희들의 죄의식을 갖고,
예수의 시대에 그 조상의 잘못한 죄를
깨닫고 깨우치며 회개하고 죄를 의식
할 때, 오늘의 너희들이 나의 법전을
찢는 그 손을 멈춰야 될 것이며, 나의

아들을 핍박하는 그 혀를 멈춰야 될
것이니라.
58 이를 멈추지 못하는 자, 너희들이 이
제는 죽어 와 얼마나 무서운 죄의 대
가를 받아야 될 것인가를 알 것이니라.

3,059 번째 하나님 말씀

2002년 8월 22일 01시 33분

1 사랑하는 나의 아들아!
2 "네, 아버님! 말씀하옵소서."
3 너희들의 육신의 삶이 고달프고 힘든
생활 속에서 내가 너희들에게 축복을
내려 줄 것이니 너희들이 한 가지씩을
고치라 내가 너희들에게 명하였느니
라.
4 내가 너를 통하여 너의 제자들에게 이
리 명하였느니라.
5 너희들이 가장 고치기 어렵고 힘든 너
희들의 습관이요, 버릇이요, 그 하나
를 선정하여 그것을 완전히 고치고 깨
달았을 때, 내가 거기에 대한 육의 삶
의 행복이요, 나를 믿음에 너희들이
짜릿한 행복을 느낄 수 있도록 육의
생활에 변화의 은혜를 내리겠다 내가
그리 너희들에게 약속했음이니라.
6 과연 너희들은 그를 고칠 수 있었던가?
7 그리고 너희들은 무엇을 변화했던가?
8 과연 너희들이 고치고 깨달았으면 얼
마나 그를 깨닫고 어찌 실천하였는가?
9 그를 너희 가슴에 물어보라.
10 삶이 고달프며 육의 삶에, 세속의 삶
에 시달리는 너희들에게, 그와 같은
고비를 넘길 수 있으며 편안히 나에게
경배하고 살아갈 수 있는 안식처를 만
들어 주며 의식주를 해결할 수 있도
록 내가 너희에게 상을 내릴 것이니,
한 가지씩 너희들이 가장 고치지 못하
는 버릇을 고치라 하였음이니라.
11 너희들이 과연 그를 고쳤는가?
12 나 여호와가 그와 같이 상을 내린다고
나의 아들을 통하여 직접 너희들에게
명하였어도, 지금 이 시간까지 너희들
의 그 악습을 완벽히 뿌리 뽑고 고친
자가 없음이니, 이를 어찌하면 되겠는
가?
13 수천 년 역사 동안 흘러오면서 그들이
세뇌되어 있으며, 그들의 그 믿음만이
구원의 길이라 하며, 거기에 머리가
젖어 있으며 생각이 젖어 있는 그들을
어찌 깨우치겠는가?
14 수천수만 가지 살아가는 너희들의 모
든 생활의 실태를, 옳고 그름을 내가
다 기록하여 너희 손에 올려놓듯이 그
리 깨우쳐도 너희들이 이를 깨닫겠는
가?
15 그러하니 내가 열여섯 권의 법전 속에
무엇을 기록하여 너희들에게 내린들,
너희들이 시대가 변하고 세월이 변하
여 지금까지 믿고 살아왔던 그 믿음의
세계에서 수천수만 가지요, 근본의 원
천까지도 고치지 아니하면, 나의 법전
을 너희들이 깨달을 수 없으며 나의
성령을 깨달을 수 없으며 들을 수도
없음이니,
16 내가 대장서의 160권이라는 법전을
만들어 너희 앞에 내보여 줌이니라.
17 이는 인간으로서 할 수 없는 것이며,
이 짧은 기간에 이 역사를 이룰 수 없
으며, 나 여호와의 성령만 이를 이룰

수 있다는 깨우침을 너희들에게 주며,
18 너희들의 천태만상의 살아가는 속에
놓지도 못하는 갖가지의 생각과 지금
잘못 가는 믿음에서 배운 것을 하나하
나 거기에 대입하여 너희들을 이해시
키고 설명하며, 너희들이 하나하나 읽
어 깨우칠 수 있도록 그리 너희들을
깨우쳐,
19 천 년에 걸쳐 새로운 역사를 이루며,
천사와 같은 나의 아들딸들이 세상에
살며 하늘에서 이룬 것같이 지상에 이
루고자 하는 그 뜻이 얼마나 내가 애
절하며 얼마나 상세히 너희들에게 바
로 가르쳐 주고자 하면 160권이라는
그 법전의 책을 만들어 너희들에게 하
나하나 이리 내려보내겠는가?
20 너희들이 하나의 잘못된 것을 고치면
너희 의식주를 해결해서 너희들이 나
에게 기도하고 경배하는 것에 하나도
손색없이 할 수 있도록 내가 그리 직
접 상을 내리겠다고 너희들에게 나의
아들을 통하여 약속했으며 악습을 고
치라 하였으니,
21 그것 하나도 너희들이 지금까지 고치
지 못하고 완벽하게 변하지 못하고 있
음이니, 이 많은 세월 속에 그 믿음의
수천수만 가지를 기억하고 듣고 세뇌
되어 온 그들을 어찌 깨우치겠는가?
22 그러니 내가 그들 중에 버릴 자 버림
이라 말하였음이니라.
23 이것이 너희들이 가야 할 길이며 너희
들이 부닥쳐 싸워서 이겨야 할 길이
며, 너희들이 사악한 자들의 마음의
뿌리를 뽑으며 새로운 길을 인도하는
그와 같은 역사를 이루는 것이니, 그
리하여 내가 너희가 소중하다 함을 알
라.
24 이와 같이 누구도 이룰 수 없는 이 역
사를, 나의 아들이 지금 160권의 법전
을 기록하여 그 길을 가고 있으니, 그
를 따르는 제자 너희들이 나에게는 얼
마나 소중한 나의 아들딸인지 내 마음
의 뜻을 너희가 알 것이니라.

3,060 번째 하나님 말씀

2002년 8월 22일 01시 49분

1 사랑하는 나의 아들아!
2 "네, 아버님! 말씀하옵소서."
3 구약의 너희 백성들이 깨우치지 못하
며 그와 같이 험악하고 험난한 형국으
로 변하였음이니, 내가 나의 아들 예
수를 세상에 내려보내어 너희들을 구
하려 했던 것이 바로 그 당시 너희 인
간들이 살아가는 사악한 형태였음이
니라.
4 내가 나의 아들을 세상에 내려보내어
그를 버려 가며 너희 인류를 구하고자
했던 그 당시의 너희들이 얼마나 사악
한 형태였으며 얼마나 잔인하고 간교
한 마음의 형태로써 살아갔는가?
5 그리하여 내가 나의 아들의 손을 놓았
던 것이니, 그때 그 험악한 세상의 삶
을 너희들은 지금 돌이켜 봐야 될 것
이니라.
6 그리하여 나의 아들의 손을 놓으며 그
사악한 백성들을 구하고자 했던 그와
같은 역사를 너희들이 배우고 깨달으
며, 그리고 나의 아들 예수의 보혈로
써 구원을 받아 그 믿음의 길을 가는

것만이 구원을 받는 길이라 지금까지
너희들의 종교 지도자는 그리 가르쳤
으며 너희들은 그리 배워 왔음이니라.
7 그렇다면, 너희들은 너희 조상이 나의
아들 예수를 버리도록 그와 같은 형국
을 만든 그 사악한 시대의 분위기와
또 그리 간교하고 간악한 방법으로써
나의 아들을 죽게 만든 그때의 상황을
갖고 너희들이 세월이 흘러온 지금에
깨우치고 공부하며 깨달아 하늘에 오
르고자 하는 진정한 나의 백성들이며,
8 너희들이 진정 그 시대를 제대로 깨우
쳐 그에 대한 죄의식을 가지며 너희
스스로 그 죄를 회개하고자 하며 그와
같이 깨달은 마음으로 살아왔다면, 지
금은 어떠한 백성들이 이 세상에 존재
하겠는가?
9 너희들이 그때의 상황을 너희들 자신
이 지은 죄요, 너희들이 행한 것같이
그 죄를 용서비는 마음이요, 회개하는
마음이요, 나의 아들 예수가 행했던
그와 같은 마음으로 살아가고자 그리
가르치고 배워 왔다면, 지금은 이 세
상에 천사와 같은 자들이 살아남아 있
을 것이니라.
10 천사와 같은 자들만이 살아남았으며,
또 그 후손들이 아름답게 변하여 감이
니, 곧 지금에 하늘에서 이루어진 것
같이 지상에 낙원이 이루어졌을 것이
며, 너희들이 수천수만 번 헤아릴 수
없이 울부짖는 그와 같은 너희들의 간
곡한 뜻이 이루어졌을 것이니라.
11 그러나 너희들은 지금 어찌 살아가고
있는가?
12 나의 아들 예수가 너희들을 구원하기
위하여 그 고통스러움 속에 죽어 갔으
며, 그를 그리 죽도록 내가 손을 놓지
아니하면 안 되는 그와 같은 험악한
시대에 살았던 너희들의 그 뿌리는 어
찌 되었는가?
13 너희들은 회개하고 반성하여 아름다
운 모습으로 살아가는 나의 아들의 백
성이 되는 것이 아니라, 더 험악하고
험악하며, 너희들이 말하는 종말이며,
인간 너희의 목숨마저도 지폐요, 금화
와 은화로 계산하는 그와 같은 시대로
지금 변화가 되었으며, 나의 아들 예
수의 시대보다 더 사악한 형국으로 변
한 이 시대에 너희들이 살고 있음이니
라.
14 그러니 너희 후손의 죄는 또한 더 깊
어지며, 그 사악한 뿌리가 지금까지
살아와 현재의 그 사악한 시대를 이루
었듯이, 너희 후손이 또 백 년, 2백 년,
천 년, 만 년을 흘러간다면 너희들은
어찌 되는가?
15 너희들은 자신의 형제도 모르고 부모
도 모르며 이웃도 모르는, 그와 같이
사악한 형태의 마음으로 변화될 것이
니라.
16 그리하여 너희들은 너희 자신을 지키
며 살아가는 그 수단과 방법을 강구
하기에 급급할 것이며, 지금처럼 너희
들이 인사를 나누며 사는 형제요, 부
모요, 이웃에 대한 그와 같은 감정도
없어질 것이며, 잔혹한 냉혈 동물과
같이 너희들이 변하는 그와 같은 삶
을 살아가게 될 것이니라.
17 그리하여 내가 다시 한 번 너희들에게
마지막 기회를 주기 위하여 나의 법전

을 만들어 너희들에게 구원의 기회를
주고자 하는 것이니라.
18 그러나 너희들은 나의 법전의 그 위대
함이요, 소중함을 깨우치기 전에, 이
는 마지막 시대에 사악한 자의 행위라
며 이를 찢어 버리고 태워 버림이니,
너희들이 과연 어찌 구원을 받을 수
있다 생각하는가?
19 오늘의 시대에 너희들이 어찌 가는가?
20 부모와 자식과 또 형제간에 그와 같은
인간의 사랑함이 서서히 없어지며, 너
희들은 모두를 다 금화와 은화로 계산
하며, 모든 계산속에서 이루어지는 그
와 같은 삶을 지금 너희들이 살아가는
그 변화가 이루어졌음이니라.
21 너희들이 천 년, 2천 년의 세월이 더
흘러갔을 때는 오늘보다 더 사악한 형
국으로 살아감이니, 서로 인간이 인간
을 경계하며, 너희들이 인간을 만나는
그 자체를 서로 더 경계하는 그와 같
은 험악한 삶으로 살아가니,
22 형제요, 부모요, 그와 같은 관계도 없
어지는 것이며, 세상에 태어난 그 자
체도 나 여호와의 은혜와 은총으로써
태어났으며 너희들이 부모의 육을 빌
려 세상에 태어난 것을 감사하며 경배
하는 것이 아니라, 너희들이 세상에
태어난 그 자체에 대해 너희 조상이
요, 부모를 원망하는 이와 같은 사악
한 형태로 돌아가는 너희들의 삶이 이
어질 것이니, 이를 나는 알고 있음이
니라.
23 이와 같은 너희들을 다시 내가 막기
위하여, 한 번을 막아 한 번의 기회를
너희들에게 더 주고자 하는 것이니라.
24 이와 같은 시대의 사악한 형국이 나의
낙원의 동산에서 이루어지는 것을 막
기 위하여 너희들에게 마지막 구원의
기회를 다시 한 번 주고자 하여, 내가
나의 아들을 통하여 나의 성령을 내려
보내 이를 법전이라 하여 책으로 만들
어 내려보내느니라.
25 이제 너희들은 깨달아야 될 것이니라.
26 예수의 시대에 너희 조상들이 그와 같
은 분위기를 만든 죄를 지었듯이, 너
희들이 지금에 와 그와 같은 사악한
방법으로써 나의 법전을 찢어 버리고
태워 버리며 세상에 존재치 못하도록
하며,
27 너희들의 모든 종파가 다 하나가 되어
그 누구도 막을 수 없는 무서운 힘으
로 나의 아들을 공격하고자 하며 그를
쓰러트리고자 하며 그를 짓밟고자 하
는 것이 너희들이 앞으로 이루어지는
그 형국이니,
28 내가 지금 말했듯이 그와 같은 반란의
형태로써 지금의 그 형국을 너희들이
자행한다면, 너희들은 그 죄의 무서움
을 죽어 내 앞에 왔을 때에 알 것이니
라.
29 이제 너희들이 하여야 할 것을 내가
명하며, 너희들이 지켜야 할 것을 명
하나니, 너희들은 이를 지키는 자만이
구원을 받을 수 있음을 알아야 될 것
이니라.
30 너희는 더 이상 그 죄를 짓지 말며 도
덕적으로 윤리에 어긋나는 행위를 중
단하며, 너희들의 살아가는 그 모습을
지금 다시 들여다봐 너희들의 잘못 가
고 잘 가는 것을 스스로 판단하여 너

희들이 사악한 죄를 짓고 사는 것을
중단하며, 그를 즐거움으로 살아왔던
그 마음을 너희들이 다시 정화하는 그
와 같은 삶을 살지 아니하면 아니 될
것이니라.
31 그리하여 너희들은 나의 법전을 보고
깨닫지 못하고, 이를 보고 너희들을
구원하는 나의 성령이라 생각지 못하
며, 더 악하고 험악한 형국으로 변화
된다 하면,
32 너희 후손까지도 이 지상에 존재할 수
없는, 종말의 벌을 내가 너희들에게
내리는 것이 아니요, 너희 스스로 종
말을 초래하여 너희 후손 자체가 이
나의 지상에 존재하지 못하는 그와 같
은 사악한 형국으로 벌어질 것이며,
그와 같은 역사를 너희들은 이루게 될
것이니라.
33 그러니 너희들은 여기서 깊이 깨우쳐
야 될 것이니라.
34 너희가 나의 법전을 보고 깨우쳐 십계
명대로 지키고 살아가는 그와 같은 마
음으로 변화되는 삶을 살아갈 때, 이
지구의 종말은 나로부터 영원히 없을
것이니, 이를 명심하여 행하도록 그리
하라.

3,061 번째 하나님 말씀

2002년 8월 20일 02시 02분

1 사랑하는 나의 아들아!
2 너희들이 구원의 온상이며 나의 피조
물 만백성을 하늘의 천국의 문으로 인
도하는 성전이라는 곳이며 그곳에서
만백성을 깨우쳐 가르치는 종교 지도
자며 그 속에 가서 하늘에 오르는 길
이라 하여 가르치고 너희들이 구원을
받으며 하늘에 천국의 문으로 인도한
다는 너희들이 지은 성전의 그 역사가
지금 몇천 년이 흘러왔음이니,
3 과연 너희들이 성전에서는 어떻게 살
아가야 되며, 어떠한 변화의 역사가
이루어져야 하겠는가?
4 너희들의 성전에 지금 너희 종교 지도
자가 가르치며 배우는 자, 너희들이
몇십 년 동안 그곳에서 깨달은 자와
깨닫지 않는 자, 처음 온 자와 1년이
요, 2년도 안 되는 그와 같은 자들의
차별화의 깨달음이 없다 하면, 그곳은
진정한 나의 성전이요, 나의 뜻을 가
르치는 곳이 아니라 말하였음이니라.
5 다람쥐라는 동물이 쳇바퀴를 돌듯이
너희들은 그저 나의 성경을 가지고 제
자리걸음 하며 계속 돌리고 돌려 너희
들의 삶을 위하여 살아오는 그와 같은
인간의 계획에 의한 인간의 성전이었
음을 너희들은 부인하지 못할 것이니
라.
6 너희들은 정녕 지금 손으로 지은 그
성전이라는 곳을 어찌 말해야 될 것인
가?
7 너희들이 정녕 깨우치는 천국의 문을
인도하는 그 성전이라는 곳을 말할 것
같으면, 그 성전이라는 곳은 세상에서
가장 경건하며 공정해야 되며 공의에
의하여 모든 것이 이루어져야 될 것이
며, 그곳에 있는 자 천사들과 같은 마
음으로써 살아가야 하는 곳이 바로 그
곳이니라.
8 인간 세속에서도 너희들이 공정하게

살아가기 위하여 너희들이 사용하는
법이라는 것이 있으며, 질서를 다스려
나가는 법이라는 것이 있으며, 그를
집행하는 사람들이 있음이니라.
9 너희들이 세상에 살아나가는 그 질서
를 지켜 법이라는 것을 만들어 그를
통하면서 너희 인간 세상 사람들이 다
스려 나가며, 너희들이 인간의 세속에
서 법에 따라 잘못된 자와 잘된 자를
구분하면서 그와 같이 살아가는 법도
가 있음이니라.
10 그러니 너희들이 너희 성전이라 지어
놓은 곳은 그와 같이 인간사 법도보다
더 경건하고 공정하며 그리고 천사와
같은 아름다운 마음으로 살아가는 자
들이 모여 있는 곳이라야 되는 것이니
라.
11 그러나 너희들이 인간 세상에서 인간
사를 다스리기 위해 만들어 놓은 그
법에 대한 기준만큼도 그곳에서 지켜
지지 못한다면,
12 너희들은 그를 어찌 평가하며 너희들
의 성전을 어찌 봐야 될 것이며, 창조
주인 나 여호와가 그 속에서 행하고
살아가는 너희들의 모습을 과연 어찌
봐야 될 것인가?
13 공정하며 가장 경건해야 할 그 속에서
너희들이 모여 집단을 이루고 있는 그
형태가 아름다운 것이 아니요, 음모와
간교한 방법으로써 상대방을 이용하
며 사기하며 불의를 자행하고 있다면,
14 너희는 뭐라 나에게 대답할 것이며,
과연 나의 피조물 만백성에게 너희들
은 그곳이 진정한 하늘에 오르는 길
이요, 사랑을 베풀고 사는 곳이라 말
할 수 있겠는가?
15 너희들이 정녕 인간의 법도를 다스리
는 그와 같은 질서도 지키지 못하는
곳이 그곳이라 하면 너희들이 얼마나
간악한 자들인가를 알아야 될 것이니
라.
16 그 속에서 경건치 못하며 서로 간교하
며 불의의 짓을 행하며 사랑이 없는
그와 같은 너희들의 집단이라면, 너희
들은 우리 부자의 이름을 팔아 죄의
온상을 지어 유지함이니, 너희들이 그
죄를 다 어찌하려 하는가?
17 그렇다면 너희들은 우리 부자의 이름
을 팔아 성전이라는 곳에서 모든 간악
한 짓을 이루고 행하고 있음이니, 너
희들이 그 죄를 다 어찌 나로부터 받
으려 하는가?
18 너희들은 나에게 심판을 받는 것을 두
려워하지 아니함이며, 내가 존재함을
의식지 아니하는 그와 같은 자들이
그 집단을 운영하는 것이라 내가 말해
도 너희들은 뭐라 말할 수 있는가?
19 너희들이 그와 같은 형태로써 이루어
짐이니, 너희들은 그 속에서 이루어지
는 그 자체가 나 여호와의 성전이요,
나의 뜻에 통제되는 곳이라 하여 너희
들이 인간사에서 통제하는 어떠한 법
에 의한 그 통제도 받지 아니하고 그
통제에서도 벗어나며,
20 오로지 나 여호와만이 통제할 수 있는
곳이라 그리 말하며 성역을 만들어 놓
고 그 속에서 경건하고 아름다운 천사
와 같은 자들이 살아가는 모습으로써
만백성을 깨우쳐 너희 성전을 스스로
찾아올 수 있는 그와 같은 역사를 이

루는 것이 아니라,
21 너희들의 음모와 간악한 방법이요, 사
기 치며 모든 죄의 온상이 거기서 이
루어진다면, 너희들은 우리 부자의 이
름을 팔아 그를 장막을 쳐 놓고 있는
것이니라.
22 너희들은 성전이라는 그 이름 아래 인
간들이 그 법이라는 것을 지키고 질서
를 지키며 살아가는 그것만도 못한 사
악한 짓을 그 속에서 저지르고 있음이
니,
23 그러면서 너희들이 그 속에서 스스로
이루어지며 종교 지도자라는 너희들
은 신도가 평가할 수 없으며, 그 속에
서 이루어지는 것은 하나님의 뜻이기
에 누구도 단죄할 수 없다며 그리 나
의 백성들을 이끌어 감이니,
24 그 속에 지도자라는 너희들이 죄의식
도 갖지 않고 있으며, 스스로 죄를 저
지르면서도 그 죄를 저지르는 것까지
도 깨닫지 못하고 있음이니, 너희들은
어찌하면 되겠는가?
25 모든 인간사에 이루어지는 그 죄악의
근본이 그곳이라면 너희들은 어찌하
겠는가?
26 너희들은 그러면서 그곳에, 그 죄악의
소굴에 오는 피조물 만백성에게 헌금
과 재물을 바쳐야 하늘에 오르는 길을
이룰 수 있다 그리 말하며, 나의 백성
들로부터 헌금과 재물과 십일조요, 그
조상으로부터 거저 거둬들인 금화와
은화로 너희들의 성전이라는 곳을 지
어 놓았으니,
27 나의 백성의 재물이요, 고혈을 빨아
너희들이 그리 지어 놓은 성전이 경건
하며 공정하며 사랑을 베푸는 나의 뜻
에 살아가는 그와 같은 성전이 되었다
면,
28 내가 지금 오늘의 제3의 시대를 열지
도 아니하였으며, 나의 법전이 세상에
내려오지도 아니하였음이니라.
29 너희들은 모든 재물과 헌금을 받아 너
희들의 보호막이요, 그 안에서 간악한
짓이요, 사악한 짓을 하면서 그 어떠
한 것도 적용되지 아니하며, 많은 백
성들이 적용하며 살아가는 그 법의 질
서까지도 거기를 침투할 수 없도록 장
막을 쳐 놓고 그 속에서 그리 간악한
행위를 하고 있음이니, 지금 내가 너
희들에게 뭐라 말하였던가?
30 헌금을 바쳐도 아니 되며, 십일조를
바쳐도 아니 되며, 감사 헌금을 바쳐
도 아니 되며, 하늘에 재물을 많이 쌓
아 놓아 축복을 받는다는 그와 같은
간계에 넘어가 재물을 바치지 마라 내
가 너희들에게 수없이 명했음이니, 그
게 바로 무엇이더냐?
31 너희들이 죄의 온상인 그 성전을 짓는
곳에 재물을 바쳐 그 성전을 짓도록
하였으니, 내가 너희들에게 준 재물을
잘못 썼음을 알아야 될 것이니라.
32 너희들이 잘못 써도 너무나 잘못 썼으
며, 너희들이 갖다 바친 재물을 사악
한 집단의 그 보호막으로써 그리 지
어지는 곳에 다 던졌다면 너희들은 뭐
라 말할 것인가?
33 내가 너희들에게 준 재물을 잘못 썼으
니, 그 죄를 너희들이 더 가중해 받는
다 하였음이니라.
34 그러니 이 뜻을 나의 법전의 이 구절

을 읽고도 깨우치지 못한다면, 너희들
의 고집이요, 우매하며 세뇌 교육에서
깨어나지 못하는 것이니,
35 그와 같은 너희들의 죄상을 밝히는 것
은 너희 스스로 마음으로 싸워 이기
며, 너희들이 그 죄악의 소굴에서 나
올 수 있는 것도 너희 마음의 싸움에
서 너희 자신이 이겨야 함을 알라.
36 넓은 세상이요, 내가 창조한 이 모든
자연의 위대함을 너희들이 바라보는
눈만 뜬다 해도 오늘 내가 너희들에게
내리는 이 성령의 간곡한 나의 심정을
알 것이니라.

3,062 번째 하나님 말씀

2002년 8월 22일 02시 14분

1 사랑하는 나의 아들아!
2 "네, 아버님! 말씀하옵소서."
3 내가 나의 아들, 너에게 명하였느니라.
4 어떠한 재물이요, 재산도 너의 명의로
두지 말며, 네가 오늘의 어려운 삶에
서 네 명의로 재산을 둘 수 없을 때 네
가 그리 약속함이 아니요,
5 내가 너에게 많은 재물과 만백성을 구
하는 그 능력을 주었을 때, 너는 어떠
한 것도 네 앞으로 재물의 명의를 두
지 말라 하였음이니, 네가 또한 그와
같이 행하고 살겠다고 나에게 약속했
음이니라.
6 그리고 나는 네가 그리 행할 것을 알
고 있느니라.
7 그것이 바로 나의 아들이요, 나로부터
선택된 종교 지도자가 하는 행위이니
라.
8 그리하여 내가 너에게 뭐라 말했으며,
너의 제자들에게 어찌 가르치라 했더
냐?
9 그리고 나의 피조물 만백성이 읽고 깨
우치게 내가 법전에 기록하였으니, 종
교 지도자요, 참진리의 길을 가는 자
는 저희들이 어떠한 형태든 재물을 제
앞에 두어서는 아니 된다 하였음이니
라.
10 제 앞으로 재물을 두는 그와 같은 마
음을 가진 자, 그와 같은 행위를 하는
자는 종교 지도자로서 자격이 없다 하
였음이니라.
11 그리고 또한 저희들이 나의 아들과 나
의 이름을 팔아 모은 그 재산을 갖고
저희 자식에게 재물을 넘겨줘 그들의
명의로 해 주어 천년만년 살고자 하는
그와 같은 형태를 갖는다는 것은 인간
이기 전에 짐승만도 못한 자라 하였음
이니,
12 이는 나 여호와의 이름을 팔아 저희들
이 축적하는 행위이며, 내가 존재함을
모르며, 하늘에 오르는 길로 만백성을
이끌어 가 천국의 문을 안내한다는 자
들의 사기극이며 거짓 하는 자들이기
때문이라 내가 말하였음이니라.
13 너희들은 지금 이 세상에 어찌 살아가
는가?
14 아무런 믿음도 없는 자요, 아무런 깨
달음도 없는 평범한 사람들이 살아갈
때 어찌 살아가는가?
15 그 백성들은 저 자신의 작은 명성을
손상시키는 것을 두려워하고 무서워
하며, 그 얻은 작은 명예와 재물을 잃
을까 봐 두려워하며 사는 것이 지금의

보통 백성들이 살아가는 형국이니라.
16 그리하여 그들은 저희들이 모은 작은
명예와 적은 재물들을 천년만년 저희
들이 살아가면서 지킬 것이라 하여 저
희들 앞에 꽁꽁 묶어 두고자 하는 것
이 그들의 형태이며,
17 그들은 또한 그 재산을 저희 자식들에
게 남겨 주는 것만이, 저희 자식들만
이 남부럽지 않은 안락한 생활이요,
행복한 삶을 살아가는 것이 저희들이
가장 위대한 역사를 이루는 것이며,
저희들에게 가장 행복한 삶이며, 자식
이요, 그 후손에게 저희 자신이 살아
왔던 모습을 보여 주는 것이라 그리
생각함이니,
18 그것이 믿음을 모르는 것이며, 내가
존재함을 모르는 것이며, 아무것도 모
르는 순박한 백성들이 생각하고 그들
이 하고 있는 그 속성이니라.
19 그러나 너희들은 나 여호와가 존재하
며 나로부터 선택받은 백성이니, 그
평범한 백성은 하늘나라가 있음을 모
르며, 나 여호와가 존재함을 모르며,
저희들이 살다 나에게 와 심판을 받
는 것을 모르기 때문에 나눔을 모르며
저희 작은 명예요, 저희 자신의 재산
을 후손에게 주어 천년만년 지키며 그
리 가고자 하는 것이 그들의 평범한
욕심이라 하였음이니라.
20 그러나 만백성을 지도하여 하늘에 오
르는 길을 깨우쳐 주며, 천국의 문에
그들을 인도할 수 있다는 종교 지도
자라 칭하는 자들이 그들과 똑같은 행
위를 한다면 그가 과연 자질이 있는
것인가?
21 여기서 너희들이 깨우쳐 봐야 될 것이
니라.
22 그와 같은 생각을 가지고 사는 자는
나의 평범한 백성만도 못함이니, 그는
너무나 추한 자며 지도자로서 자격이
없는 자이니, 짐승만도 못한 자라 내
가 그리 말하였음이니라.
23 정녕 나 여호와가 존재함을 알며 나로
부터 심판을 받는 것을 믿으며 그를
두려워하며 무서워한다면,
24 나의 피조물 만백성을 이끄는 종교 지
도자라 하여 단상에 서서 많은 백성들
앞에 설교하며 강론하는 자가 과연 그
와 같은 행위를 할 수 있는 것인가?
25 종교 지도자요, 만백성을 구하는 자가
평범한 백성들이 하는 것보다도 더 사
악한 방법으로써 재산을 모으며, 그
재산을 모으는 과정에 평범한 백성들
은 손발이 저리도록 재산을 모았으며,
먹을 것, 입을 것을 절약하고 아껴 가
면서 밤잠을 자지 아니하고 스스로 노
력하여 그들의 재물을 모았음이니, 그
들의 노력 여하에 스스로 얻은 재물이
니라.
26 그리하여 그들은 그것을 소중히 생각
하는 것이며, 그들은 깨우침이 없고
내가 있는 것을 모르며 나에게 심판받
는 것을 모르니, 저희들이 얻은 작은
명예와 평생 살면서 모은 재물을 천년
만년 그 후손에게 남겨 주는 것이 가
장 영광된 제가 이 세상에 나와 살았
다 감을 남기는 것이라 그리 생각하는
자들이 하는 행위이니라.
27 그러나 감히 나를 알며 나 여호와에게
심판을 받으며 나의 아들의 보혈로써

구원을 받았다 하는 너희들이 그와 같
은 행위를 한다는 것은, 과연 너희들
은 어찌 생각하며 어찌 깨우쳐야 되는
것인가?
28 여기서 나의 법전을 읽는 만백성은 들
어야 될 것이니라.
29 수천 년 역사 동안에 흘러오는 그 종
파 속에 구원을 받는다 하여 몸부림치
는 자, 그와 같은 종교 지도자가 있다
면,
30 너희들은 그의 설법이요, 성경은 한
자도 더하지도 빼지도 말라는 그러한
말에 현혹되지 말며, 그 행하는 행위
부터 먼저 봐야 될 것이니라.
31 그들은 정녕 지도자의 자격이 없으며
성령이 무엇인지도 모르며 그 깨우침
도 모르며 구원의 길이 무엇인지도 모
르는 자들이니라.
32 그들은 다만 사악한 방법으로써 인간
세속에서 나와 나의 아들의 이름을 팔
아 재물을 긁어모으는 그와 같은 사악
한 자들이니라.
33 평범한 자가 재물을 모으며 작은 명예
를 얻은 것은 그 노력에 의해서 얻은
것이라 하였으나, 종교 지도자라는 자
가 그와 같은 행위를 하는 것은 나의
아들과 나의 이름을 팔았으며 나의 성
령을 팔았음이니,
34 그 모두를 팔아 장사하는 장사꾼의 그
와 같은 행위에서 벗어나지 못함이니,
그들의 죄가 얼마나 무서우며 그들이
받아야 할 벌이 얼마나 무서운 것인
가?
35 그들은 너희들보다 열배 백배 더 가혹
한 죄를 받는 것이니라.
36 너희들보다 더 무서운 지옥 불이요,
끓는 기름 가마요, 불바다 속에 들어
가 영원히 살아야 될 그들 앞에 너희
들이 어찌하여 그 죄를 빌며, 너희들
이 그들에게 구원을 받고자 하는가?
37 어찌하여 도둑질하는 자에게 도둑질
을 안 하는 백성이 가서 인생을 배우
며 무엇을 얻고자 그와 같은 행위를
하는가?
38 도둑질하는 자는 도둑질하는 것밖에
보이지 아니함이니라.
39 너희들이 아무리 진실된 마음으로 가
서 이야기해도 그는 받아들이지 아니
함이니라.
40 남을 사기 치고자 사기로써 세상을 살
아가는 자, 아무리 너희들이 진실한
순정이요, 깨끗한 마음으로 바쳐 그와
더불어 무엇을 이루고자 해도, 그는
너희들의 뜻을 받아들이지 못하며 사
기 치고 거짓 할 것만 연구하니, 때와
시간이 되면 그걸 걷어서 너희에게
사기 근성을 보이는 것이 인간의 심리
이니라.
41 지금 그들이 저 자신도 모르고 사악한
행위를 계속하고 있음이니, 아무리 나
의 백성 너희들이 그들 앞에 구원을
받아 하늘에 오르는 길을 오르고자 재
물과 금화와 은화와 시간을 바치며 그
깨끗한 마음으로 나에게 오르고자 하
여도,
42 그들은 그 깨끗한 마음을 이용하여 저
희들의 배를 채우기에 급급한 자들이
며, 저희들 인간의 삶을 위해서 그 모
두를 계산하며 거기에 맞추어 가는 자
들이니라.

43 이제 너희들은 그들을 단죄할 때가 되
었음이니라.
44 내가 말하기를, 나 여호와가 존재함을
무서워하며 두려워하며 구원을 받는
자로서 만백성을 인도하는 나로부터
선택된 자는, 그보다도 큰 영광이 없
다 생각한다면 재물은 아무것도 아니
거늘,
45 그 재물을 긁어모으는 그와 같은 현상
이 이루어지는 자, 너희들이 그를 이
제는 단죄해야 될 것이며, 그 설교요,
그 가르침을 계속 듣는다면 너희들이
지옥 불로 가게 됨을 알아야 될 것이
니라.
46 종교 지도자는 나 여호와가 존재하며
나로부터 선택받았으며 나의 뜻의 가
르침을 듣는 그것으로써 세상에 무엇
과도 바꿀 수 없음이니, 그와 같이 재
물을 제 앞으로 해 놓는 자, 그리고 제
자식 앞으로 해 놓는 자, 이는 희대의
사기꾼이며, 가장 사악한 자며, 가장
무서운 죄를 받는 자이니라.
47 우리 부자의 이름을 팔아서 그와 같이
평생 그가 거짓 하며 사기를 쳤기 때
문이니라.
48 그를 단죄하라. 정녕 그를 단죄하지
못하는 자, 너희들 또한 그를 따라 지
옥 불로 감을 잊지 말라.

3,063 번째 하나님 말씀

2002년 8월 22일 02시 26분

1 사랑하는 나의 아들아!
2 "네, 아버님! 말씀하옵소서."
3 나의 피조물 만백성 너희들이 살아가
는 그 마음이 어떠하던가?
4 남이 보이기 싫어하는 부분을 너희들
은 더 그들의 약점을 보고자 하며, 남
의 허물을 더 들여다보고자 하며, 남
의 잘못되어 쓰러지는 것을 보고 즐거
워하는 마음을 갖고 있는 것이 너희들
의 대중적인 심성이니라.
5 그러나 나의 법전을 읽고 성령을 들어
깨우친 너희들은 남의 허물을 볼 때
너희들의 눈을 감아야 될 것이며, 고
개를 돌려 그것을 스스로 의식적으로
보지 않는 그와 같은 마음으로 서서히
변하여 가지 아니한다면 나의 성전에
와 공부한 제자로서의 자격이 없음을
알라.
6 너희들이 봐서는 안 되는 것을 스스로
눈을 감아 의식적으로 보지 아니하며,
너희들이 들어서는 안 되는 것을 스스
로 귀를 막아 듣지 않는 그와 같은 변
화되는 모습으로 너희들이 가야 될 것
이니라.
7 남의 허물을 보며 남의 욕하는 소리
를 들으며 거기에 같이 동조하여 즐거
운 마음을 가지고 같이 행했던 너희들
은 이제 스스로 그와 같은 말을 하는
자, 남의 허물을 들추는 자, 그와 같은
것은 너희들 스스로 귀를 막아서 들을
수 없는, 너희 자신도 모르는 사이에
그와 같이 변화되어 있는 것이 나의
법전을 가지고 공부한 나의 아들의 제
자들이며, 나의 성령을 들은 너희들이
해야 하는 것이니라.
8 너희들이 남들이 말하는 잘못된 말을
의도적으로 듣지 말아야 하며, 너희들
이 듣지 않으며 봐서는 안 되는 행위

가 들춰질 때 그것을 스스로 눈을 감
는 그와 같은 변화되는 마음으로 사는
것이 나의 법전을 공부하는 백성이요,
나의 성전에 와 배우는 선택된 백성이
하여야 할 길이니라.
9 하물며 너희들이 그와 같은 것을 볼
때 봐서는 안 될 것을 더 깊이 보고자
하며, 남의 허물을 더 깊이 뒤져 보고
자 하며, 남을 욕하는 것을 더 귀 기울
여 듣고자 하며, 남을 평가하며 남을
시시비비하는 그와 같은 말을 한다면
이는 어찌 되는 것이던가?
10 이는 나의 백성이요, 나로부터 선택된
나의 아들의 제자로서는 상상할 수도
없으며 있을 수도 없는 일이니, 너희
들의 변화가 하나도 되지 아니한 근거
가 아니던가?
11 내가 전자에 말했듯이, 남의 허물을
너희들이 보게 될 때 의식적으로 눈을
감아 고개를 돌리며, 남이 하는 험악
한 이야기를 너희 스스로 귀를 막고
듣지 말아야 될 것이며, 너희 입에서
나오려 하는 험악한 말을 너희 가슴에
스스로 부끄러움을 알며 그것을 짓누
르며 너희들이 의식적으로 그리 행하
는 그와 같은 나의 백성으로 변화해야
되는 것이니, 그와 반대되는 삶을 너
희들이 산다면 어찌 되는 것이던가?
12 이와 같은 이치를 깨우쳐 너희 스스로
변화되는 삶을 살도록 그리하라.
13 그렇지 아니하면 너희들은 영영 나의
음성을 들을 수 없고 나의 빛을 볼 수
없음을 알아야 될 것이니라.
14 그것이 나의 법전을 보고 깨우치는 자
요, 나의 성령을 들어 공부하는 자요,
만백성을 구하고자 나에게 선택된 너
희들이 가야 할 길임을 알라.

3,064 번째 하나님 말씀

2002년 8월 22일 02시 32분

1 사랑하는 나의 아들아!
2 "네, 아버님! 말씀하옵소서."
3 수천 년 역사의 흐르는 너희들의 삶
속에서 나에게 경배하고 기도하며 너
희들이 이룬 그 성전에 가서 소원을
빌며 그 소중한 너희들의 금화와 은화
를 바쳐 가면서 구원을 받고자 그리
애절히 함이니,
4 너희들이 밤잠 안 자며 너희 손으로
지은 그 성전에 찾아가며, 또한 나의
성전에 찾아오는 나에게 선택된 백성
너희들은 기도함에 있어서 무엇인가
너희들이 하나를 간곡히 이루고자 하
는 것이 있으며 소원하는 것이 있지
아니한가?
5 너희들은 소원하는 것이 있기에 기도
하고 경배함이니라.
6 그러나 너희들은 그 소원이 이루어졌
을 때, 그리고 그 소원이 충족됐을 때
어찌하고 가는가?
7 내가 너희들이 원하는 그 기도를 들어
주며 너희들의 소원이 이루어지고 충
족됐을 때, 너희들은 나에 대한 믿음
의 깊이가 진정 구원의 길로 갈 수 있
는 그와 같은 믿음으로 갈 수 있다 생
각하는가?
8 너희들이 원하는 그 소원이 이루어졌
을 때, 진정한 믿음의 길로 갈 수 없는
것이 너희들의 마음의 자세이니라.

9 스스로 미끄러져 무너지며 쓰러지는
것이 인간인 너희들의 마음이니라.
10 너희들이 부와 권력을 위하여 기도하
고 나에게 소원했을 때, 너희들이 원
하는 것이 나 여호와로부터 이루어졌
을 때, 너희들은 그 생활이요, 그 삶에
젖어들어 가며 세월이 흐름에 따라 스
스로 너희들의 믿음이 무너지며, 나
여호와까지 무시하며 내가 존재하는
그 자체까지도 망각하게 되는 그와 같
은 삶을 살아가는 것이 아니던가?
11 그것이 바로 무엇이더냐?
12 너희들이 내 앞에서 부정하고자 하여
고개를 흔들어도 너희들은 부정할 수
없으며 고개를 흔들 수 없는 것이니라.
13 하물며 종교 지도자라는 자들이 어찌
살아왔느냐?
14 그와 같이 살아왔기 때문에 그들은 실
패하였음이니라.
15 그들이 나에게 향하는 마음이 순수하
며 아름다워 그들을 내가 높이 쓰고자
그들의 소원하는 작은 것을 이루어 주
었을 때, 그 종교 지도자 자체가 무너
짐이며, 미끄러져 추락하며, 나를 망
각하며, 나의 존재함도 잊어버리는 그
와 같은 삶을 살아가는 것이 지금의
종교 지도자들이기 때문임이니라.
16 그러니 너희들이 지금 시행해 온 그와
같은 믿음이요, 구원의 길이라 하여
달려오는 그 방법에서, 지금 내가 제3
의 시대를 열어 내가 직접 통제하며,
나의 아들을 통제하여 나의 뜻을 전하
며 나의 법전을 전하여 그곳에 와 배
우는 너의 제자들 또한 어떠하여야 되
겠는가?
17 너희들이 그와 같이 소원하는 것이 이
루어졌을 때, 너희들 또한 넘어지며
미끄러지며 나를 망각하며 나의 존재
를 의식하지 않는 삶으로 변하는 것은
두말할 것이 없음이니라.
18 너희들도 그리 넘어지느니라.
19 그러나 너희들은 마지막 시대에 내가
직접 내려가 나의 성령을 세상에 내
려보내 책으로 만들며 하늘에서 이루
어진 것같이 이 땅에서 이루고자 함이
니,
20 나의 아들의 제자요, 나로부터 선택된
나의 혈통이요, 나의 성령으로 충만되
어야 되는 선택된 나의 아들딸 너희들
은 그와 같이 넘어지는 믿음으로써 내
가 너희들을 쓰고자 함이 아니니라.
21 너희들은 어떠한 재물이요, 권력이요,
너희들이 기원하고 소원하는 것이 수
없이 이루어지며 역사를 이룬다 해도,
너희들이 오만하며 자만하며, 나 여호
와를 잊어버리며, 나의 존재 가치를
무시하며 나를 망각하고 사는 그와 같
은 나의 백성이 되어서는 안 되기에,
너희들을 완벽한 나의 아들과 딸로 만
들기 위하여 너희들에게 고통과 고난
의 훈련을 시키고 있음이니라.
22 시험의 훈련을 시키고 있음이니라.
23 강도 높은 훈련을 내가 너희들에게 시
키고 있음이니라.
24 이것을 너희들이 알아야 될 것이니라.
25 내가 너희들에게 시키는 훈련의 그 고
통을 너희들이 넘지 못한다면, 이를
인내하지 못한다면 너희들은 어떠한
그 변화에 견딜 수 없어 무너지는 것
이니,

26 나에게 선택된 백성이요, 내가 마지막
시대를 열어 가는 나의 아들에게 선택
되어 나의 아들을 따르는 너희 인간의
나의 아들딸들이요, 나의 아들의 제자
너희들은 어떠한 태풍이요, 어떤 변화
요, 부귀와 영화요, 너희 소원이 나로
부터 이루어졌다 할 때도 너희들이 변
하지 않는 그와 같은 나의 백성으로
이루어, 만백성의 기본이 되게 하기
위하여 오늘의 그 강도 높은 훈련을
실시함이니, 이 선을 넘어야 할 것이
니라.
27 내가 너희들을 다스리고자 하여 하늘
의 나의 뜻을 전함이니, 너희들이 힘
들어 지치고 쓰러져 무너지고자 하는
것을, 이 또한 너희들에게 크나큰 영
광의 은혜요, 상임을 알라.

3,065 번째 하나님 말씀

2002년 8월 22일 08시 12분

1 사랑하는 나의 아들아!
2 "네, 아버님! 말씀하옵소서."
3 너희들 인간사에 하는 말이 있느니라.
4 '그림의 떡'이라는 말이 있음이니, 너
희들이 그림의 떡이라는 것은 무엇을
말하는가?
5 아무리 호화롭고 먹음직하게 그려진
그림이라도 그 떡은 사람의 배를 채워
줄 수 없음이니, 너희 배를 채우는 것
은 그림의 떡이요, 그림으로써 호화롭
게 보이는 것은 아무런 가치가 없다는
의미로써 너희들이 그와 같은 말을 하
느니라.
6 지금 너희들이 믿음이라는 그 세상이
나의 피조물 만백성을 구원하고자, 또
너희들이 구원을 바라며 몇천 년 동안
살아온 그 믿음 속에 그림의 떡과 같
이 그리 가르치는 지금의 종교의 형국
에 와 있으니, 과연 너희들이 어찌 구
원을 받을 수 있다 말하는가?
7 너희들은 그리 말하느니라.
8 행함이라는 것은 필요 없으며, 너희들
이 행하는 것은 구원의 길이 아니며
구원의 근본이 아니며 기초가 되는 것
이 아니며, 다만 너희들의 믿음이라
하며,
9 너희들이 손으로 지은 그 성전에 찾아
가 예수의 보혈로써 구원을 받았다며
찬송하고 광란의 짓을 하며 너희들이
재물을 갖다 바치는 것만이 구원의 길
의 우선이며, 그 믿음으로 구원을 받
고 못 받는 것이 판가름나는 것이며,
10 너희들의 행함은 아무런 효과가 없으
며, 그 행함은 구원을 받고 못 받는 것
에 도움이 되지 아니한다 함이니, 너
희들의 지금 그와 같은 믿음의 형국이
무엇을 말하는 것이냐?
11 그림의 떡과 같은 형국으로 가고 있음
이니라.
12 아무리 그림이 진수성찬이요, 아름답
고 먹음직하고 화려하게 준비가 되어
있다 하여도, 그 음식은 배를 부르게
할 수 없음이니라.
13 너희들이 육의 삶이 구원을 받는 기본
이요, 기초가 아니라 그리 말함이니,
이것이 바로 너희들이 그와 같은 형국
이 되어 있음을 알아야 될 것이니라.
14 너희들이 아무리 믿음이라는 그 마음
으로 구원을 받으며 너희 생각으로써

찬송하고 광란의 짓을 하며 너희들이
재물을 하늘에 쌓아 그로써 너희 죄를
사할 수 있으며 축복을 받을 수 있다
그리 말로써만 가르치고, 너희들이 행
동으로써는 바르게 살지 아니하며 행
동으로써 변하지 아니하는 것은 바로
무엇을 말하는가?
15 아무리 그림이 호화로워도 뱃속에 들
어가는 것이 없으니, 그 떡의 근본은
배를 부르도록 하는 것이거늘, 배를
부르게 할 수 없는 것이 그림의 떡이
니라.
16 너희들의 믿음이 그림의 떡으로 가고
있음이니, 육의 행함은 아무런 관계가
없으며, 그것은 구원의 근본이 되지
아니한다 말하는 것이 그와 같은 너희
들의 형국이니라.
17 너희들이 어찌하여 행함이 없이 하늘
에 오를 수 있으며 너희들이 내가 명
한 그대로 사랑을 베풀며 이웃과 더불
어 살아가며 나누며 사는 그와 같은
행위를 아니 하고 구원을 받을 수 있
는 것인가?
18 너희들의 행위가 너희들의 믿음보다
더 소중하고 깊음을 알아야 될 것이니
라.
19 너희들이 행하며 또 사랑을 베풀며 행
동으로써 그리하는 것은 너희들이 힘
들고 어려우며 너희들이 손해 보는 그
와 같은 마음의 자세로써 가기 때문이
니라.
20 행동으로써 무거운 자의 짐을 들어 주
며 어려운 자에게 한 끼를 대접하며,
그와 같이 아름다운 마음으로 사는 것
이 하늘에 오르는 길이요, 구원을 반
는 기초요, 근본이라 말하면,
21 너희들이 성전에 가 맹종하지 아니하
며, 재물을 바치는 그와 같은 것을 덮
어두게 되니, 너희들이 주종관계요,
종과 같이 부리고자 하는 그와 같은
마음에서 그런 말을 함이니, 그게 너
희들의 지금의 믿음의 형태이니라.
22 너희들이 바로 내가 불로 써 내린 그
계명을 몸소 행하고 지키는 것만이 구
원을 받는 것이라 가르쳐야 하거늘,
너희들이 그것은 인간이기 때문에 지
킬 수 없다 그리 말하는 것과 똑같은
것이니라.
23 너희들의 종교 지도자는 죄를 지어도,
아무리 추한 짓을 해도 인간 너희들은
심판할 수 없으며, 신도라는 자요, 제
자들은 심판할 수 없다, 오로지 나 여
호와로부터 심판을 받으며 나 창조주
로부터 너희들이 벌을 받고 안 받는
것은 나의 뜻이니, 인간 너희들이 종
교 지도자를 평할 수 없다 그리 말하
는 너희들이 사기극을 벌이는 것과 똑
같은 것이니라.
24 너희들은 행함이 우선임을 알라.
25 행하고 실천함에 너희들이 자신이 없
고 두렵기에 너희들은 그 행함을 하여
구원을 받고자 하는 나의 피조물 만백
성의 구원의 길까지 막고 있으니, 그
죄가 얼마나 무서운 것인가를 알아야
될 것이니라.
26 이제 너희들은 그림의 떡과 같은 믿음
에서 정말 현실적인 깨우침을 알아,
너희들이 하늘에 오르는 길인 나의 법
전을 봐야 될 것이니라.
27 나의 법전에 기록되어 있는 그 내용을

읽고 깨우치며 그대로 행하는 자는 정말 떡을 직접 먹을 수 있으며 배를 채울 수 있으며, 그것이 끼니를 대신할 수 있는 떡인 것이니라.
28 지금까지의 믿음을 그림의 떡의 형국으로 믿어 온 너희들이 지금은 깨우쳐야 될 것임을 내가 다시 한 번 강조하니, 오로지 그림의 떡이 아니요, 실질적인 떡을 먹어 너희들이 배가 부를 수 있으며 끼니를 채울 수 있는 그와 같은 삶을 살아야 될 것이니,
29 바로 나의 법전을 읽고 깨우쳐 이를 정독하여 너희 것으로 만드는 자만이 떡으로 너희 배를 채울 수 있으며 끼니를 때울 수 있는, 바로 하늘에 오를 수 있는 구원을 받는 길이며, 너희들이 나의 천국에 와 영원히 사는, 너희들이 상상할 수도 없는 이 찬란하고 아름다운 곳에 와서 너희 영혼이 영원히 사는 길임을 알라.
30 이제 깨어나야 될 것이니라.
31 그 화려한 그림 속의 떡을 보고 너희들이 환상 속에 지금 그리 달려가고 있음이니, 그는 아무리 너희들이 달려가고 가서 매달리고 먹고자 해도 너희 배를 채울 수 없으니, 너희들은 허기져 쓰러져 죽게 되어 있음이니라.
32 너희들이 그와 같은 믿음으로 가는 것이 곧 지옥 불로 가는 것이요, 영원히 돌이킬 수 없는 그와 같은 길로 가는 것이 바로 지금의 믿음이니라.
33 이제 깨우쳐라. 한 입의 떡을 넣어 끼니를 채워 너희들의 배가 불러야 너희들이 죽지 아니하고 살 수 있음이니, 나의 법전 한 권을 읽고 깨우치든, 또 열 권을 읽고 깨우치든, 나의 법전의 뚜껑을 열고 너희들이 정독할 때 너희들에게 양식인 떡이 되는 것을 잊지 말라.
34 그리고 십계명만이 너희들에게 떡이요, 생선이요, 밥임을 알라.
35 이를 너희들이 지금도 깨우치지 못한다면, 이 대목을 읽고도 너희들이 환상에서 깨우치지 못한다면 허기져 죽는 그와 같은 형국이니,
36 너희들은 나의 성령의 가르침을 듣지도 못하며 한 번 제대로 알지도 못하며, 그 형국이 무엇이며 내가 원하는 것이 무엇인지 그를 바라보지도 못하고 듣지도 못하며 그저 지옥행으로 가는 것을 알라.

3,066 번째 하나님 말씀

2002년 8월 22일 08시 22분

1 사랑하는 나의 아들아!
2 나의 피조물 만백성의 부모의 마음은 자기는 먹지 못하여도 자식은 먹이고 싶어 하며, 자기는 죽어도 자식은 살리고 싶어 하며, 자기는 입지 못해도 자식은 입히고 싶어 하는 그와 같은 사랑의 마음으로써 그 부모와 자식 관계의 인연이 있었음이니,
3 그 자식은 부모에게 순종하며 부모를 공경하며 부모를 위하여 제 목숨을 던질 수 있는 그와 같은 마음을 가지고 사는 것이 인간관계였느니라.
4 그러나 너희들이 신앙이요, 종교요, 믿음이요, 교리라는 것이 이 세상에 내려와 뿌리를 내리기 시작하여 너희

들은 인간의 그 본연의 사랑 자체도
망각시켰으며,
5 오로지 너희들이 지은 그 성전에 가
믿으며 구원을 받는 것뿐이며 그리고
너희들이 재물과 모두를 다 바치는 것
만이 구원을 받는다 그리 가르쳐, 나
의 백성들이 얼마만큼 험악한 관계가
되었는가?
6 그리하여 그와 같은 사랑이요, 부모와
자식 간이요, 형제간의 그 우애도 이
제는 다 저버렸으니, 그것을 누가 그
리 만들었던가?
7 진정한 하늘에 오르는 길이요, 너희들
이 진정한 가르침을 가르친 종교 지도
자라면 나의 십계명의 뜻대로 부모를
더 공경하는 자가 됐으며,
8 내가 성경에 기록하여 너희들에게 가
르쳤듯이, '형제를 우매하고 미련하다
욕하고 박해하는 자, 지옥 불로 간다.'
는 것을 내가 명시하여 두었거늘, 너
희들은 그와 같은 구절까지도 무시하
면서 지금은 너희 형제들끼리 시기하
고 질투하니, 오죽하면 너희들이 살아
가면서 말하느냐?
9 '사촌이 땅을 사면 배가 아프다.'는 말
이 있으니, 이것이 너희들의 지금의
사악한 형태이니, 너희들이 그리하고
도 어찌하여 지옥 불로 가지 아니한다
생각하는가?
10 형제지간에 우애하지 아니하면 지옥
불로 간다는 것이 성서에 기록되어 가
르치라 하였음이니, 너희들의 지금의
그 형태를 평가한 것이 무엇이더냐?
11 사촌이 땅을 사면 배 아프니, 너희 형
제가 잘되는 것이 배 아파 뒹굴 정도
로 그리 사악한 자들이 되었으니,
12 내가 성경에 기록한 그 뜻을 너희들이
정면으로 거역하며 그리 사는 것을 입
증하니, 너희들이 어찌하여 구원을 받
으며 천국에 오를 수 있다 말하느냐?
13 그것 하나만 보더라도 너희들이 지옥
불로 향하여 가는 삶을 살고 있다는
것을 알라.
14 나의 아들이 너희들에게 전하는 말이
틀리거든, 너희들이 구원의 길이라 하
여 읽고 또 읽는 그 성서를 한번 들여
다보라.
15 거기에 기록되어 있을 것이니라.
16 형제지간에 우애하지 아니하고 욕하
며 우매하다 저주하는 자는 지옥 불로
간다 하였음이니라.
17 지금 너희들이 어찌 살아가는 형태가
되어 있는가?
18 구약과 신약에 너희들이 배우며 그리
믿어 왔던 종교의 기초요, 기본을 배
우고 깨우쳐 너희들이 지금 나의 뜻을
거역하며 그와 같이 가고 있는 사악한
형국이 되어 있음이니, 너희들이 얼마
나 사악한 자들인가?
19 그리고 너희들은 어찌 말하는가?
20 부모와 자식 간에 너희들이 서로 사랑
하며 공경하며 살았던 그 사이를, 종
교요, 교리요, 이와 같이 설법하며 하
늘에 오르는 길을 가르치며 인간을 사
랑이요, 순리대로 아름다운 천사와 같
이 가르치고 깨우친다는 그 종파가 세
상에 들어옴으로 인하여 지금은 너희
들이 나이 먹은 부모를 갖다 버리며
나이 먹은 부모를 헌신짝이요, 너희들
이 쓰다 남은 쓰레기같이 버리는 이와

같은 시국이 되었으며,
21 제가 고달프고 힘들다 하여 그 부모를
살해하는 일이 빈번히 세상에 있음이
니, 그리고 금화와 은화를 주지 아니
한다 하여 제 부모를 살해하는 자가
있으니,
22 이와 같은 형국이 이루어진 것이 바로
교리요, 너희들의 가르침의 종교가 세
상에 들어와 나의 피조물 만백성을 그
리 사악하게 만들었음이니라.
23 그러하니 내가 너희들을 더 이상 볼
수 없어 너희들을 단죄하고 다스리기
위하여 지금 제3의 시대를 열어 나의
아들을 통하여 160권이라는 법전을
만들기 위하여 밤과 낮을 가리지 아니
하고 나의 아들을 달구어 일으켜 만들
어 가는 것이 지금의 형국이니,
24 또한, 내가 법전을 만들도록 한 것도
너희들의 그와 같이 사악한 행위를 바
로잡고자 함이니라.
25 나의 아들 예수의 손을 그리 놓지 아
니하면 아니 될 정도로 그때의 그 백
성들이 사악하고 간악했듯이, 그 백성
들보다도 더 사악하고 간악한 것이 지
금의 너희들이며, 지옥 불로 가는 죄
를 짓고 사는 것이 지금의 너희들의
형국이며,
26 그 죄에 대한 의식도 없으며 깨달음도
없으며 부끄러움도 없으며 반성과 회
개도 없이 살아가는 것이 너희들이며,
그저 육의 행복을 위해서는 어떠한 죄
든 어떠한 행위든 하는 것이 너희들의
지금의 삶의 형국이니라.
27 사랑하는 나의 아들아!
28 "네, 아버님! 말씀하옵소서."
29 나의 백성들의 마음이 얼마나 무서우
리만큼 사악해졌는가?
30 너희들은 슬픈 것을 봐도 이제는 슬픔
이라는 것을 마음으로 같이 느끼지 아
니하며, 슬픔 앞에 눈물을 흘리는 것
까지도 하지 않는 자들이니라.
31 슬픔을 슬픔으로 알았던 나의 백성들
이 이제는 슬픔을 슬픔으로 보지 아니
하고 외면하며 그와 같은 형국으로 살
아가며, 자기와는 아무런 관계가 없이
그리 눈물이 메마른 것이 너희들의 지
금의 삶의 형태이니라.
32 즐겁고 행복한 것을 보며, 이웃의 즐
거움을 보며 기뻐하는 것을 봤을 때
같이 웃음으로써 즐기며 같이 그를 즐
겼던 너희들은, 이제는 즐거운 것을
봐도 웃음을 모르며 웃음을 지을 줄
모르는 그와 같은 너희들의 삶의 형태
로 달라졌음이니,
33 즐거움도 모르며 슬픔도 모르는 그와
같은 너희들이 되어 있음을 알아야 될
것이니라.
34 그와 같이 메마른 지금에 사는 너희들
의 형태요, 그와 같이 슬픔을 슬픔으
로 모르며 즐거움을 즐거움으로 모르
며 행복을 행복이라 느끼지 못하며 살
아가는 너희들의 그 생활 속에서 어디
에 진리가 있으며 진정한 하늘에 오르
는 빛을 볼 수 있는가?
35 그리고 너희들이 구원을 받는 길이요,
하늘에 오르는 참빛을 볼 수 있는 사
랑을 베풀며 사는 것이 어디에 사랑이
있는가?
36 눈물이 없으며 웃음이 없는 그와 같은
너희들의 삶이 가면 갈수록 더 사악해

지는 그와 같은 삶으로 가고 있음이
니, 너희들이 어찌 구원의 길을 볼 수
있으며 구원을 받는다 할 수 있겠느냐?
37 지금 너희들의 살아가는 형태가 그러
함이니라.
38 이제는 슬픔을 모르며 기쁨을 모르며
살아가는 너희들은 형제를 모르며 부
모를 모르며, 너희들은 그 부모가 세
상에 너희들이 태어날 수 있도록 너희
들의 생명을 육을 빌려 세상에 낳아
준 그 자체를 원망하며 그에 대한 보
상을 하라 하는 그와 같은 형국으로
바뀌는 것이 앞으로 너희들이 변하는
마음임을 알라.
39 그리 알아야 될 것이니라.
40 그와 같이 사악한 마음으로 가는 것이
너희들이며, 그리하여 나 여호와가 너
희들의 앞으로 변화될 그 모습이며 너
희들의 그 사악한 마음을 알기에,
41 너희들을 바로잡기 위하여 오늘 밤과
낮을 가리지 아니하고 나의 이 무거운
마음에 나의 진정한 뜻을 너희들에게
마지막으로 전하여 깨우치고자 하는
그 역사를 나의 아들을 통하여 이룸을
알라.
42 너희들은 세월이 흐른 다음에 너희들
을 낳아 준 부모의 육의 고마움을 생
각하기 전에, 너희들을 세상에 태어나
게 한 그 자체를 너희 부모에게 보상
하라며 그리 대드는 그와 같은 형국이
오며,
43 그 보상을 위하여 법정에 서서 인간사
에 만든 그 통하는 법 앞에 하소연하
며 서로 부자지간에 싸움의 길을 여
는, 그리고 너희들이 법정에서 서로
공박하는 이것보다도 더 사악한 형국
으로써 가는 것이 앞날의 너희들의 변
화인 것이니라.
44 이것은 나만이 알며 너희들은 모름이
니라.
45 물의 전쟁이요, 물에 의하여 너희들이
금화와 은화를 지불하고 그를 먹을 것
이라 생각하지 아니하였듯이, 앞으로
이와 같이 너희들이 반성과 깨우치며
천사와 같은 마음으로 살지 않을 때
너희들이 자유로 마시는 이 공기마저
도 이를 위하여 너희들이 전쟁하는 시
대가 도래한다 내가 말하였음이니라.
46 너희들이 자연을 파손하고 자연을 훼
손시키며, 너희들이 먹고살지 아니하
여야 되는 모두를 다 너희들이 동식물
을 취하는 극악한 방법으로 변해져,
너희들은 공기를 놓고 전쟁하는 것이
며 너희들이 공기를 마시기 위해서 대
가를 지불하는 세상이 온다 하였듯이,
47 자식이 세상에 낳아 준 부모에게 은혜
요, 감사를 드리는 것이 아니라, 세상
에 나와 저희들을 귀찮고 힘들게 살아
가도록 만들었으니 그 대가를 지불하
라는 그와 같은 너희들이 법이 통용되
는 그곳에 소송하여 판결을 얻고자 하
는 그와 같은 세태가 벌어짐을 알라.
48 그리하여 그를 막기 위하여 내가 먼
길을 달려가는 운동선수가 그 고난의
길을 가듯이, 밤과 낮을 가리지 아니
하고 나 여호와가 나의 아들을 통하여
이렇게 너희들에게 깨우침을 내려보
내는 뜻이 여기에 있음이니, 나의 애
절한 뜻을 너희들이 들어 깨우쳐 구원
을 받도록 그리하라.

3,067 번째 하나님 말씀

2002년 8월 22일 08시 29분

1 사랑하는 나의 아들아!

2 "네, 아버님! 말씀하옵소서."

3 서로 사랑을 베풀며 나누며 살라 한 나의 피조물 만백성 너희들이 어찌 사는가?

4 살아가면서 너희들은 어렵고 힘들며 책임져야 될 그러한 일 앞에서는 서로나 몰라라 하며, 그 책임을 지려 하는 자가 없음이니라.

5 도둑질하며 살인하며 잘못한 자도 그를 행하지 아니하였다 그리 발버둥치며, 너희들이 통상 통제하는 그 법 앞에서도 평생 그것을 숨기고 속이고 살아가고자 발버둥치는 것이 너희들이니라.

6 너희들 인간 한 사람 한 사람을 놓고 분석할 때, 자신이 한 행위에 대해서 책임을 지려 하는 자가 없음이니라.

7 지금 바로 너희들의 그 집단의 형태를 보면 어떠하던가?

8 수천 년 역사 동안 너희들이 살아오면서 이 지상에 나의 피조물 만백성을 구원하는 곳이요, 구원하는 성전이라 하여 너희들이 수없이 지어 놓은 그곳에서 나의 피조물 만백성을 천국의 문으로 인도한다 하느니라.

9 그와 같은 너희들이 지금 어떠한 형국으로 벌어졌는가?

10 너희들은 사랑을 베푸는 것이 아니요, 나누며 사는 것이 아니요, 너희들은 인간이 만든 그 법의 통제도 받지 아니하고 교묘한 방법으로써 너희들이 성전을 지어 놓고 그 속에서 추악하고 사악한 짓을 하며 거짓 하고 사기 치며 시기하며 질투하는 그와 같은 죄의 온상이 그곳이며,

11 또한 인간의 법으로써 통제한다는 그 법의 저촉도 받지 않는 그와 같은 보호의 장막을 쳐 놓았으며, 하늘까지 속이는 것이며 나까지 속이는 것이 너희들이니라.

12 너희들은 나로부터 심판을 받는 것이지, 인간으로부터 심판을 받는 것이 아니라 하며, 그곳에서 이루는 음모요, 사기요, 교활한 짓이요, 살인이요, 어떠한 죄도 나 외에는 심판할 수 없다고 하는 그 종교 지도자가 우뚝 서서 그 사악한 자들을 가르쳐 세상에 만들어 냄이니,

13 지금의 너희들이 몇천 년 동안 흘러온 그 역사 속에서 오늘의 나의 피조물 만백성이 서 있는 자리와 너희들이 살아간 형국을 한번 돌아다보라.

14 너희들이 도둑이 들끓는 세상이요, 사탄이요, 사악한 자들이 이 세상을 지배하며, 그리고 이 세상에 선하고 착한 자 없다 그리 말함이니,

15 그리고 부모와 자식 간에 서로 사랑하고 공경함이 없어지며, 쓰다 버리는 쓰레기와 같이 부모를 버릴 수 있는 자들이 지금 있으며 그 부모를 살해하는 자들이 세상에 있음이니, 이 세상이 너희들이 너희 머리로써 판단할 때 과연 잘되었는가, 잘못되었는가?

16 천사와 같은 세상인가, 악마들이 사는 세상인가?

17 그 사악한 악마들이 이 세상을 덮고

지금 사탄들이 설치고 있는 것이니라.
18 그들이 지배하여 살다시피 하는 그와
같은 형국이 이루어졌음이니라.
19 그렇다면 이 책임을 누가 져야 될 것
인가?
20 지금의 그 많은 집단이요, 그 많은 세
월 속에 지금 나의 아름다운 지상을
온통 너희들이 오염시켜 놓고, 나의
가슴에 못을 박듯이 나의 지상에 성전
이라 하여 지어 놓은 그곳에서 그와
같은 만행이 저질러지고 있음이니,
21 그와 같은 것을 너희들이 책임을 지려
하지 아니하며, 이 세상을 이와 같이
악마의 소굴로 만들어 놓은 그 책임을
너희들이 져야 되거늘, 너희들은 그
책임마저도 지려 하지 않으며 회피하
느니라.
22 인간이 살인하고 죄를 짓고 제가 육이
죽을 때까지 영원히 그를 덮어 두고
숨기고 살아가고자, 그리고 저는 죄를
짓지 아니하였으며 살인하지 아니하
였다, 그와 같이 당당히 목소리 높이
고 살아가는 그들과 너희들이 무엇이
다른가?
23 제가 살인을 하고 간음하며 도둑질했
으면서 그 책임마저도 질 수 없는 인
간의 형태로 너희들이 만들어 놓음이
니,
24 그게 바로 너희들이 잘못 가르치고 잘
못 인도한 그 책임을 지지 아니하며
그 속에서 계속 금화와 은화를 거둬들
이는 것이 구원의 길이라 말함이니,
도둑질하고 간음한 인간은 안 했다고
발버둥치나, 너희들은 안 했다 그리
말하면서 뒤로는 더 도둑질하고 간음
하며 살인하는 그 무서운 자의 형국이
지금 너희들의 종교 집단이 존재해 가
고 있는 것이니라.
25 지금 이 시대에 잘못 만들어 놓은 것
을 너희들의 책임이라 생각하지 아니
하며 부끄러운 줄 모르며 반성하지 아
니하고,
26 더 거둬들이고 더 위대한 성전을 지으
며 더 왕궁과 같이 꾸려 놓아, 인간의
법이라는 그 통제로부터 보호막을 쳐
놓으며, 하늘의 나를 속여 나로부터
심판을 받는 그날까지 나의 피조물
만백성에게 그저 아무런 말도 하지
말고 따라와야 될 것이며, 그리 바치
고 와서 모두를 너희의 종과 같이, 너
희를 제왕과 같이 섬기라는 그 사악한
집단의 움막 속에서 이와 같은 것이
자행되고 있음이니,
27 그것 자체도 반성하고 회개할 줄 모르
는 것이 너희들이니, 그 죄가 얼마나
무서운 것인가는 너희들이 죽어 왔을
때만 알 것이니라.

3,068 번째 하나님 말씀

2002년 8월 22일 11시 29분

1 사랑하는 나의 아들아!
2 "네, 아버님! 말씀하옵소서."
3 너의 제자들에게 그리 물으라.
4 내가 너를 향하여 사랑하는 나의 아들
이라 부르며, 너를 통하여 성령의 뜻
을 너희들의 머리에 심어 주며 너희들
이 깨우쳐 바로 가도록 그리 가르침이
니,
5 너희들은 얼마만큼 나의 뜻에 따라 깨

우치고 변하여 가고 있으며, 나의 법
전을 읽고 또 정독하며 나의 아들로부
터 강론을 듣는 너희들이 과연 얼마만
큼 그리 변해지는가?
6 나의 아들이 가슴이 저리도록 십계명
을 암송하며 너희에게 나의 성령을 직
접 전해 줌이니, 그를 듣고 깨우치는
너희들이 과연 얼마나 변해져 가며,
너희들이 육의 탈을 벗어 가고 있는가?
7 육의 세상에서 너희들이 살아왔던 얽
히고설킨 그 마음의 욕심 덩어리요,
너희들이 시기하고 질투하며 세상을
보는 그 눈에서 아름다운 눈으로 세상
을 볼 수 있는 그와 같은 너희들의 변
화가 과연 얼마나 이루어지고 있는가
를 너희 스스로 한번 가슴에 손을 대
고 자신을 진단해 보라 그리 가르치라.
8 내가 너희들에게 뭐라 전하였던가?
9 나의 법전의 160권이 세상에 나가니,
이것이 천 년에 걸쳐서 전해져 나의
백성을 구하는 글이며, 1부요, 2부요,
3부가 세상에 나와 세계의 모든 각국
의 언어로써 번역하여 전해지며, 그다
음부터 동양의 이 작은 나라에서 쓰고
있는 언어로써 세상에 다 전하여져 내
가 너희들의 언어로써 세상을 통일하
고자 한다 하였음이니라.
10 그 뜻을 너희들은 어찌 생각하는가?
11 그것이 어찌 이루어져야만 되는 것인
가?
12 전지전능한 여호와 아버지라는 내가
단시일 내에 세상에 하나의 공통어를
만들어 너희들을 하나의 문화와 하나
의 기도로써 그리 가도록 하면 될 것
이라 그리 너희들은 기대하나, 그것은
너희들의 노력이요, 너희들이 이뤄야
할 덕목임을 알라.
13 지금 나의 아들을 통하여 너희들에게
말하기를, 동양의 이 작은 나라요, 너
희들이 쓰는 글이요, 너희들이 쓰는
언어 그 모두가 세상의 공통어로 이루
어야 된다 함이니, 그 뜻이 어디에 있
는지 너희들은 아는가?
14 최초에 종교의 너희들의 믿음이 시작
할 때, 너희들은 구파라는 그 종교에
서 신파라는 종교의 하나의 집단이 떨
어져 나갔음이니라.
15 그리하여 구파는 구파에 따라 또 갈라
져 변화되었으며, 구파라는 그곳에서
나온 신파의 종교 집단도 수백 수천
개로 또 갈라져 저희들이 살아가고 있
음이니라.
16 그리하여 내가 나의 아들을 통하여 너
희들에게 전하였듯이, 그들은 어떠한
형태로 벌어져 있는가?
17 그들은 믿음을 깨우쳐 하늘에 오르는
길을 가르치며 인도하며 나의 백성들
이 천국의 문에 들어설 수 있는 그 영
광을 이루어 주는 것이 아니라, 구파
는 구파대로 갈라지고, 갈라져 나온
신파는 신파대로 또 수없이 갈라짐으
로 인해서 나의 뜻과는 전혀 관계도
없는 방법으로 그들이 다 흐트러져 나
가 있음이니라.
18 그리고 그들은 그 믿음 속에서 어찌
변화되어 있는가?
19 그들은 상업적이며 상술적으로 모두
가 변해져 있으니, 그들이 지금의 믿
음을 이끌어 가는 그 방법과 형태를
너희들이 돌아다보라.

20 너희들 인간사에서는 다만 상술적이
요, 상업적이라도 금화와 은화를 받을
때는 거기에 상응하는 물건을 주며,
물건을 주고 거기에 대한 금화와 은화
를 받아들이나,
21 그들 종교의 집단은 주는 것도 없으면
서 나의 아들과 나의 이름을 팔아 그
리 거둬들이니, 그들이 바로 그와 같
이 상술적이요, 장사꾼으로 변해져 있
는 현실을 알아야 될 것이니라.
22 그들이 장사꾼으로 변해져 있는 그 속
에서 나의 진리요, 나의 뜻이 없음이
니, 그리고 수천수만의 쪼개져 있는
그 종파들이 저희 것만이 위대한 것이
며 나에게 오르는 길이라 그리 말하고
있음이니,
23 그 모두를 다 뽑아내며 그 모두를 다
쓸어 내는 그와 같은 역사가 이루어지
지 아니한다면, 나의 진정한 성령의
뜻이 세상에 뿌리를 내릴 수 없음이니
라.
24 그리하여 구파에서 구파가 갈라지고,
구파에서 갈라진 신파가 수천수만 가
지로 갈라져 있음이니, 이들이 기도하
는 방법이 그와 같이 다 다르며, 나에
게 오르고자 하는 방법이요, 가르침이
그 숫자만큼 다 다름이니, 이를 하나
로 통일하지 아니하고 어찌 이룰 수
있다 생각하는가?
25 구파에서 갈라진 신파의 그 종교 집단
이요, 그들이 가르치는 그 종교의 가
르침이요, 또 그들이 행하여 따르는
것이며 그들이 하늘에 오르는 길이라
는 것이 다 저희들이 만들어 놓은 그
상품만이 하늘에 오를 수 있는 길이라
며 그리 수천 수억이 갈라져 있음이니,
26 그들이 가는 길이 다 나와는 관계없는
지옥으로 가는 길을 인도하는 것이 지
금의 종교 지도자라 하였으니, 그를
하나로 묶을 수 있는 것은 무엇이더냐?
27 기도하는 방법부터 그들을 바로잡아
야 되며, 그들이 내가 존재하는 그 뜻
을 알아야 될 것이며, 내가 이루고자
하는 역사가 무엇인가를 알아야 될 것
이니라.
28 또 너희들이 각종 언어를 쓰듯이 수천
수만의 언어로 그리 번역하여 세상에
나간다면, 그 나라의 특성이요, 그 민
족의 살아가는 특성이요, 저희들의 삶
에 의해서 수없이 갈라질 것이니, 지
금의 나의 성령이 모두 갈라져 있고
찢어져 있음을 알아야 될 것이니라.
29 구파에서 신파가 나가 그것이 수억 개
가 됐으며, 그 나라와 그 민족의 살아
가는 형태로써 나의 진리를 그들이 거
기에 맞도록 변조하여 깨우쳐 가르치
며 저희 것으로 만들었음이니라.
30 진리는 변하지 아니하는 것이요, 변질
되지 않는 것이 나의 뜻이요, 진리이
나, 나의 뜻의 진리요, 나의 성령의 그
모두가 각 나라요, 민족에 따라서 그
종파가 갈라져 간 그 속에서 또 저희
들의 생활 상태에 맞춰서 저희 것으로
변조하였으며, 저희들의 생활 상황과
현실에 맞도록 고쳐져 가는 것이 지금
의 믿음을 가고 있는 자들이니,
31 그 믿음 속에서 어찌 하늘에 오르는
길의 진실이 있으며, 나의 참뜻이 있
겠는가?
32 그를 찾아볼 수도 없으며, 들여다봐도

찾을 수 없음이니라.
33 하나의 날짐승이 눈 속에서 아무리 뒤
지고 뒤져도 그 먹이를 찾기가 힘들듯
이, 그와 같은 진실한 것은 어떠한 종
파 속에도 없음이니라.
34 신파는 신파대로 갈라졌으며 구파는
구파대로 갈라져 있는 이 상황에서,
또 저희 민족이요, 그 집단이요, 나라
요, 국가의 단체라는 그들이 그 종교
의 교리를 가지고 저희들에게 맞도록
뜯어고치고 또 갖다 붙이고 빼고, 저
희들의 언어가 다르며 그 문자가 다
다름이니 뒤죽박죽이요, 엉망의 상태
니, 이것을 하나로 만들지 아니하면
그들을 구원할 수 없음이니라.
35 그리하여 내가 동양의 작은 나라에서
너희들이 마음대로 표현하며 마음대
로 의사를 전달할 수 있는 가장 편안
하고 간단한 이 언어와 문자를 미리
준비하여 오늘을 대비해 내렸다는 것
을 너희들은 다시 한 번 굳게 믿어야
될 것이며,
36 그리하여 동양의 이 작은 나라로써,
나의 아들이 기록하는 법전의 그 글씨
와 그 뜻으로써 세상에 하나가 이루어
지지 아니하면 너희들이 정녕 구원의
길에 오를 수 없느니라.
37 저희들의 입맛에 맞도록 변조된 그것
으로써 그 상품이 최고라 하여 그 상
술을 가지고 살아가는 그와 같은 역사
가 변화되지 아니하기에, 내가 천 년
에 걸쳐서 바른길을 만들고자 하여 언
어를 하나로 통일하는 그 역사를 너희
들을 통하여 이룸이니, 그 기초요, 그
작업을 하는 너희들이 어찌 살아야 되
는 것인가를 알아야 될 것이니라.
38 너희들의 손으로, 너희들의 힘에 의하
여 160권의 법전이 세상에 나오며, 만
백성을 통일하여 천 년에 걸쳐서 새로
운 역사를 이루는 그 기초를 이루는
너희들이 나의 성령을 듣고 배우면서
변함이 없으며 깨달음이 없으며, 너희
들이 다람쥐 쳇바퀴 돌듯이 그리 도는
그와 같은 깨우침 속에서 갑론을박하
고 시시비비한다면 이는 어찌하여야
되는가?
39 내가 정녕 이를 다 거둬들이는 것을
너희들이 원하는가?
40 너희들이 바로 서지 못할 때 내 그 모
두를 거둬들일 수 있음이니라.
41 나의 아들 예수를 그와 같이 던져 주
며, 그의 손을 놓지 아니하면 아니 되
도록 그때의 너희들이 사악한 방법으
로 변화되어서 내가 그의 손을 놓았음
이니,
42 그것을 가지고 그 보혈로써 구원을 받
았다 말하는 자들이 지금까지 흘러왔
음이니, 내가 나의 법전을 거둬들이는
그와 같은 일을 이루기를 너희들은 바
라는가?
43 그리됐을 때 그들은 뭐라 말하겠느냐?
44 이는 사탄이기 때문에 중단됐으며 이
루어지지 아니하였으며 이건 가짜라
하여, 그들이 지금과 같은 종교 집단
으로 다시 돌아가 더 사악한 자들이
될 것이며,
45 저희를 부모가 세상에 낳아 준 은혜
요, 감사함을 생각하기 전에 왜 저를
세상에 낳았는가 하여 그 대가를 지불
하라는 그와 같은 사악한 자로서 너희

들이 변하는 미래를 내가 보고 있기 에, 이를 막고자 하는 것의 기초가 너희들이니라.

46 너희들이 선택된 자요, 기본이요, 기초임을 알 것이니, 너희들은 너희 모든 것을 다 버려야 될 것이니라.

47 너희 마음속에 있는 모두를 다 버리고 천사와 같은 마음으로 나의 성령을 받아들이는 그와 같은 변화의 역사가 이루어지지 아니한다면 나의 법전은 세상에 전해질 수 없으며, 그를 거둬들이고자 함을 너희들은 알아야 할 것이니라.

48 너희들이 선지자의 깨달음을 따라가지 못하고 그리도 늦고 제자리걸음을 하고 있으며, 너희들이 변화되어야 할 것을 알며 가야 할 길을 알며 어찌 행하여 되는지를 알면서 행하지 아니함이니, 나의 160권의 법전을 중단하고 거둬들일 때 그 죄는 너희들의 몫임을 잊지 말라.

3,069 번째 하나님 말씀

2002년 8월 22일 20시 42분

1 사랑하는 나의 아들아!

2 "네, 아버님! 말씀하옵소서."

3 너는 나로부터 선택된 나의 아들이요, 만백성을 구하는 법전을 세상에 전하여 새로운 역사를 이루는 그 대명을 맡은 아들이니라.

4 내가 그리하여 네가 육을 가지고 세상에 나왔을 때 너를 절름발이 인생이요, 고난의 길이요, 지금까지 험난한 인생을 살게 한 것은 너를 훈련시키며 너를 다져 가기 위해서 내가 그리하였다 하였음이니,

5 네 마음과 네 생각대로 살아오지 못한 것을 나 여호와가 마음 아파한다 하였거늘, 너는 어찌하여 선택되어 살아온 너라는 것을 생각지 못하는가?

6 너는 어찌하여 네가 나로부터 선택된 아들인지, 너와 같이 못나고 어리석은 자요, 갖춰지지 아니한 자를 선택하여 너로 하여금 만백성을 구하는 나의 성령을 내려보내며 법전을 만드는 것을 괴로워하며 고통스러워하며 너 자신이 견딜 수 없는 번뇌 속에 싸우고 있음이니, 그리하지 말라.

7 너는 준비된 자이니라.

8 그리하여 준비되어 있기 때문에 네가 오늘과 같은 삶을 살았으니, 네 삶이 삶이 아니요, 네가 걸어온 지금까지의 인생의 그 역정은 내가 주관하여 왔음이니, 너는 그것을 괴로워하지 말며 거기에 자책하지 말며, 네가 남들과 같이 똑똑하지 못하며 온유하지 못하며 자상하지 못하며 근엄하지 못하며 다듬어지지 않은 너의 성격에 너 자신이 괴로워하지 말라.

9 너는 여기서 알아야 될 것이니라.

10 똑똑한 사람이라 말하는 자, 그러한 자를 선택하여 그와 같이 다스려 오늘과 같은 나의 법전을 기록하며, 성령을 받아 만백성을 구하는 책을 만들어 낸다 할 때, 그는 내가 명하는 대로 하지 아니함이니라.

11 그는 제가 똑똑하며 잘났고 아는 것이 많기에 제 생각으로 할 것이며, 또한 인간들이 말할 것이니라.

12 그는 똑똑하기 때문에 그리 만들 수
있다 하여 그를 그들은 신뢰하지 아니
하며, 인간 세속에서 보통 너희들이
책이라는 것을 쓴 사람의 능력에서 좀
더 전진하고 변화되어 이를 나의 뜻이
라 기록하였다 그리 말할 것이니, 그
를 신뢰치 아니할 것이니라.
13 그리고 너희들 말대로 정상적인 교육
을 받았으며 많이 배운 자며 지식층에
있는 자가 이를 한다면 그를 또 어떻
게 하겠는가?
14 그는 지식인이기 때문에 이와 같은 말
씀을 책으로 만들어 낼 수 있으며 지
식인이기 때문에 그의 상식으로써 이
리 만들었다 하며 온 백성들이 더 공
격할 것이며 그를 믿지 아니할 것이니
라.
15 또한 종교 지도자를 내가 깨우쳐 달구
어 그리 만들었다 하면, 그는 종교 지
도자요, 그가 그와 같이 성서를 공부
하여 그 성서를 아는 자니 성서를 공
격하는 사탄으로 변하여 그가 이와 같
은 책을 만들었다 그리 말할 것이니,
이도 저도 다 합당하지 아니함이니라.
16 네 말대로 무지하고 배운 것이 약하
고 지식이 얕으며 그리고 성격이 불
같고 남처럼 인내하지 못하고 자상하
지 못하며 다듬어지지 아니한 너요,
책 한 권을 쓰지 못할 너를 내가 만들
어 160권의 법전을 이루도록 역사함
은, 여기에 그 누구도 항변할 수 없으
며 그 누구도 말할 수 없음이니라.
17 부족하고 모자란 너를 내가 다스려 이
와 같이 책을 만들며 나의 법전을 세
상에 전하려 할 때, 그 누구도 거기에
는 나의 뜻이 아니며 인간의 생각으
로 했다고 감히 말을 못 할 것이니,
18 나는 부족하고 어리석은 자를 선택하
여 그에게 나의 성령으로 임하여 누구
도 따를 수 없는 그와 같은 역사함을
이루는 것이니라.
19 너희 인간으로서 하는 것이 한계가 있
음이니라.
20 내가 또한 지금 나의 법전을 만들어
만백성을 구하는 이와 같은 역사를 이
루고 있으매, 이것을 네가 변화되어
깨우친다 생각하지 말라.
21 네가 부족하고 모자라며 남들에게 손
가락질 받는 삶을 살아왔다 해도 오늘
의 변화의 역사는 네가 이루는 것이
아니라 나 여호와가 너를 통하여 이루
는 것이며, 내가 존재하며 주관함이니
이를 알라.
22 변화되는 모든 역사도 네가 하는 것이
아니라 나 여호와가 주관함이니, 너는
두려워하지 말며 너 자신이 괴로워하
지 말라.
23 너는 어찌하여 그와 같이 말을 하는가?
24 나 여호와 창조주가 어찌하여 너를 선
택하였으며 너를 자식으로 만들어 이
와 같이 험난한 세상을 살게 만드는가
생각하니, 제대로 다듬어지지도 않으
며 가꾸어지지도 않은 너를 내가 쓴다
함은 나 여호와 하나님에게 어떠한 뜻
이 있음이라 그리 생각하기 전에, 너
는 나를 원망하며 만백성을 구하는 자
로서 너는 자격이 없다 그리 생각하
나, 그리 생각하지 말라.
25 창조주 아버지인 내가 너를 쓰고자 하
는 그 뜻이 있으며 그 역사를 이루며,

또한 나의 혈통이 아닌 자는 모든 역사를 이룰 수 없음이니,

26 너는 준비된 나의 아들이며 내가 그와 같이 너를 시험 속에 키워 왔음이니 너는 자책하지 말라.

27 다만, 지금의 이루는 모든 역사는 네가 이루는 것이 아니라 내가 너를 통하여 이룸이니, 너는 그저 기도하고 묵상하며 내가 너에게 전하는 나의 성령의 뜻을 책으로 만들어 만백성을 구하는 일에 최선을 다하면 되는 것이니라.

28 사랑하는 나의 아들아!

29 "네, 아버님! 말씀하옵소서."

30 두려워하지 말라.

31 너는 지금 두려워하고 있음이니라.

32 녹슨 구슬에 그 녹이 두텁게 싸여 있음이니, 그 녹을 어찌 벗길 것인가를 너는 걱정함이니라.

33 두려워하지 말라.

34 아무리 진주에 녹슬고 또 녹슬어서 너희들이 닦아 내기 힘들고 어렵고 그 녹이 두텁다 하여도, 너희 인간으로는 닦을 수 없으나 나 여호와는 일순간에 그를 닦아 낼 수 있느니라.

35 두려워하지 말라.

36 그와 같이 그 진주에 녹슬고 녹슨 너를 내가 닦아서 벗겨 내어 진정한 그 진주의 빛의 아름답고 찬란한 것을 세상에 내놓을 것이니, 너는 두려워하지 말라.

37 지금 나의 피조물 만백성 그들이 살아오면서 수없이 녹슬고 녹슨 것을 인간인 그들이 벗겨 내기 위하여 평생을 노력해도 그를 벗겨 내지 못함이니라.

38 그러나 그들보다 몇 배 더 두텁게 녹슨 그와 같은 진주라 하여도 내가 그를 벗기고자 하면 일순간에 벗기며 그를 닦아 더없는 아름다운 진주로 세상에 내놓을 수 있음이니,

39 너는 나의 아들이요, 나의 선택된 선지자이며 만백성을 구하는 대명을 맡은 자이니, 너에게 아무리 두텁고 험한 녹이 슬어서 닦을 수 없을 만큼 엉겨 있다 하여도, 일순간에 그 녹을 제거하여 진주의 빛을 찬란하게 낼 수 있는 것이 나 여호와이니, 지금 계속 너는 무서우리만큼 벗겨지고 있으며 씻어짐을 알라.

40 보통 인간들의 삶이요, 인간들의 깨우침과 다르게 내가 너를 깨우쳐 만백성을 이끌고자 하는 그와 같은 변화의 역사가 그러하니, 너는 두려워하지 말며 나를 원망하지 말며 나를 의심치 말라.

41 모두는 나의 뜻에 의해 역사함이니, 너는 그를 이룰 수 있음이니라.

42 똑똑한 자, 잘난 자, 그를 시켜 내가 명하여 세상을 다 지배하고자 하면 그는 제 머리로써 제가 했다 생각하며, 그는 제가 제왕과 같이 생각할 것이니라.

43 그러니 어찌 그를 내세울 수 있겠는가?

44 지식인을 시키면 그는 지식이 있기 때문에 이 법전을 쓸 수 있다 그리 말하니, 그것을 나 여호와 성령의 뜻이라 그들이 믿지 아니하며,

45 종교 지도자를 내보내 그로 하여금 이 법전을 쓰게 하면 그는 성서를 공부하여 야당 격으로 공격하는 그와 같은

기질을 가진 자로서 사탄과 사악한 악
마가 되어 그를 들어 엎으려 한다 하
여 그들은 더 결속하며 그를 배척할
것이니, 너는 어찌하는가?
46 누가 너에게 물을 때 너는 말할 수 있
느니라.
47 '나는 성서라는 것을 읽어 본 적도 없
으며 종교 집단에 가 본 적도 없으며
나는 아무것도 모르는 무지렁이요, 바
보요,
48 그러나 하나님이라는 분이 나에게 명
하여 쓰라고 해서 썼을 뿐이요, 그리
고 나는 쓰라 하여도 소설 한 권도 쓸
수 없으며 시 한 편도 쓸 수 없는 능력
으로, 내가 이것을 기록하는 것은 내
뜻이 아니고 나에게 지시하신 하나님
그분의 뜻이요, 그분의 역사하심으로
이리 이루어졌다.' 그리 말할 때,
49 그들은 너를 심판하며 너의 죄를 물으
며 너를 핍박하는 것을 감히 두려워함
이니라.
50 이와 같은 나의 이치가 있으며 나의
뜻이 있으니, 오늘 내가 너의 마음을
상세히 너에게 이르고자 함이며, 네
마음을 달래 주고자 함이며, 네 마음
의 불안과 근심을 제거하고자 함이니
이를 너는 그리 알며,
51 모두는 나의 뜻이며 나의 주관하에 이
루어지고 있으며 모든 역사는 내가 이
룸이니 그리 알라.
52 인간으로서는 그 역사를 이룰 수 없음
이니라.
53 오로지 나 여호와 창조주만이 이루니,
너는 내가 명하는 대로 그대로 따라가
면 될 것이니라.
54 그리하면 너의 녹슬고 녹슬었던 그 모
두가 다 한 꺼풀 한 꺼풀 지금 무서우
리만큼 벗겨지고 있으니, 네가 그 녹
슨 속에 감춰져 있는 너에 대하여 알
것이며, 그 찬란한 빛을 내는 진주가
너이니, 그 진주가 되는 것이 머지않
았음이니라, 나의 아들아!
55 인간의 노력으로써는 그 두텁게 녹슨
것을 벗길 수가 없음이니라.
56 그리하여 인간들은 그걸 벗는 노력을
하여야 될 것이며, 너의 벗겨진 그 찬
란한 진주를 보고 그들이 녹슨 것을
스스로 벗기고자 몸부림쳐 구원의 영
광을 얻는 그 역사가 이루어짐을 잊지
말라, 나의 아들아!

3,070 번째 하나님 말씀

2002년 8월 22일 20시 56분

1 사랑하는 나의 아들아!
2 "네, 아버님! 말씀하옵소서."
3 너희들이 하늘에 오르는 그 근본은 사
랑이요, 베풂이라 그리 말하였느니라.
4 베풀며 사랑하며 살아가는 것이 즉 나
눔이요, 이웃의 어려움과 고통을 같이
나누며 살아가는 그와 같은 마음을 가
진 자, 구원의 기초에 들어서며 구원
의 길에 들어선 자라 내가 말하였음이
니라.
5 그러나 너희들은 살아가면서 어떠한
형국으로 살아가는가?
6 내가 나의 아들을 통하여 말하였느니
라.
7 누가 너에게 어떤 선물을 준다 해도
그를 받지 말라 하였음이니라.

8 그리고 정녕 나의 성전에 와 하나의
과일을 놓고 가면 너희 부모에게 열
번 행한 다음에 그리하라 내가 너에게
누차 가르쳤음이니, 너는 꼭 그리 시
행하고 지켜야 될 것이니라.
9 그리고 너의 제자들 또한 지도자로서
만백성을 구하고자 할 때 그를 꼭 지
키며 그와 같은 마음으로 살아가야 됨
을 잊지 말라.
10 그리하여 너희들이 삶 속에서 부득이
하게 남으로부터 대접을 받으며 남으
로부터 선물을 받으며 그와 같은 얻어
짐이 있을 때, 너희들은 어떠한 마음
으로 그를 받으며 사는가?
11 너희들은 주는 즐거움을 모르며 받는
즐거움만을 아느니라.
12 받는 즐거움보다 주는 즐거움을 더 너
희들의 마음에 그득히 가졌을 때 너희
들이 변화된 나의 백성이라 말하여야
되느니라.
13 그와 같이 살아가면서 남으로부터 대
접을 받으며 선물을 받으며 남으로부
터 은혜를 받았을 때, 너희들에게 베
풀어 준 사람의 아름다운 마음을 가슴
에 깊이 간직하여 받아들이는 자세로
감사함과 고마운 마음을 갖고 살아가
는 것이 나로부터 선택된 백성들이 살
아가는 자세임을 너희들은 잊어서는
아니 될 것이니라.
14 너희들이 그와 같은 마음으로 변해질
때 너희들이 서로 오고 가는 그 정이
아름다우며 서로 나눔의 가치가 있음
을 알아야 될 것이니라.
15 너희들은 정녕 작은 하나를 남으로부
터 받았을 때 그 감사한 마음을 깊이
생각하며 그 사람의 마음으로써 그가
너희들에게 베풀어 준 그 사랑의 뜻을
너희 가슴으로 깊이 간직하고 받아들
일 때, 그에게 감사의 뜻을 전할 수 있
으며, 고마운 마음이 스스로 너희들
가슴속에서 우러남이니라.
16 너희들은 남에게 받았을 때 그를 당연
히 생각하며, 줄 만하기에 줬으며 받
을 만하기에 받았다 그리 생각하는 오
만한 자는 없는가?
17 나로부터 선택된 백성 너희들은 그러
한 마음을 가져서는 아니 될 것이니라.
18 베푸는 자의 마음이 어떠하던가?
19 너희들이 받는 즐거움은 있으나, 베푸
는 것은 즐겁지 않으며 괴로운 마음속
에 어쩔 수 없이 베풀며 살아가는 그
와 같은 형국에 사는 것이 지금의 너
희들의 마음이 아니던가?
20 그런 너희들은 남에게 베풀기를 꺼리
고 남에게 베풀기를 마지못하여 하는
그와 같은 행위를 하나, 그 모두를 넘
어 너희들에게 서슴없이 베풀어 주며
어려운 자를 도와주며 가난한 자의 길
을 열어 주는 그와 같은 역사를 이루
는 사람들을 보고, 그는 있으니 하는
것이며 당연히 제가 축복을 받기 위해
그리한다는 그와 같은 마음으로써 너
희들이 그리 너희 자신을 위로하는 마
음을 가져서는 안 되느니라.
21 너희들이 베풀지 못하는 자가 베풂을
받았을 때, 그 마음 자세는 그 베푸는
사람의 깊은 마음을 너희들이 헤아리
며 그 사랑의 마음을 너희 것으로 만
들어 너희도 그와 같이 베풀고 너희
스스로 변해 가는 그와 같은 깨달음을

얻는 마음 자세로 살아가는 것이 너희
들이 행해야 할 일임을 잊어서는 아니
될 것이니라.
22 그리고 나의 법전을 읽고 깨우치며 나
의 아들의 제자요, 나의 성령에 따라
깨우치는 만백성 너희들은 모든 주고
받는 그 선물 또한 너희들이 그 값으
로써 그 가치를 평가하며 그 크고 작
은 것으로써 그 가치를 따지고 그 의
미를 생각하는 그와 같은 마음을 가져
서는 아니 될 것이니라.
23 너희들에게 베푸는 것이 작든 크든,
어려운 너희들에게 도와줌은 크고 작
은 것을 떠나서 그 마음의 가치를 볼
수 있는 그와 같은 마음의 자세로 살
아가야 될 것이니라.
24 내가 이를 너희들에게 명하는 것은,
내가 너희들에게 많은 자를 임하게 하
여 가진 자, 능력 있는 자가 너희들에
게 수없이 베풂이니, 그들이 베풀어
주는 것을 너희들이 감사함을 모르며,
베푸는 사람의 마음을 진실한 아름다
움으로 너희 가슴에 받아들이는 그 마
음에서 진정 감사함과 고마움을 모를
때,
25 베푸는 자의 베푸는 마음까지 너희들
이 중단시키는 자며, 많은 백성을 구
하고자 베풀며 살아가는 사람들의 마
음의 문을 닫게 하는 그와 같은 행위
이기 때문이니라.
26 앞으로 내가 나의 아들 앞에 어렵고
힘든 자에게 베풀 수 있는 능력이 있
는 자를 많이 보내 줄 것이니, 그들이
베풀었을 때 즐거운 마음, 기쁜 마음
으로 받아 주는 그와 같은 너희들의
형국이 되지 아니하면 내가 그들을 너
희에게 보내지 아니할 것이니라.
27 그러니 너희들은 그와 같은 주고받는
마음을 크고 작음으로써 가치를 따지
지 말며, 너희들이 베풀 수 없는 것을
베푸는 사람들의 그 소중하고 값진 마
음은 곧 나의 뜻이요, 나의 성령에, 나
의 심성에 의하여 이루어진다는 것을
너희들이 깨닫도록 하고자 하여 내가
오늘 나의 아들을 통하여 너희들에게
이 뜻을 전함이니라.
28 많은 변화의 역사를 이룰 때 가진 자,
능력 있는 자가 수없이 나의 아들을
찾아와 너희들에게 베풀 것이니, 그
베푸는 이의 마음을 헤아리지 못하는
자가 되어서 받는 그러한 나에게 선택
된 백성들이 또한 수없이 많이 있을
것이니, 그들의 마음 자세를 바로잡고
자 함이니라.
29 진정 베푸는 마음의 기쁜 마음과 그
베푸는 자의 깊은 속을 알아 감사히
받아들일 때, 너희들이 또한 그 능력
이 있을 때 그와 같은 마음으로 베풀
수 있는 것이니, 이를 너희들에게 가
르치고자 함이니 그리 알라.

3,071 번째 하나님 말씀

2002년 8월 22일 21시 04분

1 사랑하는 나의 아들아!
2 내가 만든 이 지상에 그 수많은 나의
백성들이 살아가면서 그들은 나름대
로 저희들이 하나의 우상이라는 것을
다 섬기며 그 밑에 절하고 경배하며
그 모든 소원을 빌며 살아가는 그와

같은 형국이었음이니라.
3 그들은 자연의 형태나 돌이요, 물이
요, 또는 큰 짐승들의 형태요, 또는 작
고 큰 어떠한 형태이든 그와 같은 것
들을 저희들 앞에 우상으로 섬기며 또
저희들 나름대로 그 종교의식을 갖고
지금까지 살아왔음이니라.
4 나무요, 물이요, 또는 산이요, 짐승들
이요, 그와 같은 각종 것을 저희들이
우상으로 생각하며 행사하고 거기에
의지하고 그와 같이 우상을 섬기며 살
아온 것이 나의 백성들이 지금까지 살
아왔던 형태이니라.
5 그리하여 구약과 신약의 성서를 읽으
며 신약 성서의 시대의 역사를 읽고
깨우친 나의 피조물 만백성 너희들이
그와 같이 온갖 우상을 섬기며 살아가
는 그들에게 성서라는 것을 가지고 가
르쳐 그들이 깨닫는 그 역사를 이루었
으니,
6 참진리의 길로 인도하여 그들을 구원
하고자 너희들이 많은 노력과 역사를
이룬 것은 그 누구도 의심할 여지가
없음이니라.
7 그리하여 그들이 나름대로 섬기던 우
상이요, 또 그들이 따랐던 그 모든 잘
못된 종파들을 깨우쳐 인도하여 그것
이 우상으로서는 잘못된 것이라는 것
을 깨닫도록 그들을 교육하고 가르쳐,
나의 품 안에서 구원의 길을 올 수 있
도록 가르친 너희들이 곧 지금의 믿음
이 이와 같이 형성되며 이끌어 온 것
은 틀림없는 사실임이니라.
8 너희들의 믿음은 그리해 왔느니라.
9 잘못된 그들을 하나로 엮어, 나 여호
와가 창조한 우상을 섬기는 것이 얼마
나 어리석은가를 깨우쳤으며, 그들이
우상으로 섬기는 짐승이요, 바위요,
산이요, 자연에 있는 모든 것들은 다
너희들이 취하고 살 수 있는 것이니,
그것들을 우상으로 섬기는 것은 잘못
된 것이라 하여 너희들이 각종 우상을
섬기고 사는 그들에게 그 우상을 버리
도록 하였으며, 그들을 깨우쳐 내가
존재하며 성서가 무엇인가를 깨우치
는 그와 같은 믿음의 길을 계승하여
왔으며 너희들이 그리 왔음이니라.
10 그와 같은 역사를 이루는 너희들의 그
역사의 한 장면을 기록한 것은 너희들
의 노고를 더 이상 말할 필요가 없음
이니라.
11 우상을 섬기는 자들을 바로잡고 그 우
상을 버리도록 하여 나의 품에 올 수
있도록 한 너희들의 그 믿음의 가르침
은 너희들 나름대로 최선을 다하여 역
사를 이루고자 했음을 나는 아느니라.
12 그러나 너희들은 여기서 잘못됨이 있
음을 알아야 될 것이니라.
13 그와 같이 우상을 섬기면 안 된다 하
여 우상을 섬기는 백성들을 나의 품으
로 인도하여 내가 존재하며 믿음이 무
엇인가를 깨우치는 너희들의 그 노고
는 두말할 것이 없으나,
14 그리하면 너희들이 나의 계명을 지키
고 나의 뜻대로 살아가는 모범적인 삶
이요, 종교의 가르침이요, 종교의 의
식 속에서 너희들이 계승하며 그들을
바르게 깨우치고 이끌어 왔다면, 지금
에 나의 이 우주는 천국이 되었을 것
이며, 너희들은 천사와 같이 변해져

있을 것이며, 그 우상을 버린 백성 또
한 다 구원을 받을 수 있을 것이니라.
15 그러나 너희들은 나의 피조물 만백성
을 깨우치고 계몽하며 이끌어 왔으나,
정작 너희들은 나의 계명대로 나의
율법대로 모범적으로 살지 못하였음
이니,
16 너희들은 그들을 깨우쳐 이끌어 바로
세우며 하늘의 천국의 문을 볼 수 있
도록 인도하면서, 너희들 스스로 나의
계명이요, 십계명대로 살지 아니하며
율법을 지키고 살지 아니하니,
17 너희들 인간의 생각이요, 인간의 욕심
이 앞을 가려 너희들은 그들 앞에서
군림하게 되었으며, 너희들의 뜻과 너
희들의 입맛에 맞도록 그들을 변질시
켜 끌어 오는 그와 같은 형국으로써
너희들이 방향을 틀었음이니라.
18 너희들이 정녕 우상을 섬기는 것이 잘
못되었으며, 자연에 내가 섭취하고 살
라 하는 그 모든 동식물을 우상으로
섬기고 사는 그들의 우매함을 일깨워
줘 내가 존재함을 가르친 그 역사는
대단한 변화를 이루었으나, 너희들이
정녕 그대로 바로 살지 못하였으며,
너희 뜻대로 이용하여 너희들 인간 형
태로 그들을 변질시켰으니,
19 각종 자연의 형태를 우상으로 섬기며
살아갔던 나의 피조물 만백성을 너희
들이 바로잡기 위해 노력한 것보다 너
희들이 그들을 죄악의 길로 이끌어 왔
으며 너희들의 형태로 만들어 지금같
이 험악한 시대가 이루어졌음을 너희
들은 여기서 깨달아야 될 것이니라.
20 그리하여 너희들이 우상을 섬기는 그
들을 바로잡은 것보다도 그들을 잘못
가는 길로 인도하였으며, 너희들의 뜻
대로 그들을 우롱하며 그들을 이용하
여 너희들이 성전이라는 것을 지으며,
그 속에서 너희들이 금화와 은화를 받
아들이는 그와 같은 형국의 방향으로
이끌어 갔음이니,
21 너희들은 나의 방향으로 흘러오고자
함이 아니요, 나에게 오르고자 함이
아니요, 정녕 너희들이 지옥으로 가는
그와 같은 형국으로써 그들을 이끌어
왔음이니,
22 너희들이 그들을 변화시켜 깨우친 그
너희들의 노력의 공보다도 나의 피조
물 만백성을 잘못 가르쳐 지옥 불로
인도하는 그 죄가 더 큼을 알아야 될
것이니, 이와 같은 이치를 깨달아 지
금 너희들이 바로잡아야 될 것이니라.
23 그리하여 너희들이 우상을 섬기지 아
니하도록 그들을 바로잡았던 그 열정
과 그 공의 은혜를 받고자 한다면, 나
의 법전을 읽고 깨우치며 나의 십계명
대로 너희들이 지금에 바로 살아가며,
거기서 하나도 어긋남이 없는 삶을 살
아갈 수 있도록 너희 자신이 그 어렵
고 힘든 길을 먼저 감으로 인하여 너
희들이 지은 그 죄를 면제받을 수 있
음을 알아야 할 것이니라.
24 너희들이 바로 서지 못하며 바로 가지
못하며 정녕 너희들이 나에게 오르는
그 참빛을 보지 못하고 산다면, 너희
들의 그 죄는 너희들이 상상할 수 없
는 고통 속에서 살아감을 알아야 될
것이니라.
25 이제 너희들에게 먹고살라 내려 준 자

연의 그 모두를 우상으로 섬겼던 그들의 잘못된 깨우침에서 이제는 그들이 바로 바른길로 올 수 있도록 너희 스스로 변하며 나의 계명이요, 나의 법전을 너희들이 가슴에 안고 그대로 행하여 그들을 바로 인도하는 지도자가 되어야만 될 것이니 그리 알라.

3,072 번째 하나님 말씀

2002년 8월 22일 21시 18분

1 사랑하는 나의 아들아!
2 내가 나의 피조물 만백성을 구원하고
자 내리는 모든 성경의 그 가르침은
참진리이기에 그는 변할 수가 없으며
변질될 수가 없음이니라.
3 그러나 수천 년 역사가 흐르는 동안
지도자의 위치에 있는 그 집단들이 저
희들의 머리요, 생각으로 일부를 저희
들이 편리하고 유리한 쪽으로 수정하
였다는 것을 부인해서는 아니 될 것이
니라.
4 나의 성령이 구약과 신약이 흐르는 그
역사의 세월 속에 일부분씩 저희들이
필요한 대로 저희들의 뜻에 맞도록 변
질시켜 고쳐진 부분이 있다 하면 너희
들은 이를 시인하고 싶지 아니하나 이
는 엄연한 사실이니라.
5 그런가 하면 지금 너희들이 성경을 가
지고 가르치는 이웃에 생긴 그 교회의
숫자만큼 수없이 늘어난 그 종파의 교
회요, 종교의 집단처럼, 그 숫자만큼
교리가 다 다르게 가르쳐지고 있으며,
또한 그 교리에 따라, 그 특성에 따라
너희들이 나의 성서를 가지고 이해하
고 가르치는 것이 다 다름이니,
6 이게 하나로써 이루어지지 못하는 것
이 지금의 이와 같은 사악한 세대를
이루도록 한 근본이요, 원인이며, 너
희들의 죄가 여기에 있으며 너희들의
잘못이 여기 있다 내가 말함이니라.
7 너희들의 교회의 숫자가 수없이 많으
며, 종교의 집단이 수없이 많으며, 그
리하여 종교마다 그 교리가 다른 그것
을 가지고 지금 각국의 너희들이 속해
있는 그 나라들에 그 달라진 교리가
전파되었음이니,
8 그 나라에서 받아들인 그 종교의 집단
의 가르침은 너희들이 변질되고 또 변
질된 그와 같은 교리를 가지고 각국에
가서 전하며 그들을 깨우치며 계몽하
며, 나 여호와가 존재하며 믿음의 길
만이 구원을 받는다 그리 가르쳤음이
니라.
9 그러나 또한 너희들이 변질되게 가르
친 그 잘못된 교리를 받아들인 각 나
라요, 그들의 집단은 그들의 풍습과
이해관계가 다 다름이니, 거기에 얽히
고설키고 하여 저희들의 행함이, 또한
가르치는 방향이 저희들의 이해득실
에 따라서 변하게 되었음이니라.
10 그리고 저희들의 환경이요, 저희들의
여건에 맞도록 교리가 수정되며 변화
되었으며, 그 언어의 뜻이 달라졌으
며, 전하는 방법이 또 달라졌으며, 내
가 명하여 준 그 명칭까지도 나라의
교리에 따라, 그들의 형편에 따라, 환
경에 따라 고쳐지고 수정되었음이니
라.
11 그리하여 너희들이 말하는 것마다 다

주장이 다르며, 너희들이 설법하는 그
교리의 가르침이 다르며, 그 나라에서
받아들이는 교리가 또 나라에 따라,
그 나라의 언어에 따라, 그 나라의 생
활 풍습에 따라 뒤죽박죽 그 나라의
형편대로 움직여지니,
12 그를 하나로 모아 놓고 너희들이 강론
할 때, 나라의 숫자만큼, 교리의 숫자
만큼 자기 것이 맞다고 주장하며 옳다
고 그리 싸움을 할 것이며, 너희들은
거기서 아비규환 같은 형국이 될 것이
니라.
13 그리하여 너희들은 여기서 부정해서
는 아니 될 것이니라.
14 내가 내리는 이 뜻을 너희들은 반드시
받아들여야 될 것이며, 내가 나의 아
들을 통하여 이 법전에 기록하여 내리
는 것은 나의 진리요, 변함이 없음이
니라.
15 최초에 성서를 가지고 너희들의 지도
층에 있는 자들이 일부 수정함을 너희
들은 부정해서는 아니 될 것이니라.
16 그 당시의 환경과 그 백성들을 이끌어
가고자 하여 그 본질이 변화되었음을
알아야 될 것이니라.
17 그리하여 너희들이 구파와 신파 속에
서 갈라지며 수천수만의 그 숫자의 교
회만큼 그 교리가 다 다름이니,
18 그 다른 교리가 또 나라마다 그대로
전달되었음이니, 또 그를 받아들이는
나라는 그 나라대로 자기들의 특성과
환경에 따라서 자기들 것으로 만들고
고쳐 그것이 그 교리요, 가르침이라며
그리 역사한 것이 지금의 나의 뜻을
가르쳐 하늘에 오르고 만백성을 구하
는 길이라 하여 가르치는 것이니라.
19 그러하니 변질되고 또 변화되어 변질
됐으니, 이것은 나의 참진리가 아니
요, 나의 뜻이 아니요, 나의 가르침이
아니니라.
20 이것을 어찌 찾겠는가?
21 너희들은 각 나라에서 자기들의 환경
과 자기들의 이해관계의 득실을 따져
변화된 나의 교리를 인정하지 않을 수
없을 것이니라.
22 그렇다면 너희들의 수천수만의 교회
의 숫자만큼, 그 교회요, 그 모든 종교
집단이 가르치는 그 교리가 저희 집단
마다 다름이니, 그것이 또한 각자가
달라 하나로 이루어질 수 없는 것을
너희들은 인정할 것이며, 변화된 것이
라 인정할 것이니라.
23 이를 부정할 수 없음이니라.
24 그러면 그 위의 단계의 최초에 나의
진리요, 나의 성령을 가지고 다루고
만든 백성들은 과연 그대로 그들이 기
록하였던가?
25 그들은 잃어버린 부분이 있으며, 듣지
못한 부분이 있으며, 기억하지 못한
부분이 있으며, 이와 같은 것을 저희
들이 그 환경과 그 당시 나의 피조물
만백성을 관리하고 통제하며 저희들
의 부귀와 영화요, 저희들의 편안한
그 삶을 위하여 고치지 않았다 답할
수 있는 자 있으면 말하라.
26 그들은 저희들이 천년만년 살 것이라
생각하여 그 교리요, 나의 성서를 고
치고 다듬은 부분이 수없이 있음이니,
이를 너희들은 인정하지 아니할 수 없
음이니,

27 이를 인정하고 받아들이는 너희들의
그 깨달음에서 성서를 보는 눈이 달라
질 것이며, 성서에서 과거와 현재와
미래의 가르침이 남아 있는 그 부분들
에서 너희들이 깨우침을 얻어야 될 것
이니라.
28 그를 깨닫다 보면 너희들이 위에서부
터 수정되며 고쳐 왔던 것이 나의 뜻
과 나의 교리에 맞지 않는 부분들이
있음이니,
29 저희들을 위하여 기록된 부분이요, 저
희 육을 위해서 기록된 부분이요, 너
희들의 재물을 모으기 위하여 기록된
부분들이 다 잘못되어 있는 것임을 너
희들은 알아야 될 것이니라.
30 그리하여 이를 하나로 만들어 하나의
기도하는 법과 나에게 오르는 빛을 보
는 것과 참진리요, 변하지 않는 나의
진리를 깨우치도록 하여 너희들이 구
원의 길에 오를 수 있도록 하고자 함
이니, 이는 무엇이더냐?
31 우선 하나의 공통어요, 하나의 언어로
통일되지 아니하면 이를 행할 수 없음
이니라.
32 그리하여 내가 동양의 작은 나라를 선
택하여 이 나라에 나의 아들을 보냈으
며, 그로 하여금 동양의 작은 나라의
언어로써 책으로 만들어 나의 성령을
기록하여 너희들을 깨우치고자 함이
니,
33 너희들이 믿음을 향하는 지금의 참진
리의 길을 보지 못하면, 그 길을 너희
들이 따라와 달리지 아니한다면, 너희
들이 변화되지 아니하면 구원의 길을
볼 수 없음을 가르쳐 줘야 될 것이니
라.
34 그리하여 모든 변질되어 온 너희 나라
의 이해득실을 다 접어 두며, 너희들
이 교회의 숫자만큼 그 교리가 다르며
종교 집단마다 그 교리가 다르듯이,
35 그것을 다 묵살해 버리고 그를 다 지
워 버리며, 그리고 성서의 변질되고
왜곡되게 기록된 부분들을 다 덮어 버
려, 내가 구약과 신약을 그리하여 덮
음이라 하였음이니라.
36 그리하여 그 모두를 새로 태어날 수
있고 새로운 진리요, 새로운 깨달음으
로 갈 수 있도록, 알기 쉽게 세계의 공
통어를 동양의 작은 나라의 언어로써
만들고자 하는 뜻이 여기에 있음을 너
희들이 알아야 할 것이니, 이 뜻을 깊
이 깨우치도록 그리하라.

3,073 번째 하나님 말씀

2002년 8월 22일 21시 32분

1 사랑하는 나의 아들아!
2 "네, 아버님! 말씀하옵소서."
3 수천 년 역사의 종교의 흐름이, 그리
고 너희들의 그 모든 교리의 가르침
이 어찌 흘러내려 왔던가?
4 종교 지도자 너희들은 진정한 나의 진
리요, 변화되지 않는 그 진리의 가르
침을 구하여 나의 피조물 만백성이 하
늘에 오르도록 그리 역사하는 것이 너
희들이 해야 할 일이며, 너희들이 가
르쳐야 될 임무이며, 너희들의 지상의
대명인 것이니라.
5 그리하여 종교 지도자는 한 점의 부끄
러움이 없는 삶을 살아야 되며, 남들

로부터 스스로 평가받을 때 그리고 자
기가 자신을 평가할 때 부끄러움이 없
는 삶을 살아가는 자만이 종교 지도자
가 될 수 있으며,
6 진정한 진리를 깨우쳐 나 여호와의 하
늘나라에 만백성을 인도하는 것이 너
희들이 하여야 할 대명이니라.
7 그러나 너희들은 어찌 가르치고 왔는
가?
8 나로부터 하늘의 뜻을 받았으며 명을
받았으며 또 선택되었다 말하는 자들,
그리고 종교 지도자요, 나의 피조물
만백성을 가르치는 너희들은 너희 신
도요, 너희 제자들이 너희들을 평가할
수 없으며 단죄할 수 없으며, 나 여호
와만이 너희에게 벌할 수 있으며 단죄
할 수 있으며 나한테 와 너희들이 벌
과 상을 받는다 그리 가르치는 너희들
의 그 가르침이 과연 어찌 되었다 생
각하는가?
9 그와 같이 가르치는 자, 그리고 나에
게 뜻을 받아 직접 명을 받았다 하여
지금 많은 피조물 만백성을 우롱하고
군림하고자 하는 그들이 어떠한 마음
의 형태인지 아는가?
10 너희들이 진정 나로부터 선택된 자요,
나로부터 가르침을 받은 제자라 하면,
너희들은 나의 종이요, 만백성의 종의
자세로 살아가는 것이 근본이요, 종교
지도자가 가야 할 길이니라.
11 그러나 너희들은 어찌 가는가?
12 나 여호와를 대신하여 나의 명령을 받
았다, 그리고 나로부터 먼저 심판을
받는다 그리 말하는 종교 지도자, 너
희들은 스스로 작은 신이 되어 나를
능가하는 섬김을 받으려 하는 착각 속
에서 살아오는 자들이니라.
13 그리하여 너희들은 믿음의 길보다 금
화와 은화를 거둬들여 더 호화로운 왕
국과 같은 성전을 짓는 것이 너희들이
가장 소망하는 길이며, 너희들 종교
지도자들 속에서 말하기를, 큰 성전을
지은 자, 많은 백성을 거느리고 있는
자, 그리고 많은 금화와 은화를 거둬
들이는 자, 그와 같은 자를 성공한 자
라 평가하니,
14 믿음의 길이 천국의 문을 갈 수 있도
록 백성을 인도하는 것이 진정한 성공
인가, 재물을 긁어모아 궁궐 같은 성
전을 짓는 것이 성공하는 것인가?
15 이와 같이 너희들이 착각하는 속에서
살아감이니라.
16 그리하여 너희들은 그를 팔고 사는 그
와 같은 거래를 함이니라.
17 너희들이 하나의 성전을 역사시켜 그
것을 남에게 팔아넘기는 것이 장사꾼
이지 무엇이던가?
18 물건을 파는 자요, 야채 한 다발을 파
는 장사꾼보다 너희들이 더한 것이니
라.
19 야채 장사꾼은 농사지은 것을 백성이
먹을 수 있도록 그리 대가를 받고 파
나, 너희들은 나의 아들이요, 나의 이
름을 팔아 나를 빙자하여 너희들이 이
룬 그 역사를 재물로 계산해서 팔고자
함이니, 너희들이 무엇이더냐?
20 작은 신으로서 너희들은 나보다 더 능
가하는 섬김을 받으려 하는 그것이 너
희들이 지금 착각 속에서 허덕이며 가
고 있는 믿음의 길이니라.

21 너희들은 나보다도 더 능가하는 섬김
과 받듦을 받으려 지금 종교 지도자라
하여 단상에 서서 그 추태를 부리고
있으니, 여기에 너희들은 부정할 말이
없음이니라.
22 이를 너희들 자신이 정녕 잘못된 나
여호와의 가르침이며 너희들이 행하
는 것이 진정 옳다 말할 수 있는 자,
너희들은 나에게 기도로써 답을 물으
라.
23 그러면 너희들에게 내가 답을 줄 것이
니라.
24 진정한 답을 너희들에게 깨우쳐 줄 것
이니, 너희들이 회개하는 마음으로써
나에게 기도를 드려 보라.
25 너희들은 그와 같이 모두를 다 너희들
이 나보다 더 위대한 자가 되고자 하
여 그 착각과 환상 속에서 살았음이니
라.
26 너희들은 그리 살지 않았다 하나, 육
을 위하여 사는 그 자체요, 나의 성전
을 이루어 그것을 거래하는 자, 금화
와 은화를 그득히 쌓아 놓으면 구원을
받는다 하는 자들, 그와 같은 자들이
그 심리에서 나의 피조물 만백성을 우
롱하고 있음이니라.
27 지금까지 그와 같은 방법으로써 계속
지속되어 왔으며, 앞으로도 너희들의
후손의 후손까지도 그와 같은 방법으
로써 그리 유지되어 갈 것이 틀림없음
이니라.
28 그리하여 너희들이 죄를 지은 자에게
금화와 은화를 많이 바치게 하며, 재
물을 많이 바치는 자는 용서를 받을
수 있다, 그와 같이 너희들이 나의 백
성들을 현혹하며 또 하나의 더 큰 죄
를 짓고 있는 것이 지금의 너희들의
형국이니라.
29 많은 금화와 은화의 재물을 바치는
자, 그와 같은 자에게는 너희들이 천
국의 문을 열어 주기도 하고 닫기도
하는 그와 같은 권능이 있는 것처럼
그들을 현혹하고 그들을 유혹하며 그
들을 협박하여 모든 재물과 시간과 모
두를 거둬들이는 것이 너희들이니라.
30 하늘의 천국의 문을 여는 것은 나 여
호와만이 할 수 있으며 나 여호와만이
명할 수 있는 것이라 하였거늘,
31 너희들은 재물을 많이 바치는 자에게
천국의 문을 열어 준다며 인도하고,
그 문을 너희들이 닫고 여는 그와 같
은 자인 것처럼 나의 피조물 만백성을
현혹함이니라.
32 그리하여 나의 백성들을 구원하기도
하는 것이요, 죄를 지은 그들을 심판
하는 것도 너희들이니, 너희들은 그와
같은 방법으로써 나의 백성들을 우롱
하고 금화와 재물을 거둬들여 너희들
이 편안한 육신의 삶을 위하여 사는
것도 부족하여, 너희들은 심지어 죽은
자 앞에 가 그 영혼도 구해 주며 그 영
혼도 천당으로 보내고 안 보내는, 그
와 같은 만능을 가진 자처럼 착각하며
너희들이 기도한다 하며 그리 행하는
자들이니, 그 속에서 너희들이 또한
무엇을 거둬들이는가?
33 너희들은 그 죽은 자의 영혼까지 팔아
먹고 그를 이용하여 그들을 우롱하여
금화와 은화를 거둬들이는 그와 같은
터를 닦으며, 그 슬픔에 젖어 있는 가

족에게 너희들은 무엇인가를 거둬들
이는 일이 없는가?
34 너희들은 다시 한 번 깨우쳐 봐야 될
것이니라.
35 그리 나의 백성들을 우롱하며 지금까
지 끌고 온 것이 너희들의 종교 집단
이 행해 온 만행임을 알아야 될 것이
니라.
36 그러면서 너희들은 성경을 가지고 말
하느니라.
37 이는 여호와 하나님의 말씀이요, 그
말씀대로 행한다 하여 너희들이 교묘
하게 그들을 쇠사슬로 묶어 놓음이니,
너희들이 나 여호와의 말씀이라 하여
가르치는 그 뜻은 참진리가 아니요,
변질되며 거짓된 진리임을 알아야 할
것이니라.
38 지금 너희들이 이를 깨우치지 못한다
면, 너희들은 영원히 구원의 길에 오
르는 빛을 볼 수 없음을 알라.

3,074 번째 하나님 말씀

2002년 8월 23일 0시 26분

1 사랑하는 나의 아들아!
2 "네, 아버님! 말씀하옵소서."
3 나 여호와가 존재하는 그 자체를 의심
하며, 나 여호와가 존재함을 믿으려
하지 아니하며, 창조주인 나를 믿지
않으려 하는 백성들이 지금 이 지상에
수없이 살아감이니라.
4 그리하여 저희들이 착하고 선한 일을
하고 사는 것이 죽어 와 나로부터 심
판을 받는 것이 아니라 하면, 선을 행
하여 저희들이 잃는 것이 너무 많기에
억울하고 잘못된 삶을 사는 것이 아닌
가 하여 그와 같이 자신들을 돌이켜
보며, 또 나 여호와가 존재하는 것인
가 그를 알고자 함이니라.
5 그러나 너희들은 여기서 깨달아야 될
것이니라.
6 모든 자연 속에 있는 동식물의 살아가
는 모습과 또한 식물들의 그 자리를
지키고 있는 모습을 너희들은 바라보
며, 과연 누가 이 조화를 이루어서 이
와 같이 형성해 놓을 수 있으며 그들
이 존재할 수 있는가 물어보라.
7 너희들이 같은 식물의 그 잎이 넓은
것이 있고 긴 것이 있으며, 또 푸른 잎
을 가지고 있는가 하면 단풍이라는 그
곱게 물든 나무가 있으며, 노랗게 물
들어 가는 나무가 있으며, 그 변화의
조화와 그가 그 자리에 있어서 어울리
는 그와 같은 형태를 과연 누가 만들
었다고 너희들은 생각하는가?
8 그 동식물이 스스로 자라나 저희들이
그와 같은 위치에서 그와 같은 모형으
로 아름다운 모습을 보이고 있다 생각
하는가?
9 너희들은 그 식물들이 살아가는 속을
봐야 될 것이니라.
10 너희들은 동물들이 서로 강자가 약자
를 취하며 살아가는 것을 보며 그것은
순리라 말하니 그것은 보이는 것의 모
습일 것이니라.
11 그러나 강자가 약자를 취하는 동물의
세계뿐 아니라, 식물의 세계도 서로
연대하며 연계되어 있으며 서로 돕고
살아가는 그와 같은 삶의 연결 속에
있다 하면 너희들은 어찌 생각하는가?

12 너희들의 눈으로 볼 수 없으며 확인할
수 없으나, 모든 식물들이 그 자리에
서 제가 존재함으로 서로 돕고 서로
이끌고 이해하며 얽히고설킨 그 삶을
그들이 연계하여 살아가기에 존재한
다는 것을 너희들은 과연 믿겠는가?
13 그와 같은 이치를 너희들은 깨닫지 못
할 것이니라.
14 그리고 그들이 서 있는 자리에서 그
아름다운 모습이요, 저만이 가지고 있
는 특이한 모습으로써 생존해 나감이
니, 그와 같은 질서를 누가 과연 지킬
수 있으며 그리 만들 수 있다 생각하
는가?
15 너희들은 그것 하나를 보더라도 나 여
호와가 존재함을 의심해서는 아니 되
며, 창조주가 지배함을 의심해서는 아
니 될 것이니라.
16 그리하여 너희들이 아름답고 곱게 살
며 양보하고 사는 것이 '설마' 하여 너
희들이 억울한 삶이 아닌가, 그리고
너희들이 손해 보는 삶을 사는 것은
아닌가, 그저 이웃을 바라보지 아니하
며 너희 육신의 부를 위하여 욕심을
채우며 욕망을 채우며 그와 같이 살아
가는 것이 더 행복한 삶은 아닌가, 그
리 생각하는 마음을 접어 둬야 될 것
이니라.
17 너희들의 생명이 태어났으며 그 생명
이 살아 육신은 한 줌의 흙으로 돌아
가는 것을 너희들은 엄연한 사실이라
믿으나, 너희들이 그 육신 속에서 육
신을 지배하며 살아왔던 그 정신이요,
그 영혼은 과연 어디로 가서 어찌 되
는가 하는 것을 생각해 봐야 될 것이
니라.
18 그는 반드시 나로부터 심판을 받음이
니라.
19 그들이 살아온 육의 삶에 대한 심판은
그 영혼이 받음이니, 너희들이 생각하
고 보고 느낄 수 있는 그 육의 삶을 얼
마나 위대하고 아름답게 살아가야 하
는 것인가를, 육의 욕심이요, 육에 너
희들이 가지고 있는, 너희들이 아름다
운 삶을 살고자 하는 육의 행복을 위
해서 영혼의 삶이 있다는 것을 바라보
지 못하고 사는 자만큼 어리석은 사람
이 없음이니라.
20 육이 잘못 살아 영원히 사는 그 영혼
이 지옥 불에 가 벌을 받는 자, 또는
천국의 문에 들어서는 자, 그와 같은
선택을 할 때, 너희들이 과연 어찌 살
다가 흙으로 돌아가느냐에 따라 그 영
혼이 그와 같은 길의 선택됨이요, 그
육이 행하고 산 만큼 영혼이 그 대가
를 치른다는 것을 잊어서는 아니 될
것이니라.

3,075 번째 하나님 말씀

2002년 8월 23일 0시 37분

1 사랑하는 나의 아들아!
2 "네, 아버님! 말씀하옵소서."
3 아무것도 모르는 네가 나의 법전의 3
부를 세상에 만들어 내 전함이니, 세
상은 온통 뒤숭숭한 그와 같은 하나의
바람이 불 것이니라.
4 믿음을 가진 자들, 그 속에서 정녕 이
는 나 여호와의 뜻이라 말하고 반기를
드는 자, 이는 사탄의 장난이라 하여

이를 덮고자 하는 자, 이 양대의 갑론
을박의 회오리바람이 한 번 불 것이니,
5 그때는 세상이 다 개혁하는 그와 같은
무서운 파도와 같이 휘몰아치는 그 양
대의 세력 속에서 하나는 쓰러지고 하
나는 이기는 그와 같은 결과가 나오게
될 것이니라.
6 그리하여 서로 쓰러지지 아니하려고
그들의 싸움은 이루 말할 수 없는 대
환란이 일어날 것이니, 그와 같은 것
이 3부가 세상에 나옴으로 인하여 그
싹이 시작하게 될 것이니라.
7 그리하여 그 모두는 너의 삶과 너의
행함에 따라서 그 모두를 판정할 수
있는 그와 같은 위치에 네가 서게 됨
이라 내가 말하였음이니라.
8 나의 법전이 옳다 말하는 자, 네가 바
로 살았을 때 그들이 힘을 얻을 것이
며, 아니라 하는 자들, 네가 잘못 살았
을 때 그들은 또한 그것을 가지고 옳
다 말하는 자들을 공격할 것이니,
9 이게 바로 중간에 서 있는 너의 삶이
소중함을 알아야 될 것이니라.
10 그리하여 이 나의 법전이 진정한 나의
성령이라 말하지 않는 자, 이 모두를
다 세상에 존재치 못하도록 그와 같은
무서운 힘으로 너에게 밀어닥칠 것이
니,
11 너는 거기에 대한 대비를 하여야 될
것이며, 그리하여 또한 네가 두려움을
가져서는 아니 됨을 알아야 될 것이니
라.
12 사랑하는 나의 아들아!
13 "네, 아버님! 말씀하옵소서."
14 너는 이 세상에 태어나기 전부터 나로
부터 선택된 자이며, 세상에 네가 사
는 그 삶도 너 자신의 삶이 아니요, 나
의 뜻에 의하여 나의 주관하에 살아왔
음을 내가 너에게 누누이 말하였음이
니라.
15 너는 네 의지와 네 뜻대로 산 것이 아
니요, 내가 너를 훈련시키기 위하여
나의 뜻에 따라 나의 훈련 과정을 거
쳐 온 것이 너라 내가 말하였음이니라.
16 만일 네가 지금 똑똑한 사람이라는 말
을 들으며, 네가 현명한 사람이라는
말을 들으며, 네가 또 지식인이라는
말을 들으며, 너를 완벽한 인간의 자
리를 지키고 있는 사람이라 말하며,
똑똑한 자요, 지식을 갖춘 사람이라
말한다면, 오늘 너는 이 길을 갈 수 없
음이니라.
17 네가 남으로부터 똑똑한 사람이라 인
정을 받으며, 네가 지식을 갖춘 사람
이며 완벽한 인격체를 가지고 사는,
나무랄 데 없는 그와 같은 삶을 살아
왔으며 그리 사는 자라 하면, 너는 정
녕 이 길을 가지 못하였음이니라.
18 그리하여 네가 미리 선택된 자임을 너
는 알아야 될 것이니라.
19 너는 나로부터 선택되어 세상에 나온
자며, 너는 나의 아들로서 이 대역사
를 이루는 것이 네가 가야 할 길임을
알아야 될 것이니라.
20 내가 하늘에서 이루어진 것같이 지상
의 낙원을 이루고자 하니, 너희들이
잘못 믿어 온 그 종파를 다 뽑아내고
쓸어 내어, 그 깨끗한 대지 위에 사는
나의 피조물 만백성이 천사와 같은 하
얀 마음을 가졌을 때, 그곳에 나의 성

령을 심어 지상에 하늘의 낙원을 이루
고자 하며 그를 이루는 자는 나의 아
들 너밖에 없음을 너는 의심해서는 아
니 될 것이니라.
21 너는 나로부터 이 세상의 만백성을 구
하는 대명을 받았으며, 천 년의 역사
를 거쳐 나의 피조물 만백성이 하늘에
오르는 그 진실한 진리를 깨달을 수
있는 160권의 법전을 세상에 만들어
내는 자이니라.
22 그리하여 너는 태어나는 것부터 나로
부터 선택되어 이 세상에 나와 육으로
써 네가 기어다닐 때부터 성장하여 지
금까지 60이라는 인생의 삶을 살 때
까지 그 모두는 나의 훈련 과정의 프
로그램에서 네가 살아온 역사이니, 네
가 지난 삶의 두려움과 오늘의 네 위
치에서 두려워하며 무서워하지 말라.
23 모두는 다 나의 주관하에 이루어진 것
이며, 이 세상에 어떤 고난과 역사가
있다 해도 너는 승자가 되는 것뿐이니
그리 알라.
24 내가 너를 주관하며, 나의 진리를 네
가 세상에 전하며, 오로지 진리만을
가지고 네가 만백성과 갑론을박하게
됨이니, 모두는 진리를 가진 자가 승
리함이니,
25 참진리를 가진 자만이 승자니, 네가
이 세상의 어떠한 종파와 어떠한 집단
과 시시비비를 한다 해도 승자는 네가
됨을 알아야 할 것이니라.
26 너는 그저 내가 명한 대로 행하면 되
는 것이니라.
27 모든 역사를 주관하고 이루는 것은 네
능력으로 이루어짐이 아니니라.
28 인간의 너희들이 똑똑한 자, 지식을
갖춘 자는 자기의 똑똑함이요, 자기의
지식으로써 모든 게 이루어진다 그리
생각하며 그리 판단하느니라.
29 그러나 너는 지금 네 주관에 의해 모
든 인간사의 살아가는 것이 이루어지
는 것이 아님을 알라.
30 모든 너희들의 인간사에 사는 것은 나
의 주관에서 이루어지는 것이며, 네가
역사하는 그 모두도 다 내가 하는 대
로 나의 주관하에 이루어짐이니,
31 내가 너에게 명하는 그대로 행하고 실
천하는 것이 네가 할 일이니, 여기서
너는 두려워하지 말며 주저하지 말라.
32 네가 두려워하며 흔들린다면, 너를 따
르는 제자들 또한 그들이 설 자리가
없게 됨이니, 나의 법전이 세상에 나
갈 수 없음이니라.
33 모든 악과 선의 그 모두요, 이 지상의
어떤 집단과의 싸움에서도 모든 결과
의 승자는 너이니라.
34 그리하여 160권은 세상에 나가며, 나
의 피조물 만백성은 천 년 후에 하늘
의 천국이 지상에서 이루어지는 그와
같은 삶을 살게 되는 것은 내가 너희
들에게 언약하는 것이며, 이는 그대로
실천됨을 잊지 말라.

3,076 번째 하나님 말씀

2002년 8월 23일 0시 57분

1 사랑하는 나의 아들아!
2 "네, 아버님! 말씀하옵소서."
3 많은 백성들이 너에게 찾아와 너의 기
도를 듣고자 함이니, 네가 많은 사람

들의 개인적인 기도를 그들에게 들려
주며 그들에게 깨우쳐 주니, 너는 무
엇을 그들에게 보여 주며 너는 과연
무엇을 보면서 그들을 깨우쳐 주느냐?
4 "네, 아버님! 제가 개인의 기도를 해
주며 그들의 지금의 사는 그 모습을
그들에게 가르쳐 주며, 그가 살아왔던
모습을 가르쳐 주옵나이다.
5 그리고 제가 그들에게 반드시 깨우쳐
주는 것은, 그가 이 세상에 나오기 전
에 전 세상에서 어떠한 사람으로서 어
떠한 삶을 살았는가 그 모습을 제가
보면서 그 모습을 그대로 그들에게 가
르쳐 주며, 그가 이 세상이 아닌 전 세
상에 살았던 그 삶에서 지은 그 죄에
대한 것을 깨우쳐 주며, 우선 그 죄를
용서받는 그와 같은 길을 가르쳐 주고
있사옵나이다.
6 그리하여 사람마다 그들이 이 세상이
아닌 전 세상에서 살았던 그들의 모습
을 다 보며 가르쳐 주옵나이다.
7 그리고 그들의 지금의 삶인 현재의 삶
을 볼 수 있으며 그들의 미래를 볼 수
있으니, 그들의 미래에 이루어지는 것
을 그들에게 가르쳐 주고 있으며, 또
그가 죽고 사는 것, 그가 해야 할 일과
그가 어찌 죄를 사하여야 하는지, 그
리고 그가 가지고 있는 죄의 무서움
을, 그 모두를 보고 있사옵나이다.
8 그리고 그들에게 그것을 하나 둘 다
가르쳐 주고 있사옵나이다.
9 그러나 그들은 제가 들려주는 것을 믿
지 아니하며, 또 믿으려 하지도 아니
하고 있사옵나이다.
10 그들은 그것을 알지도 못하며 저희들
이 보지도 못하면서, 제가 그들에게
가르쳐 주는 그 깨달음을 그들은 들으
려 하지 아니하며 믿으려 하지 아니하
고 있사옵나이다.
11 그러면서 그들은 그 지옥의 형벌이 얼
마나 무서운 것이며, 저희들이 잘못
살아가는 그 삶의 죄의 대가를 치르는
것이며, 그 죗값을 치르는 것 그 자체
도 의식하지 아니하려 하며 인정하지
아니하려는 자들이 많사옵나이다.
12 그리고 그들은 천국의 그 위대함을 또
한 생각을 못 하옵나이다.
13 저희들이 천국의 문을 들어서는 것이
얼마나 위대하며 영광된 것인지 그 자
체도 믿지 않으려 하는 자가 많이 있
습니다.
14 그리하여 어리석은 삶을 살아가며 그
들은 죄의 무서움과 두려움을 모르며,
사랑을 베풀며 사는 것이 얼마나 위대
하고 소중한 것인지 그 자체도 모르
고, 그들은 육에 얽매어 살아가는 그
삶만을 보며, 미래가 있음을 생각지
아니하옵나이다."
15 사랑하는 나의 아들아!
16 "네, 아버님! 말씀하옵소서."
17 내가 너에게 그들의 모두를 보여 주
며, 그의 지금 현재의 삶을 내가 보여
주며, 그들의 전생에서 살았던 그 모
습과 그들이 전생에서 지은 그 죄를
사할 기회를 내가 너를 통하여 그들에
게 가르쳐 주며, 미래에 그가 이루어
지는 것과 그가 죽고 사는 그 모두를
내가 그림으로써 너에게 보여 줘 그들
에게 깨우쳐 주고자 함이나, 그들은
믿지 않으려 하는 것이니라.

18 그러나 네가 그와 같이 그들에게 보여
줄 때, 반드시 그들은 나의 법전을 읽
어야 될 것이며, 나의 법전을 만백성
에게 전하는 그와 같은 마음의 자세로
써, 제자로서 너와 더불어 너의 가는
길을 따라오는 자, 그 외에는 네가 그
들의 그와 같은 것을 보여 주지 말며,
그 개인의 기도를 앞으로는 해 주어서
는 아니 될 것이니라.
19 오로지 나의 법전을 읽었으며, 너와
더불어 갈 수 있으며, 나의 백성으로
서 나의 피조물 만백성을 돕고 가는
전사로서 다시 태어날 수 있는 그와
같은 용기를 가진 자, 그들에게만 너
는 깨우쳐 줘야 될 것이니라.
20 너에게 와 5달란트의 그 역사의 일을
다 할 수 있는 자들만이 네가 가르쳐
줘 그들을 골라 써야 될 것이니라.
21 이제는 모든 사람들의 개인적인 기도
를 네가 해서는 아니 될 것이니라.
22 5달란트의 그 역사를 할 수 있는 너의
제자요, 나의 아들과 딸로서 다시 태
어나는 자, 그들을 위하여 너는 기도
를 해 줘야 될 것이며, 그들에 대해서
내가 보여 주는 그 그림 그대로 그들
을 깨우쳐 줘, 바른 삶을 살 수 있도록
인도해야 될 것이니라.

3,077 번째 하나님 말씀

2002년 8월 23일 01시 07분

1 사랑하는 나의 아들아!
2 "네, 아버님! 말씀하옵소서."
3 나의 피조물 만백성 너희들이 하늘에
오르는 길의 기초요, 근본이 뭐라 말
하였더냐?
4 사랑을 베풀며 사는 것이 근본이요,
기본이라 말하였음이니라.
5 과연 지금 나의 피조물 만백성 너희들
은 사랑이라는 것을 얼마나 실천하며
얼마나 나누며 살고 있는가?
6 너희들이 지금 살아가는 이 세상을 어
찌 바라보는가?
7 수천 년 역사가 흐르는 동안에 정녕
종교 지도자들이 사랑이 하늘의 근본
이요, 사랑만이 하늘에 오르는 길이라
하여 그리 가르치고 나의 피조물 만백
성을 깨우쳐 하늘에 오르고자 하였던
그 교리요, 그 강론의 역사의 결과는
어찌 되었는가?
8 지금 너희들은 사랑이라는 그 자체를
말로써는 사랑이라 부르나, 너희들이
행함에 있어서는 그 사랑이라는 것을
찾아볼 수 없으며 그와 같이 무서우리
만큼 변해져 있음이니라.
9 남녀가 서로 만나 한 가정을 이루며
사는 그와 같은 축제의 행사에도 그전
에는 너희들이 다 같이 축복하며 정말
서로 한 가정을 이루는 것에 행복을
느꼈으며 서로 만남을 소중하게 간직
하며 살아가는 그와 같은 삶을 살았으
나,
10 지금은 서로 남녀를 만남도 너희들이
금화와 은화요, 재물로써 계산하며 그
와 같은 계산속에 만나고 헤어지는 삶
을 살아가니, 사랑이란 두 글자를 아
무 곳에서도 찾을 수 없는 것이 지금
의 너희들이 살아가는 형국이니라.
11 한 가정을 이루는 것이 기초요, 근본
이요, 그가 사랑의 시초이거늘, 인간

의 육의 세상에서 살아가는 너희들이 그 사랑의 기초적인 그곳에 재물로써 계산을 두며, 또는 금화와 은화로써 그를 평가하며 사고파는 그와 같은 형국이 이루어짐이니,
12 거기에 사랑이 어디 있으며 거기에 인간의 본연의 아름다움이 어디 있는가?
13 이것이 지금의 너희들의 형국이니라.
14 너희들이 점점 더 이대로 세월이 흘러간다면 너희들은 정녕 볼 수도 없는 그와 같은 형국으로 흘러가게 됨이니, 그를 막기 위하여 내가 나의 아들을 통하여 이와 같이 깊은 밤 나의 성령을 세상에 내려보내 너희들을 하나하나 깨우치고자 하는 나의 이 애절한 뜻을 너희들은 정녕 바라봐 줄 수 없으며, 너희들의 가슴에 나의 성령을 느낄 수는 없는 것인가?
15 너희들이 하늘에 오르는 기초요, 근본인 그 사랑을 어찌 베풀며 살아가는 것이던가?
16 너희들은 너희 자신을 사랑함이니라.
17 무엇보다도 너희 자신을 사랑하는 것이니, 너희 자신을 사랑하는 것처럼 남을 사랑하며, 나보다 남을 더 사랑하는 그와 같은 마음으로써 너희들이 살아가야 하는 것이며,
18 너희들이 세상에 태어나 네 발로 기어다니는 그 어린아이를 부모가 사랑의 눈으로 바라보며 그 자식을 사랑하는 마음보다도 더 깊은 마음으로써 사랑을 베풀며 사랑하는 마음으로 이웃과 더불어 살아가는 것이 진정한 사랑을 베푸는 것이요, 그게 하늘에 오르는 기초요, 근본임을 알아야 될 것이니라.
19 그러나 이와 같은 마음으로 너희들이 살아가는가?
20 지금 너희들의 육의 삶에서 과연 그와 같은 사랑이 있으며 그와 같은 사랑의 실천함을 너희들은 보고 있는가?
21 이와 같은 마음 자세로써 남을 위해 살아가는 자, 남을 사랑하는 자, 그와 같은 사람들을 너희들은 시대적으로 덜떨어진 자요, 덜된 사람이라 그리 핍박할 것이니라.
22 그리고 그와 같은 자의 사랑의 베풂을 너희들은 사랑으로 갚는 것이 아니라, 그들을 이용하여 그들 앞에 거짓 하고 사기하며, 그리하여 너희들은 그와 같은 것으로써 그 사랑을 베풀고자 하는 사람들의 마음을 아프게 하며,
23 그들이 나 여호와가 존재하는 것인지 존재하지 아니하는 것인지 의심하게 되며, 그들은 그와 같은 불안한 마음으로써 인생을 살아가며, 사랑을 베풀며 나누며 살았던 것이 다 잘못되었으며 그게 다 하나의 저희들의 망상이었다고 그리 생각하게 되는 자들이 수없이 있음이니,
24 그리하여 수천 년 역사가 흘러오는 동안에 종교 지도자들이 그리 부르짖었으며 그리 너희들이 갈구했던 그 사랑이라는 것이 서서히 악한 것에게 잠식되어 너희들의 사랑을 잠식되게 한 그 근본의 원인이 지금의 종교 지도자들이니라.
25 그리하여 사랑을 베푸는 것이 없으며 사랑이 없는 지금의 형국이 만들어졌음이니, 여기서 너희들이 하늘에 오르는 길의 기초요, 기본이 되는 사랑을

모르고 살고 있음이니, 너희들이 단
한 사람도 나에게 구원을 받을 수 없
다 함이 여기에 있음이니라.
26 이제 내가 새로운 시대를 열어 세상에
나의 성령을 태워 내려보냄이니, 이를
듣고 깨우친 나의 선택된 백성들이며
나의 아들의 제자인 너희들은 이와 같
은 사랑을 베풀고 살아가는 것부터 알
아야 됨이니,
27 베푸는 마음이 너희들 가슴속에서 무
럭무럭 자라날 때, 너희들이 세상의
아름다움을 보며, 세상에 사랑의 베풂
이 무한한 것이며, 사랑의 베풂이 잃
는 것이 아니요, 얻는 것이라는 것을
알게 될 것이니 그리 알라.
28 사랑의 그 이치를 깨우치는 삶을 살도
록 그들에게 깨우쳐 주라, 나의 아들
아!

3,078 번째 하나님 말씀

2002년 8월 23일 08시 10분

1 사랑하는 나의 아들아!
2 "네, 아버님! 말씀하옵소서."
3 '네 이웃에 거짓 증거하지 말라.' 함이
있느니라.
4 이는 너희들이 살아감에 있어서 나 여
호와를 향하여 한 점의 부끄러움이 없
는 그와 같은 삶을 살라 함이니,
5 너희 자신이 깨우쳐 하늘에 오르는 길
을 보며 천국의 문을 들어서는 것은
나의 십계명에 기록되어 있는 그 하나
하나의 계명들을 너희 것으로 완전히
소화시키며 그를 지키고 살아가는 노
력이 필요함이니라.
6 너희들이 말로써는 지킨다 하며 큰 것
은 지키나 작은 것을 지키지 못하는
그와 같은 삶을 살아간다 하면, 너희
들이 평생 죽을 때까지 나에게 기도하
며 회개한다 해도 그 역사가 이루어질
수 없음이니라.
7 너희들이 스스로 자신을 점검하여 한
점의 부끄러움이 없는 마음이요, 한
점의 시기하고 질투하는 마음이 정녕
너희 가슴속에 남아 있어서는 아니 되
며, 너희들이 욕심이라는 것을 버리지
못하며 그 마음의 뿌리가 가슴에 남아
있다면 너희들은 정녕 아무것도 변화
된 것이 없음을 알아야 될 것이니라.
8 내가 너희들에게 일찍이 깨우쳐 주었
느니라.
9 너희들이 백 개라는 것을 바쳐야 될
그 자리에서 99개를 바쳤으며 하나를
바치지 아니하였다면, 너희들이 바칠
수 있는 99개보다도 버리지 못하고
가지고 있는 너희들의 그 하나가 99
개보다 더 비중이 크기 때문이니, 너
희들의 마음을 비움이 아니라 내가 일
찍 깨우쳐 주었음이니라.
10 그리하여 너희들은 인간사에 살아가
면서, 자기는 다 주었거늘 그 윗사람
은 자기에게 주지 아니하며 자기를 신
뢰하지 아니하였다 그리 말할 때, 너
희들은 99개를 주었으나 하나를 안
주고 가지고 있었음이니,
11 그 하나가 99개보다 더 소중하기 때
문에 그리하였으니, 너희들은 99개를
그 상사나 자기 직장에 다 헌신한 것
은 그 하나만 못함이라 내가 그리 너
희들에게 일찍이 깨우쳐 주었음이니

라.
12 이는 즉, 내가 너에게 일러 너의 제자
들에게 명하였느니라.
13 너희들이 가장 소중하다고 생각하며
너희들이 가장 나쁜 버릇이라 생각하
며 너희들이 지울 수 없는 그 나쁜 습
관을 하나만 선택하여 그를 버리라,
그리하면 내가 너희들의 육의 삶의 행
복과 너희들의 그 모두를 주겠다 말하
였음이니라.
14 이는 곧 99개를 버릴 수 있으나 하나
를 버리기가 더 힘들기 때문에, 너희
들이 가장 버릴 수 없는 습관 하나를
버리는 것은 99개를 버리는 것보다
더 위대함이니,
15 너희들이 하나의 잘못된 버릇이요, 습
관이요, 지울 수 없는 걸 버린다 하면,
너희들은 모두를 다 버릴 수 있는 그
와 같이 변화되는 삶을 살아가는 자들
이기 때문이라 내가 너희들에게 명하
였느니라.
16 너희들이 하나의 가장 소중한 잘못된
버릇을, 너희들이 도저히 고칠 수 없
는 그 잘못된 습관을 하나씩 버리라,
그리하면 내가 너희들에게 모두를 다
준다 하였음이니, 이제 그것을 버리는
것만이 너희들이 전부를 다 고치는 것
이며 전부 다 버리는 것임을 알라.
17 너희들에게 하나를 버리라 했으나, 너
희들은 99개를 이미 버릴 수 있으며
그 하나를 버리지 못했기 때문이니 그
를 버리라 함이니라.
18 사랑하는 나의 아들아!
19 "네, 아버님! 말씀하옵소서."
20 너희들이 그를 버렸을 때 하늘의 뜻을
알며, 내가 너희들에게 원하는 것을
알게 되며, 내가 역사하고자 하는 것
을 알게 되며, 인간으로서 너희들이
경지에 오름은 한이 없고 끝이 없으며
그 깨달음은 한이 없으니, 하늘에 오
르는 그 열림을 볼 수 있음이니라.
21 그러니 너희들은 그를 실천하여 행하
도록 하라.
22 그 하나를 버리지 못하면 너희들의 마
음에 아직도 그 욕심의 뿌리가 남아
있음이니, 그는 너희들이 정녕 변할
수가 없음이니라.
23 내가 너희들을 사랑하기 때문에 가장
중요한 것 하나를 던지라 하였으며 그
를 버리라 하였음이니라.
24 그리하면 너희들을 육의 고통에서 내
가 다 구원해 줄 것이라 하였거늘, 그
를 명심하여 행하라.
25 하나를 마지막 버리는 것이 다 버림이
니, 너희들은 그만큼 깨달음의 경지가
높이 와 있음이니, 내가 중히 쓰고자
함이니라.

3,079 번째 하나님 말씀

2002년 8월 23일 08시 54분

1 사랑하는 나의 아들아!
2 너희들이 인간사에 살아가면서 가장
너희들의 소중한 마음의 형태요, 진실
된 마음이요, 진실된 행동으로써 살아
가는 그와 같은 너희들의 삶으로 바꾸
지 아니한다면, 나에게 오르는 길을
볼 수가 없음이니라.
3 너희들이 살아가면서 모든 인간관계
요, 또 이웃과의 만남이요, 형제간의

만남이요, 너희들이 사회생활의 세속
에서 살아가면서 너희들 자신을 꾸미
는 그와 같은 꾸밈이 있는 생활을 하
며 꾸밈이 있는 마음을 가지고 살아서
는 정녕 구원의 길을 볼 수 없으며, 천
사와 같은 마음이 될 수 없음을 알아
야 될 것이니라.
4 이제 너희들은 깨달음의 경지가 높으
며, 너희들이 하늘에 오르는 길이 무
엇인지 알며, 너희 스스로 변하고 살
아감을 알고 있음이니,
5 너희들이 아무리 그와 같은 삶을 산다
해도, 너희들은 마음의 위장이요, 마
음을 포장해서 사는 그와 같은 삶을
살아서는 아니 되느니라.
6 너희들이 한마디의 대화를 하며, 누구
와 하나의 웃음을 나누며, 어떤 시시
비비를 할 때도, 위장된 마음이요, 포
장된 마음으로써 행하면 아니 되며,
7 너희들은 나의 성전에 와서 법전을 공
부하고 나의 성령의 뜻을 나의 아들로
부터 직접 들으며 아무리 강론을 듣는
다 하여도, 너희들 자신을 꾸며서 하
는 행동을 하고 너희들이 꾸밈이 있는
마음을 가지고 살아서는 천사와 같은
마음으로 될 수가 없음이니라.
8 너희들이 사랑을 나누며 사랑을 베푸
는 것이요, 가진 자가 이웃에게 덕을
베푼다 하여도, 너희들이 그 사랑에
꾸밈이 있는 사랑으로써 행한다면 그
것은 사랑이 아니니라.
9 너희들이 사는 그 삶에 누덕누덕 죄만
짓는 것이며, 너희들 자신이 더 혼탁
해진 세상으로 너희 마음이 흘러감을
알아야 될 것이니라.
10 이제 너희들은 포장된 마음이요, 꾸며
진 마음이요, 너희들이 스스로 만들어
낸 그와 같은 삶을 살아서는 아니 됨
을 알라.
11 원초적인 너희들의 마음이요, 순수한
마음으로써 내가 너희들을 세상에 내
려보내어 새 생명으로 태어났을 때의
그 아기와 같은 원초적인 마음으로써
살아가는 것만이 너희들이 나에게 오
르는 길에 들어설 수 있으며, 나에게
올 수 있으며, 천사와 같은 마음이요,
나의 심성과 같이 너희들이 변해질 수
있음을 알아야 될 것이니라.
12 너희들이 살아감에 있어서 위장된 삶
이요, 포장된 삶의 행위를 하는 것은
너희들 자신이 절대 구원을 받을 수
없으며, 하늘에 오르는 길을 볼 수 없
으며, 천사와 같은 마음으로 살 수 없
음을 알라.
13 원초적인 마음으로 하나의 꾸밈이 없
는 그와 같은 삶을 살아야 될 것이니
라.
14 아무리 큰 것을 베풀며 아무리 큰 사
랑으로써 베푼다 하여도 너희들이 위
장된 마음으로써 베푸는 것은 죄를 짓
는 것임을 알아야 될 것이니라.
15 어떠한 형태를 하든 너희들이 위장된
마음이요, 포장된 마음으로써 행하는
것은, 그것은 진실이 아니요, 너희들
의 마음만이 더 혼탁해지며, 너희들이
나에게서 더 멀리 가는 그와 같은 삶
을 사는 것임을 알라.
16 어떠한 역사를 하든, 작은 일을 하든,
큰 일을 하든, 작은 베풂을 하든, 큰
베풂을 하든, 너희들이 위장된 마음이

요, 계산된 마음으로써 이루는 것은
거래며, 그것은 사랑이 아니니라.
17 그러니 이제 너의 제자들은 모두가 원
초적인 그 순수한 마음으로써 이루어
지며 삶을 그리 살도록 가르쳐야 될
것이니,
18 그 원초적인 마음으로 돌아가는 것만
이 세상사의 추하고 잘못된 부분을 너
희들이 보지 아니할 것이며, 그들과
대적하여 너희들이 시시비비하는 마
음과 그 행위도 스스로 하지 아니하게
될 것이며 할 수 없음을 알라.
19 너희들이 원초적인 아름다운 마음으
로 돌아가 사는 훈련을 하지 아니하며
너희들의 마음을 그리 비우지 아니하
면, 너희들은 정녕 나에게 오르는 진
정한 길을 올 수 없음이니, 그리 알도
록 깨우쳐 주라.

3,080 번째 하나님 말씀

2002년 8월 23일 09시 03분

1 사랑하는 나의 아들아!
2 "네, 아버님! 말씀하옵소서."
3 지금 사랑을 베풀며 하늘에 오르는 길
을 가르친다 하여 많은 백성들을 이끌
어 온 종교 지도자요, 또 그곳에서 깨
우침을 받기 위하여 그들의 설교를 들
으며 그들이 행하라 하는 대로 따라온
나의 피조물 만백성이 구원의 길이 아
니요, 저희들이 나와는 관계없는 지옥
의 길로 가는 삶을 살아오는 것을,
4 그들을 단죄하며 그들을 바로잡기 위
하여 내가 나의 아들 너를 통하여 밤
과 낮을 가리지 아니하고 인간 세상의
삶을 다 지워 버리며 오로지 나의 성
령을 받아 법전을 만들어 세상에 있는
나의 피조물 만백성을 구하고자 하는
그 역사를 이루고 있음이니라.
5 그러나 지금 그 사악한 자들이 뭐라
말하는가?
6 그들은 나의 법전을 시시비비하며 나
의 법전이 세상에 나오지 못하도록 하
며, 나의 아들과 시비를 하고자 하며,
나의 아들을 세상에 존재치 못하도록
그리함이니라.
7 이는 마지막 시대에 나의 성령을 태워
내가 직접 세상에 나가 나의 피조물
만백성을 구원하고자 하며, 그리하여
나의 법전을 읽는 자 그 속에 내가 같
이한다 하였음이니,
8 너희들이 나의 법전을 태워 버리며 찢
어 버리며 세상에 존재치 못하게 하며
나의 아들과 시시비비를 하여 그를 존
재치 못하도록 그리 몰고 가는 것은,
이는 곧 창조주인 나에게 너희들이 다
투고자 대들며 내가 하는 역사에 너희
들이 거역함이니라.
9 그리하고도 너희가 정녕 견딜 수 있다
생각하는가?
10 나 여호와가 직접 지금 이 제3의 시대
를 다스리며 내가 주관하여 가고 있음
이니, 나의 아들을 쓰러트리고자 하는
자는 창조주 나에게 거역함이며, 나를
삼키려 하는 그와 같은 행위임을 너희
들은 알아야 될 것이며, 이를 나의 피
조물 만백성에게 나의 아들 너는 전하
여야 될 것이니라.
11 인간으로 사악한 자에 빠져 있는 자,
악마와 같은 마음을 가지고 사는 자,

너희들이 스스로 천사와 같은 마음으
로 돌리지 아니한다면 구원을 받을 수
없으며,
12 너희들이 아무리 사탄과 사악한 마음
으로 나의 아들을 공격하며 나의 아들
을 쓰러트리려 해도, 이는 내가 직접
주관하는 시대이니, 그리 너희들 뜻대
로 이루어질 수 없음을 알라.
13 너희들이 나에게 거역하여서는 이 지
상에 견딜 수 없는 것을 너는 그들에
게 보여 줘야 될 것이며 그리 전하도
록 하라.
14 얼마나 너희들이 사악한 삶을 살았던
가?
15 내가 구약 시대에 나의 선지자를 세상
에 내보내어 만백성을 구하고자 하였
으나, 너희들은 그를 우상이요, 광란
의 짓으로써 삼켜 버렸으며, 그가 존
재치 못하도록 그리하였음이니라.
16 그리고 내가 내린 그 십계명 자체도
너희들은 지키고 행하고 살려 하지 아
니하였음이니라.
17 또한, 신약 시대에도 나의 아들 예수
를 너희들이 삼켜 버렸으니, 너희들은
그와 같은 사악한 짓이요, 간악한 그
두 번의 행위를 함으로 인하여, 직접
내가 세상에 내려가 통제하며 내가 직
접 나의 아들을 통하여 나의 성령을
태워 내려보내는 나의 법전과 나의 아
들도 제3의 시대에 견디지 못하도록
너희들이 삼켜 버리려 그리하고 있음
이니,
18 너희들이 아무리 나의 아들을 삼키며
나의 법전을 세상에 존재치 못하도록
한다 해도 너희들이 구약 시대에 나의
선지자를 삼켰으며 신약 시대에 나의
사랑하는 아들 예수를 삼켰던 그와 같
은 역사를 내가 두 번 다시 너희들에
게 이루게 하지 아니할 것임을 알아야
될 것이니라.
19 두 번의 그 사악한 짓을 한 너희들의
그 후손의 사악한 뿌리가 지금 제3의
시대에도 너희들이 그와 같은 행위를
이룰 것이라 생각하며, 나의 법전을
세상에 존재치 못하게 하며 나의 아들
이 존재치 못하게 하며 그를 삼켜 버
리려 아무리 발버둥쳐도, 이는 너희들
이 할 수 없음을 알라.
20 이는 내가 직접 세상을 통제하며 내가
직접 주관하여 나의 성령을 태워 내려
보내며 내가 직접 내려가 다스림이니,
여기에 거역하려 하지 말라 그리 전하
라.
21 아무리 너희들이 왕성한 것 같으며 너
희들의 사악한 무리가 세상을 지배하
는 것 같아도, 내가 그 뿌리를 다 뽑을
것이며 그들을 다 버릴 것임이니, 너
희들은 그를 전하여 만백성이 깨우침
에 이르도록 하라.
22 나의 창조물인 백성들이 나의 법전을
읽고, 사악한 자의 사악한 길에 갈 것
인가, 하늘에 오르는 천사와 같은 아
름다운 길을 향하여 올 것인가, 이제
너희들 스스로 판단하여 행하도록 하
라.
23 너희들의 종교 집단이요, 잘못 가르치
는 그와 같은 집단들이 아무리 세상을
다 지배하고 그들이 위대한 것 같으며
그들의 의식 속에서 너희들이 나에게
구원을 받는다 부르짖어도 그것은 다

잘못되었다 내가 말하였음이니, 거기
서 뛰쳐나오는 자만이 구원을 받을 수
있음이니라.
24 이제 내가 그들을 다 버리고 뽑아내기
위하여 내가 직접 세상에 나가 통제하
니, 구약 시대와 신약 시대에 나의 아
들 예수를 너희들이 삼켰던 것과 같이
제3의 시대를 삼킬 수 없음을 너희들
이 알아야 될 것이니라.
25 너희들은 그리 지금 기다리고 있음이
니라.
26 나의 법전이라 하여 내려가는 160권
의 이 책이 너희들의 구원의 생명수
요, 나의 성령이며 내가 직접 내려가
통제한다 하니, 너희들이 '설마 그리
될까, 설마 그러할까, 정말 창조주가
직접 통제하는 제3의 시대가 열릴 것
인가?' 하고 의심과 의혹을 하며, 너희
들이 잘못 가는 그 종교 집단에서 떠
나지 못하고 그를 배척하지 못하며 그
들을 단죄하지 못하고 망설임이니, 그
망설이는 자 지옥으로 감을 알라.
27 정녕 너희들이 아무리 방대한 조직이
라 해도, 지금 나의 아들을 통하여 내
가 밤과 낮을 가리지 아니하고 작은
성전에서 법전을 만들어 내니, 이가
승자임을 알라.
28 이는 곧, 내가 직접 통제하는 제3의
시대이기 때문에 너희들이 삼키려 해
도 삼키지 못함을 알아야 될 것이며,
삼켜질 수도 없음이니,
29 삼키려 하는 너희들이 다 뽑히며 버려
지며 죽어 가는 그와 같은 형태가 이
루어진다는 것을 알라.
30 다만, 시간을 기다릴 뿐임이니라.

3,081 번째 하나님 말씀

2002년 8월 23일 09시 17분

1 사랑하는 나의 아들아!
2 "네, 아버님! 말씀하옵소서."
3 하얀 백지 위에 동그란 원을 그려 보
거라.
4 그 원 속에 무엇인가가 있으면 되겠
는가?
5 네 마음이 그와 같이 변해야 되며, 나
로부터 선택된 너의 제자들 또한 그와
같은 마음으로 변하지 아니하며 속이
비어 있지 아니하면 아무것도 이룰
수 없음이니라.
6 내가 너와 너의 제자들을 위하여 언제
까지 이 말을 전해야 되며, 너희들의
그 모두를 다 버리는 그 마음자리를
잡을 수 있을 것인가?
7 너의 제자들에게 하얀 종이에 원을 굵
게 그리라 하라.
8 그 원 속에 아무것도 있어서는 아니
되며, 그 원 속이 텅 비어 있는 그와
같은 형태가 너희들이 가져야 할 마음
가짐이며, 그와 같은 마음으로 갖는
것이 나를 향하는 것이며, 너희들이
하늘에 오를 수 있는 길이며, 그 원 안
에 모두가 비어 있기에 나의 성령을
거기다 부을 수 있음이니라.
9 그 원 안에 아무것도 있지 않도록 그
리는 것이 너희들에게 얼마나 힘들고
저리며 아픔이 있는가를 나 여호와가
왜 모르겠는가?
10 수천수만 가지 마음을 가지고 사는 너
희들의 마음을, 하얀 종이에 굵은 원
을 그렸을 때 그 속이 텅 비어 있듯이,

너희 마음을 그리 비우는 것이 얼마나
고통스럽고 저리며 아픈지 아느니라.
11 너희들이 살점을 도려내는 아픔보다
도, 뼈를 깎는 아픔보다도 더 고통스
럽고 힘들고 어려운 것이 그 길이니라.
12 차라리 살점을 도려내며 뼈를 깎는 것
은 그 순간의 고통을 지우면 되지만,
생각하는 것이요, 느끼는 것이 있고
삶이 있으며 생활이 있는 그 속에서
너희들의 그 모두를 다 비우고 털어
냄은 그보다 열배 백배 천배 만배 더
고통스러운 인내와 노력이 없이는 이
루어질 수 없음이니라.
13 이를 다 알고 있는 나 여호와가 너희
들에게 가라 함은 너희들이 그리 가
야만 되기 때문이며, 그리 가야만 만
백성을 구할 수 있기 때문이니라.
14 내가 오죽하면 너희들에게 굴렁쇠를
그려 그림을 보여 주었겠는가?
15 그 굴렁쇠의 원형의 일부분이 잘려나
간다면 그것은 굴러갈 수 없다 하였
음이니,
16 너희들에게 추하고 더럽고 사악한 욕
심이 마음속에 일부만 있다 하여도
그 굴렁쇠가 잘려나가는 것과 같음이
니, 너희들이 하늘에 오르는 길을 볼
수 없으며 오를 수 없음이니라.
17 잘라진 굴렁쇠가 구를 수 없는 그와
같은 이치의 깨달음을 너희 가슴 깊이
새겨야 될 것이니라.
18 천사와 같은 마음만이 그 굴렁쇠가 잘
려나가지 아니한 부분이며 원형의 굴
렁쇠이니 그가 구를 수가 있듯이, 너
희들이 그와 같은 마음만이 나에게 오
를 수 있는 것임을 알아야 할 것이니
라.
19 내가 세상에 너희들을 처음으로 내보
냈을 때 너희들의 그 원초적인 마음이
요, 그 형태만이 나에게 오를 수 있음
이니,
20 그것은 잘려 나가지 아니한 굴렁쇠와
같은 마음이며, 내가 하얀 종이에 굵
은 원을 그려 너희 마음이 그와 같이
비어 있어야 한다 하였음이니, 이를
명심하여 너희 스스로 다스림에 너희
들이 목숨을 바치는 고통보다 더 진한
싸움에서 이겨야 함을 잊지 말라.

3,082 번째 하나님 말씀

2002년 8월 23일 20시 46분

1 사랑하는 나의 아들아!
2 "네, 아버님! 말씀하옵소서."
3 나의 백성들이 처음에 세상에 태어날
때, 그들은 천사와 같은 마음으로써
이 세상에 나왔음이니라.
4 그러나 그들이 성장하며 살아가면서
인간의 세속에서 얽히고설킨 그와 같
은 마음을 섞고 살아가느니라.
5 그리하여 잘못 가고 잘못 깨우친 나의
피조물 만백성을 종교 지도자 너희들
이 성서를 갖고 그들의 마음을 바로잡
고자 하며, 그들이 천사와 같은 마음
을 유지하여 그들이 나로부터 떠났던
자기의 장소에, 제자리에 다시 돌아올
수 있도록 그와 같은 아름다운 삶을
살다 돌아오는 것이 그들이 살아야 하
는 길이니라.
6 그러나 인간 세속에 살아가면서 하늘
에 오르고자 하는 나의 백성들을 인도

한다는 종교 지도자 너희들이 가르치
고 깨우친 나의 백성들이, 너희들이
성전이라 지은 그곳에 모여 저희들만
이 하늘에 오르는 그 구원의 영광을
받았다는 그 백성들의 마음과 지금 나
의 피조물 만백성이 살아가는 그 형태
가 어찌 되었던가?
7 너희들 말대로 그 많은 집단이요, 하
늘에 오르는 길이요, 영광된 길을 살
며 사랑을 베풀며 산다는 나의 백성들
이 어찌 사는가?
8 남을 칭찬하기를 두려워하며, 남의 칭
찬을 하지 못하는 자, 남이 다른 사람
을 칭찬할 때 그를 그대로 받아들이지
아니하며 역으로 그의 흉을 보며, 아
름다운 행위를 한 그 자체도 이유를
달아 그를 깎아내리려는 그와 같은 마
음 자세로 살아가는 것이며,
9 서로 사랑하며 아름답게 살아가고자
하는 그들에게 서로 다른 의사를 저희
임의로 만들어 두 사람의 사이를 벌려
놓아 서로 원수지간이 되도록 하며,
그와 같이 화합하지 못하도록 하는 그
와 같은 성격을 가지고 살아가는 백성
들이 수없이 이 세상을 지배하고 있음
이니라.
10 남이 잘하는 자를 칭찬하는 것을 제가
칭찬하지는 못할망정, 남이 칭찬하는
것마저도 그 사람을 깎아내리며 그를
흉보며, 서로 사랑하고 나누며 그와
같이 살아가는 나의 피조물 만백성에
게 앞에서 하는 말과 뒤에서 하는 말
이 다르며, 뒤에서 하는 말이 흉악한
이와 같은 인간들의 살아가는 세상으
로 너희들이 지금 변하여져 있음이니
라.
11 아무런 관계없는 자가 남을 돕고자 하
여도 그를 돕지 못하게 하며, 가진 자
가 불쌍한 자를 도우려 하여도 또 그
를 돕지 못하게 옆에서 말리며 충동질
하는 이와 같은 사악한 인간들이 지금
이 세상에 존재하고 살아감이니,
12 그와 같은 인간의 삶을 만드는 것이
지금 바로 종교 지도자들이요, 가장
큰 집단을 가지고 만백성을 사랑하면
서 하늘의 빛을 봐 구원의 길을 인도
한다는 너희들이 지금 지배하고 있는
이 백성들의 살아가는 형국이 그러하
니라.
13 그리하여 내가 나의 아들을 통하여 지
금 제3의 시대에 법전을 내려 너희들
만백성을 구하고자 종교 개혁이요, 종
교 혁명을 지금 단행하고자 함이니,
14 이는 내가 누구 몇몇을 구하기 위하여
너희들 누구에게는 불이익을 주며 누
구에게는 득이 갈 수 있는 이와 같은
형태로써 너희들을 혁명이요, 개혁으
로 다스리고자 함이 아니니라.
15 다만, 너희들이 잘못 가고 있기에 너
희들이 잘못 가는 그 길을 바로잡고자
함이니라.
16 그리하여 지금 잘못 가는 그 길을 바
로잡기 위하여, 너의 제자들에게 어떠
한 어려움이요, 고통이 따른다 하여도
두려워하지 말며, 제3의 시대에 나의
법전을 읽고 깨우쳐 너희들이 잘못 가
는 백성들을 바로잡는 그와 같은 역사
를 이루어야 될 것이며, 잘못 가르치
는 교리를 너희들이 바로잡는 그 역사
를 이루지 아니하면 아니 되는 것이니

라.
17 너희들은 나의 피조물 만백성에게 전
하여야 될 것이니라.
18 제3의 시대를 여는 나의 법전을 가지
고 종교의 개혁이요, 혁명을 이루어
너희들을 바로 깨우치고자 하는 것은,
일부의 누구에게만 불이익을 주고자
하는 그와 같은 뜻에서 이루는 것이
아니요, 많은 나의 만백성을 구하고자
하는 나의 뜻에서 내가 지금 이와 같
이 어려운 길을 가고 있음이니,
19 이 길에 선택된 나의 백성들이요, 나
의 아들을 따르는 제자들이요, 나의
혈통과 나의 성령을 받은 너희들은 아
무리 어렵고 힘든 견딜 수 없는 고통
이 너희들을 압박한다 해도 그를 극복
하며, 지금 잘못 가는 종교 지도자들
이요, 잘못 흘러가는 그 교리를 바로
잡는 데 앞장서지 아니하면 아니 됨을
알아야 될 것이니라.
20 나의 성령을 나의 아들로부터 직접 듣
는 너희들이며, 나의 법전을 가지고
깨우치며 이 모든 하늘에 오르는 진리
의 길이 여기에 다 있음이니 이를 보
고 배운 너희들이, 또 깨우쳐 가는 너
희들이 지금 잘못 흘러가고 있는 그
백성을 바로잡는 데 너희 모두를 다
바치지 아니하면, 내가 이루고자 하는
종교의 개혁이요, 혁명이라 하는 이
역사적인 변화는 이룰 수 없음을 알아
야 될 것이니라.

3,083 번째 하나님 말씀

2002년 8월 23일 20시 53분

1 사랑하는 나의 아들아!
2 "네, 아버님! 말씀하옵소서."
3 지금 너희들이 살아가는 이 시대에 종
교의 개혁이요, 그 변화가 정녕 왜 필
요한가?
4 지금 수천 년 동안 흐르는 그 종교 지
도자들의 가르침이요, 너희들의 그 교
리가 잘못되었으며, 나와는 전혀 관계
없는 역행의 길로 가고 있음이니,
5 나의 성서에서 너희들이 원하는 것이
무엇인가 그 자체도 깨닫지 못하는 자
들이 지도자라 하여 단상에 서서 나의
피조물 만백성을 구한다 하며, 너희들
은 내가 직접 써 내린 그 계명조차도
지킬 수 없다 그리 말하는 시국에 도
래하였음이니,
6 이를 내가 바로잡고 바로 세우지 아니
하면 아니 되며, 그리하여 내가 제3의
시대를 열어 종교의 대변혁을 이루어
나의 사랑하는 백성들을 다 구원하고
자 하는 것이 나의 뜻이니라.
7 그러나 너희들이 지금같이 흘러왔던
모든 종파의 흐름의 그 잔재를 그대로
놔둔 채 나의 성령을 너희들에게 아무
리 전하며 깨우치려 하여도 그 사악한
잔재의 뿌리가 잠식하여 선을 존속하
지 못하게 함이니,
8 모든 종파의 문을 다 닫고, 모든 종파
가 스스로 저희들이 잘못 가고 있음을
깨달아 나의 법전을 읽고 깨우치고자
하는 그와 같은 대변화가 일어난 후에
야 나의 성령이요, 나의 선택된 백성

들의 시대가 열리기 때문이니라.
9 나의 백성이요, 나의 선택된 백성들만
의 새로운 시대를 열어 가며 그들이
존재하기 위해서는 지금의 잘못 가고
있는 그 종교의 가르침의 뿌리를 다
뽑으며, 대변화의 역사를 이루지 아니
하고는 내가 이루고자 하는 그 뜻을
이룰 수 없기 때문이니라.
10 지금 종교의 가르침이 어찌 흘러가던
가?
11 너희들이 종교의 가르침이 정녕 처음
부터 나의 성령을 가지며 나의 뜻에
따라 만백성을 구하고자 했던 그때부
터, 위에서부터 지금까지 진정한 교리
가 물이 흐르듯이 그저 내리흘러왔다
하면, 위에서부터 잘 내려와 뜻을 이
루며 그 질서를 잡아 왔다 하면 오늘
과 같이 험악한 시대는 이루어지지 아
니하였을 것이니라.
12 그러나 위에서부터 물 흐르듯이 잘 흐
른 종교의 가르침이 아니요, 잘못 흘
러왔으며 너희들 인간의 생각이요, 너
희들의 견해요, 그리고 그 각 나라의
집단이요, 저희들의 환경과 저희들의
여건에 맞도록 많은 나의 교리가 변질
되고 변화되어 행하여져 전해졌으니,
지금의 이 형국을 바로잡을 수 있는
것이 없음이니라.
13 너희들이 수많은 종교의 종파가 생겨,
그 종파가 또 그 나라요, 국가의 집단
에 따라서 그 환경과 너희들의 여건에
맞춰 또 변화되고 변화되었음이니,
14 진정한 교리가 위에서부터 맑은 물이
아래로 흘러오듯이 그리 흘러오지 못
하여 오늘과 같이 사악한 시대가 이루
어졌음이니라.
15 그리하여 지금 시대에 너희들이 믿고
가는 그 모든 종파를 다 단절하고 단
죄하지 아니하면 새로운 시대가 열릴
수 없으며 새로운 시대가 태어날 수
없기 때문이니,
16 진정한 나의 구원의 빛을 볼 수 없으
며 보지도 못했으며, 그리고 진정 하
늘에 오르는 가르침이 무엇이며, 안내
자요, 인도자가 어찌 가는 것이며, 너
희들이 무엇을 목표로, 무엇을 지표로
행하는 것이 구원을 받는 길인가 그
자체도 모르고 지금 가르치는 자는 그
대로 가르쳤으며, 또 배우는 자는 그
것을 보고 그저 배움의 길이라 하여
왔음이니,
17 너희들이 위에서 맑던 물이 아래에 와
서 도저히 생수로서 쓸 수 없는 이와
같은 사악한 형국이 되어 있음이니,
그리하여 말세요, 종말이요, 도적들이
들끓는 이와 같은 시대라 너희들이 말
함이니라.
18 이를 바로잡기 위해서는 지금까지 잘
못 흘러온 그 종파의 가르침의 그 교
리를 다 혁명이요, 개혁으로써 그 뿌
리를 뽑아낸 다음에 파란 잔디 위에
나의 성령을 심는 그와 같은 역사를
이루지 아니한다면 그 잔재들이 선한
뿌리를 잠식하게 됨이니,
19 그리하여 나의 제3의 시대요, 나의 십
계명이요, 그를 엄격히 지키며 시행하
는 이와 같은 완벽한 시대를 열어 완
벽한 나의 백성들이 뿌리를 내리고 새
로운 시대를 열어 가는 그 역사를 이
루고자 하여, 내가 너희들에게 원 속

에 하나의 점이 없는 맑은 천사와 같
은 마음이요, 나 여호와의 심성과 같
은 마음으로 너희들이 변하는 것에 먼
저 역점을 두며, 너희들 스스로 변하
라 그리 강조함이 여기에 있음을 너희
들이 알아야 할 것이니라.

3,084 번째 하나님 말씀

2002년 8월 23일 20시 59분

1 사랑하는 나의 아들아!
2 "네, 아버님! 말씀하옵소서."
3 구약과 신약의 시대가 흐르는 그동안
너희들의 종교 지도자들이요, 만백성
을 구하고자 하는 모든 종파들이 나
여호와의 뜻과는 전혀 관계도 없는 지
옥으로 이끌어 가는 그와 같은 방법으
로써 가르쳐 왔으며, 너희들이 천국의
문에 들어서는 것이 아니요, 지옥을
향하여 가는 그와 같은 방법으로써 너
희들의 집단이 지금 형성되어 있다 내
가 말하였음이니,
4 과연 지금의 종교의 교리와 너희들의
가르침이 진정 어찌 되었는가?
5 너희들의 가르침이 잘못되었다 내가
너희들에게 말하나, 너희들은 나의 아
들이요, 나의 법전이 잘못되었으며,
사악한 자가 마지막 시대에 와 말세의
거짓 선지자가 혼란을 이루는 그와 같
은 시대라 말할 것이니라.
6 그러나 너희들은 알아야 될 것이니라.
7 너희들이 가르치고 있는 지금의 방법
이 만백성을 지옥으로 이끌고 가는 형
국이라는 것을 너희들은 알아야 될 것
이니라.
8 너희들이 정녕 나 여호와의 참진리를
가지고 깨우쳤다면 내가 지금 너희들
모두에게 지옥으로 가는 그와 같은 역
사 속에서 너희들이 살아가고 있는 것
이며 너희들이 가는 그 믿음이 그렇다
내가 말하지 아니할 것이니라.
9 너희들은 나 여호와의 참진리대로, 나
의 뜻대로 행하지 아니하였음이니, 그
것을 너희 스스로 알 수 있을 것이니
라.
10 너희들이 진정한 참진리대로 연구하
고 나의 뜻대로 가르쳤으며 진정한 나
의 계명대로 백성들을 다스리고 살아
왔다 하면, 지금 이 지상의 모든 인류
요, 만백성으로부터 너희들은 사랑을
받으며, 모든 나의 피조물 만백성이
스스로 너희들의 성전이요, 너희들의
믿음의 그 교리에 참여하며,
11 그와 같은 너희들의 그 가르침이요,
그 믿음을 믿는 것이 진정한 구원의
길이라 말하면 지금 많은 백성들이 스
스로 너희들에게 참여하며 너희들을
따르며 다 천사와 같이 변화되는 삶을
살아가는 백성들이 이 세상에 존재해
야 될 것이니라.
12 너희들을 보기를 두려워하며, 너희들
을 보기를 경건히 하며, 너희들을 만
나기를 영광으로 생각하며, 너희들의
가르침을 듣는 것을 영광으로 생각하
여 만백성이 너희들이 이끄는 그 성전
이요, 너희들의 가르침 속에 스스로
참여하고 모여들었을 것이니라.
13 그러나 지금 나의 백성들이 너희들을
보고 뭐라 말하는지 너희들은 알고 있
는가?

14 너희들이야말로 믿음으로 가는 자요,
하나님의 뜻에 따라 사는 자들이요,
하늘에 오르는 길에 구원의 축복과 영
광을 받았다 그리 말하는 너희들을 나
의 피조물 만백성이 어찌 생각하는가?
15 나 여호와를 경배하지 아니하며 평범
하게 살아가는 이와 같은 백성들보다
도 더 사악하며 더 모질며 더 인정이
없으며 더 간교한 것이 너희들의 집단
이라 그들이 말하며,
16 그 속에서 너희들이 평범한 백성보다
도 더 이기주의요, 너희들 스스로만
너희들이 위대하다 말하며, 모든 사랑
을 베풀며 사는 그 사랑의 근본 자체
도 모르며, 너희들은 인본주의까지도
망각했으며, 형제와 이웃에게까지도
너희들과 같은 집단에서 믿음을 가지
않는 자를 너희들이 박해하며, 너희들
이 그들과 같은 종족이며 같은 형제라
는 그 의식까지도 저버리고 살며, 너
희들만이 오만하며, 너희들만의 우월
주의요, 너희들만이 구원을 받았다 그
리 말하니,
17 그 성전에 가서 공부하지 않는 나의
피조물 만백성이 너희들을 욕하며, 너
희들에게 등을 돌리며 너희들을 보기
를 부끄러워하며, 너희들을 만나는 것
을 나의 피조물 만백성이 스스로 두려
워하며, 너희들을 보기를 도둑을 보기
보다도 더 두려워하며, 너희들에게 그
와 같은 마음으로 살아가는 나의 피조
물 만백성이 지금의 형국에 이루어졌
으니,
18 이것 하나를 보더라도 너희들이 얼마
나 잘못 갔으며, 간교한 방법으로써
나의 피조물 만백성을 인도한다 하여
가고 있는가를 너희들이 스스로 깨우
쳐야 될 것이니라.
19 너희들이 나의 참진리의 빛을 보고 진
정한 사랑으로써 깨우치며, 하늘에 오
르는 길로 인도하며, 천국의 문을 인
도하였다면, 나의 피조물 만백성이 구
름 떼처럼 스스로 너희들 앞에 가 무
릎 꿇고 너희들의 그 설교를 들을 것
이며, 너희들을 따라 나에게 경배의
기도를 드릴 것이니라.
20 그러나 그들은 너희들을 보기를 저희
들 일반 백성만도 못한 사악한 자들이
라 말하며, 너희들과 대면하기를 싫어
하며, 너희들과 만나기를 싫어하며,
너희들이 방문하는 것을 싫어하며, 너
희들이 찾아오는 그 자체를 도둑을 대
비해 문을 거는 것보다도 더 단단히
걸고 너희들을 불러들이지 아니하며
만나지 아니하며 찾아오는 것을 두려
워하는 이와 같은 나의 피조물 만백성
이 살아가는 형태를 너희들이 봐야 될
것이니라.
21 그들이 왜 그와 같은 마음으로써 너희
들 앞에 문을 닫으며 마음을 닫는가
하는 것을 너희들이 깨우쳐 볼 때, 정
녕 너희들이 얼마나 사악하고 잘못 가
는 길로 나의 피조물 만백성을 인도하
는 것인가를, 지도자는 지도자대로,
그 전당에 가 배우는 자는 배우는 자
대로 너희들이 돌이켜 볼 때가 됐음
을 알아야 할 것이니라.

3,085 번째 하나님 말씀

2002년 8월 23일 21시 06분

1 사랑하는 나의 아들아!
2 "네, 아버님! 말씀하옵소서."
3 네가 10년에 걸쳐 나의 성령을 받아
160권의 법전을 세상에 내어 나의 피
조물 만백성을 천 년에 걸쳐 구원하고
자 하였으나, 네가 밤과 낮을 가리지
아니하며 나의 법전을 만들어 세상에
많은 백성들, 너와 더불어 한 시대를
살아가는 그 형제의 백성들을 구하고
자 노력함을, 나 여호와는 너의 마음
을 아느니라.
4 하늘의 천사도 너를 보고 두려워하며,
모든 사탄과 사악한 자들이 너를 두려
워함이니라.
5 내가 하나의 겨자씨를 세상에 뿌렸을
때, 천사도 비웃었으며 사탄도 비웃었
음이니라.
6 너와 같이 60평생을 그와 같은 인생
을 살아왔으며, 남에게 내놓을 것도
없으며 자랑할 것도 없는 너를 나의
아들이라고 선택하여 내가 너를 세상
에 내보내어 나의 법전을 만들게 할
때, 그 천지조화 속에 누구도 이와 같
이 이루어질 것이라 생각하지 못하였
고, 너를 이와 같은 역사의 시대에 대
명을 수행할 사람이라고 아무도 생각
하지 못하였음이니라.
7 그러나 나는 알고 있었음이니라.
8 그리하여 네가 처음부터 준비된 나의
아들이요, 선택된 나의 아들이었음이
니라.
9 네가 지금까지 살아온 그 생활 속에서
그 누구도 넘을 수 없는 그 모두를 접
어 두며, 나의 피조물 만백성 한 사람
이라도 더 구하기 위하여 160권의 법
전을 단기간에 만들고자 낮과 밤을 가
리지 아니하고 나에게 기도하며 나의
성령을 받아들임이니, 이는 부모가 자
식을 사랑하는 마음보다도 천배 만배
나 여호와의 마음이 기쁨이니라.
10 그리고 모두가 다 혀를 내두르며 감히
너에게 대적하지 못함이니라.
11 사랑하는 아들아,
12 네가 10년에 걸쳐 하나의 겨자씨가
성장하는 것은 10년 후에 네가 성장
하는 것이니라.
13 네가 지금 빠른 시간에 나의 법전을
만들어 세상의 만백성을 구하고자 밤
과 낮을 가리지 아니하고 달려감이니,
그는 무엇이더냐?
14 겨자씨가 1년 후에 클 것을 네가 1달
만에 크는 것이요, 10년 동안 굵어져
야 할 나무가 1년 만에 성장함이요,
10년 후에 만백성에게 그늘을 줘야
될 네가 1년 만에 만백성에게 그늘을
주어 그들에게 내가 존재함을 일깨워
줌이니, 이 역사는 네가 아니면 이룰
수 없음이니라.
15 그리하여 내가 너의 제자들에게 육신
의 은혜와 육신의 의식주를 해결하며,
남 앞에 너희들이 고개 숙이며, 너희
들이 천한 사람이며 어려운 사람들이
요, 남에게 손을 벌리고 살아가는 너
의 제자들의 그 모두를 내가 다 다스
려 주고자 상을 내려 주고자 함이니
그리 알라.
16 너의 제자들이요, 나의 성전에 와 나

의 법전을 갖고 공부하는 자들, 그들
의 마음을 비우라 하라.
17 너희들의 마음을 비울 때 내가 성령이
요, 재물이요, 모든 역사의 영광을 그
득히 채워 줄 것이니, 너희들의 마음
을 빨리 비우라.
18 그리고 내가 하나씩 너희들에게 고치
라 했던 가장 너희들이 고치지 못하는
그 악습을 다 날려 보내라.
19 그리고 천사와 같은 마음이요, 하얀
눈과 같은 마음으로써 너희들이 자리
잡고 우뚝 서라.
20 그리고 나의 성전에 와 모든 걸 다 털
어 버리며, 아기보다도 더 착하고 아
름다운 마음이요, 천사와 같은 마음으
로 너희들이 나의 성전에 와 앉아 나
의 아들을 통하여 내리는 나의 성령을
들을 것이며, 나의 법전의 강론을 들
으라.
21 그리하면 내가 너희들에게 너희들의
육의 고통이요, 영혼의 고통을 벗어나
는 그 모든 축복과 영광을 나의 아들
을 통하여 내릴 것이니라.
22 이와 같은 내가 너희들에게 주고자 하
는 간절한 나의 상을 너희들이 받아야
될 것이니라.
23 이를 받고 못 받음은 너희들에게 달렸
음이니라.
24 내가 너희들에게 내리고자 함이니라.
25 너희들의 마음자리를 곧게 잡으라.
26 너희들의 마음으로써 악을 행하지 아
니하고 오로지 선만을 추구하며, 나
여호와가 존재하며 너희들이 죽어 나
에게 오겠다는 그 굳은 마음 하나를
가질 때, 너희들은 악을 버리며 선만
이 존재할 수 있음이니라.
27 그와 같은 마음을 너희들이 단 1분이
라도 가지고 나의 성전에 와 나의 아
들에게 그 마음을 보이라.
28 그것이 너희들이 상을 받을 수 있는,
너희들에게 내가 내릴 수 있는, 너희
들이 은혜를 받을 수 있는 길이며, 너
희들이 나에게 할 수 있는 보답임을
일깨워 주라.
29 단 1분이라도 너희들의 마음을 그리
비우도록 하여 너희들이 하나의 마음
이 되어 하나의 꽃이 되도록 그리하라.
30 그것이 너희들이 내가 존재하여 누구
도 받을 수 없는 기적의 영광을 얻게
됨이니, 그리 전하라.

3,086 번째 하나님 말씀

2002년 8월 23일 21시 43분

1 사랑하는 나의 아들아!
2 "네, 아버님! 말씀하옵소서."
3 수천 년 역사가 흐른 종교의 그 바탕
이요, 그 뿌리 모두를 다 내가 너희들
에게 내보이며, 그들이 지금까지 걸어
온 그 모든 실체를 나의 법전에 나의
아들을 통하여 상세히 기록하여 너희
들에게 깨우치고자 하였음이니라.
4 그러나 나의 법전을 말세에 거짓 선지
자가 오는 것이며 사탄의 장난이라 하
여 나의 법전을 열지 아니하는 백성이
이루 말할 수 없이 많음이니,
5 너희들은 이 세상의 그 모두는 나 여
호와의 창조물이요, 내가 필요로 하기
에 세상에 내놓은 나의 법전이요, 나
의 글임을 알아야 할 것이니라.

6 지금 내가 나의 법전을 제3의 시대에
내보내어 세상의 나의 피조물 만백성
너희들에게 전하고자 하는 것은, 지금
의 백성 너희들 개개인에게 내가 구원
의 길을 열어 주는 것이 아니요, 나의
창조물 모든 백성들에게, 지금의 수십
억의 백성들과 천 년에 걸쳐 그 많은
나의 백성들의 전체를 살리고자 내가
천 년에 걸쳐 이루는 그 역사를 지금
시작함이니라.
7 1부의 열여섯 권이 백 년 동안 너희들
을 깨우치는 것이며, 2부가 백 년이요,
그리하여 10부로써 천 년에 걸쳐 너
희들을 깨우치는 것을, 내가 지금 이
역사를 이루고 있음이니라.
8 내가 이와 같은 역사를 나의 아들을
통하여 단기간에 이루며 160권이요,
천 년에 걸쳐 너희들이 이루어야 할
이 법전을 세상에 다 내보냄은, 너희
들 전체의 만백성을 다 구하고자 하는
나의 마음에서 이 역사가 이루어짐을
너희들은 알아야 될 것이니라.
9 이제 너희들은 여기서 진정한 구원의
길이 어떠한 것인가를 선택할 수 있는
용기를 갖고 너희 자신을 돌아다봐야
될 것이니라.
10 이제는 제3의 시대에 나의 법전이요,
나의 성령이요, 이것이 나의 백성을
구하는 길이며, 너희들을 하늘로 인도
하는 길이라는 것을 너희 스스로 깨달
아, 너희 자신과 너희 후손을 위하여
너희들이 변화의 역사를 이루어야 될
것이며, 새로운 골격을 이루어야 될
것이며, 새로운 기틀을 너희들이 만들
지 아니한다면,
11 너희들은 진정한 하늘에 오르는 길을
볼 수가 없으며, 너희 대대손손 후손
까지도 지금의 믿음의 틀에서 벗어나
지 못해, 너희들이 천당이요, 구원의
길이요, 천국이라는 그 길을 가는 것
이 아니라, 지옥의 문을 향하여 달려
가는 그와 같은 믿음의 형국에서 벗어
나지 못함을 알아야 될 것이니라.
12 내가 너희들에게 간곡히 부탁함이니,
나의 아들의 제자들이요, 나의 법전을
읽은 백성이요, 또한 너희들이 지금
가는 그 길만이 구원의 길이라 하여
세뇌되고 그 공작에 아무것도 바라보
지 못하며 분별할 수 없는 그와 같은
형국에서,
13 오로지 믿음이요, 그 길만을 달려가며
너희들이 만든 성전에 모여 집회하고
재물을 바치며 교리를 연구하는 것만
이 구원의 길이라 하여 좌우를 돌아보
지도 아니하며 생각지도 못하는 너희
들 또한 나의 법전을 가슴에 안고 정
독하여 깨우치는 그와 같은 역사를 이
루어, 너희들이 이 시대에 새로운 시
대의 변화의 기틀이요, 골격을 다듬어
만들지 못한다 하면, 영원히 너희들은
그 불행을 면치 못할 것이니라.
14 여기서 너희들은 깨우쳐야 될 것이니
라.
15 나 여호와가 내린 진리는 변함이 없으
며, 변질되지 아니하며, 오로지 그 진
리는 너희들이 지금서부터 죽어 너희
후손들까지 전해지는 그동안에 변화
되는 것이 아니요, 변질되는 것이 아
님이니라.
16 그리하여 모든 백성 너희들은 정녕 지

금의 믿음의 역사의 흘러온 것이 위에
서부터 정화된 물이 지금까지 계속 흘
러온 것인가, 위에서 정화된 물이 지
금은 도저히 먹을 수 없는 물로, 생수
로 쓸 수 없는 혼탁한 그와 같은 믿음
의 형국으로 변질되어 가고 있는가 그
것을 깨우쳐야 될 것이니라.
17 그리하여 거기서 깨우친 자, 새로운
틀을 만드는 이 역사의 제3의 시대에
참여하지 아니한다면 그는 영원히 구
원을 받지 못할 것이며, 여기에 참여
하는 나의 피조물 만백성 너희들은 크
나큰 은혜를 받게 됨을 알아야 될 것
이니라.
18 오늘 나의 제3의 시대에 법전의 뚜껑
을 열고 나의 아들이 강론하는 내용
을 들으며, 내가 이루고자 하는 그 새
로운 역사를 이루며, 새 시대를 열고
자 하는 여기에 동참하는 너희들만이
구원의 영광을 얻을 것이니라.
19 이를 너희들은 잊지 말 것이며, 너희
스스로 깨우쳐 너희들이 가야 할 길을
선택하는 그와 같은 용기가 지금 필
요한 것이니라.
20 너희들의 지금의 용기로써 많은 것을
깨우쳐 바른길을 선택하고, 내가 제3
의 시대를 열고자 하는 이 나의 계획
에 동참하여 기틀을 확고히 만드는 데
참석하는 자, 너희 대대손손이 영원히
하늘에 오르는 길의 영광을 얻을 것이
니 그리 알라.

3,087 번째 하나님 말씀

2002년 8월 23일 22시 39분

1 사랑하는 나의 아들아!
2 "네, 아버님! 말씀하옵소서."
3 나의 수많은 백성들을 구원의 길로 인
도한다는 종교 집단은 백성들을 사랑
하며 백성으로부터 신뢰를 받으며 사
랑을 받아야 할 것이나, 지금 그들은
과연 어찌 행하고 있는가?
4 지금의 모든 백성들은 종교 지도자들
에게 가까이 있고자 하지 아니하며,
가까이 가고자 하지 아니하는 종교 집
단이 되었음이니라.
5 그리하여 지금 나의 백성들을 하늘로
이끌며 천국의 문에 인도한다는 그 종
교 집단들을 백성들은 사랑하지 아니
하며, 그들이 백성들로부터 또한 신뢰
를 받지 못하며, 백성들로부터 사랑을
받지 못하며, 백성들에게 가까이 있지
아니하며, 그들과 가까이 있고자 하는
백성이 없는 그와 같은 형국으로 변해
진 것이 지금의 종교 집단이니라.
6 그리하여 많은 나의 피조물 백성은 종
교 집단에 속해 있는 너희들이 말하는
그 신도라는 사람들이 주변에 오는 것
을 두려워하며, 그들이 저희들을 찾을
까 봐 마음을 졸이고 사는 그와 같은
형국이 되었으며, 도둑이 들어오는 것
을 막는 것보다도 더 무서운 마음으로
마음의 문을 닫으며 단속하는 형태를
이루었다 내가 말하였음이니라.
7 이와 같이 나의 피조물 만백성이 하늘
에 오르는 길을 인도하는 종교 집단에
속한 사람들이 찾아오는 것을, 그들이

가까이하고자 하는 것을 두려워하는 마음으로 변화됐으며, 마음의 문을 닫으며 그들과 대화를 하지 아니하려 한다면, 이것은 바로 무엇이더냐?

8 너희들이 잘못 가르치고 잘못 이끌어 왔기 때문에 너희들이 사탄이요, 악마로 변질되었기 때문이니라.

9 너희들은 이 말에 어디 대항할 수 있는 말이 있던가?

10 너희들 스스로 사탄이요, 악마가 아니라면, 나의 피조물 만백성이 너희들과 가까이 있기를 원하지 아니하며, 가까이 가고자 하는 것을 싫어하며, 너희들이 찾아오는 것을 싫어하며, 너희들과 만나는 것을 두려워하며, 너희들이 찾아올까 봐 도둑이 오는 것보다도 더 무서우리만큼 단속을 하는 이와 같은 형국으로 변했겠는가?

11 이를 과연 너희들은 무엇으로 대답할 것인가?

12 지금의 종교 집단이 나의 백성과 나의 나라와 나 자신과도 멀리하도록 그리 만들었음이니라.

13 너희들의 종교 집단이 수천 년 동안 나의 피조물 만백성을 일깨우며 하늘에 오르는 길을 깨우치며 사랑을 베풀고 나누며 사는 그와 같은 백성으로 만들고자 하였으나,

14 지금의 종교 집단의 그 믿음의 형태는 나에게 오른다는 나의 백성들이 나와 더 멀어졌으며, 나와 거리를 두게 되었으며, 나를 그들은 생각지 아니하며, 나에게 올 수 없는 그와 같은 관계를 만들어 놓은 것이 너희들이니라.

15 나의 백성들과 나의 거리를 멀리 만들었으며, 그들이 나를 바라보지 아니하며, 나를 찾지 아니하며, 그리하여 그들과 나의 거리를 너무나 멀고도 멀게 인도해 간 너희들의 그 죄를 용서할 수 없으며, 너희들이 그 벌을 반드시 받을 것이며, 그 죄의 대가가 얼마나 너희들이 두렵고 무서운가를 알아야 될 것이니라.

16 수천 년 동안 흘러오며 나의 피조물 만백성을 구원의 길로 인도한다고 가르친 너희들이 지금 나의 백성들과 나와의 거리를 점점 멀고도 멀게 만들어 놓았으니, 이들의 마음을 돌릴 수가 없으며, 이들이 나를 볼 수 없으며 나를 찾지 못하도록 만든 것이 너희들의 지금의 사악한 형국이니라.

17 그리하여 내가 나의 아들을 통하여 160권의 법전을 만들어 세상에 내보냄은, 나와 멀어진 내 백성의 마음을 돌리고자 하며, 그들이 참진리를 찾으며 그들에게 진정한 나를 향한 믿음의 길이 무엇인가를 깨우쳐 주고자 하며, 그들이 진정한 구원의 길을 볼 수 있도록 하기 위하여 내가 나의 성령을 기록한 법전을 '하늘에 오르는 길'이라 하여 책으로 만들어 너희들에게 전하는 이 역사를 행하고 있음을 알아야 될 것이니라.

3,088 번째 하나님 말씀

2002년 8월 23일 22시 47분

1 사랑하는 나의 아들아!

2 "네, 아버님! 말씀하옵소서."

3 구약 시대에 잘못 살아온 관행과 그

시대에 너희들의 광란의 그 형태와
그리고 나의 마음을 닫게 했던 잘못
살아온 그 형태와,
4 신약 시대에 너희들이 또 그와 같이
잘못 산 그 행위요, 지금까지 2천 년
의 역사가 흘러오면서 참진리가 그대
로 전하여져 너희들이 하늘에 오르는
백성으로서 하늘에 오르는 진리의 길
을 보며 천국의 문을 들어서는 그와
같은 깨달음의 길이 아니요,
5 수천수만 가지 너희 인간의 생각이 부
합되어 이루어진 수천수만의 그 종파
들이 지금 이 세상을 지배하고 있으
며, 저희 자신이 가는 길도 모르는 종
교 지도자들이 나의 피조물 만백성을
구원의 길로 인도한다 하여 그리 살아
가고 있음이니, 내가 이를 바로잡고자
함이니라.
6 내가 이를 바로잡기 위하여 제3의 시
대에 나의 아들을 통하여 나의 성령이
요, 나의 법전을 세상에 내려보내 너
희들을 깨우치고자 함이니라.
7 내가 제3의 시대에 역사를 이루어 나
의 성령을 나의 아들을 통하여 160권
이라는 그 대장정의 법전으로 만들어
나의 백성들에게 전하고자 함이니,
8 이는 제3의 단독의 역사를 이루는 것
이 아니요, 구약과 신약의 성서를 내
가 너희들에게 부인하며 그를 너희들
에게 부정하라 함이 아님이니라.
9 다만, 그를 잘못 깨우치고 잘못 이해
하고 살아오는 너희들의 잘못 믿어 온
그 믿음을 바로 깨우쳐 구원하고자 하
는 것이며,
10 지금의 종교 지도자 너희들이 나의 피
조물 만백성을 이끈다는 그 명분 아래
재물을 거둬들이며, 재물로써 죄 사함
을 받으며, 재물로써 하늘에 많이 쌓
아 놓은 자 그 축복을 받는다 하여 너
희들 인간의 생각으로 임의대로 복잡
하게 만들고,
11 나의 피조물 만백성이 어떠한 형태요,
어떠한 위치에 있는 것인지, 어떠한
것이 진정한 믿음이고 진정하지 못한
믿음인지, 어떠한 것이 진리의 빛이고
진리의 빛이 아닌지를 깨우치지 못하
도록 혼란한 상태로 너희들이 운영해
오며,
12 때로는 나의 백성들을 위협하고 현혹
하여 너희들 종교 지도자들에게 유리
하고 너희만이 편안히 육의 삶을 살
수 있는 각종 방법으로써 규제를 만들
어 모든 나의 피조물 만백성이 고통의
역사를 살아가도록 그리 만들었으니,
13 너희들이 그리 만든 그 관행을 잘 고
치고자 함이며, 모두가 진정한 나의
하늘에 오르는 길이 아니요, 너희들이
육의 편안함을 위해 만들고 규제를 만
들어 끌고 온 그 관행을 내가 바로 깨
우쳐 너희들을 바로잡고자 함이니라.
14 그리하여 잘못 가르치는 자들의 그 가
르침이 진정한 구원의 길이라 하여 지
금 수천 년 동안 흘러온 너희들의 조
상이 지옥으로 간 그 삶의 단면을 보
여 주며,
15 또한 지금 너희들도 깨닫지 못하고 이
를 타파하지 못하며 그저 흘러온 관행
대로 그리 행하고 따라간다면 너희들
자신도 지옥으로 감은 두말할 것이 없
으니,

16 너희들은 또한 이 시점에서 바로 너희
들을 잘못 가르치는 종교 지도자를 단
죄하지 못하고 너희들도 그 관행대로
그리 흘러간다면 너희 후손들까지 그
를 다스릴 수 없게 되어 있음이니라.
17 그리하여 너희들을 바로 깨우쳐 역사
를 바로 세우며, 너희들이 바로 인식
하여 하늘에 오르는 길을 바로 볼 수
있도록 내가 직접 관리하며 직접 통제
하는 제3의 시대를 열어 너희들을 다
루고자 하는 것이 나의 뜻임이니,
18 너희들은 나의 십계명이요, 내가 제3
의 시대에 내리는 나의 법전을 정독하
고 깨우쳐 너희들의 구원의 길이 무엇
인가를 깨달아, 너희들 자신에서 이
모든 잘못을 단죄하며,
19 너희들 자신의 시대에서 모든 끝을
내며, 너희 후손들까지도 그와 같이
지옥 불로 가는 그 역사의 삶이며 너
희 모두를 다 바쳐 억울하게 그 지옥
의 삶으로 가는 그와 같은 길을 막아
야 할 자가 너희들이기에, 내가 나의
법전을 통하여 나의 뜻을 너희들에게
전함이니, 이를 너희들 것으로 만들어
깨우쳐야 할 것이니라.

3,089 번째 하나님 말씀

2002년 8월 23일 23시 01분

1 사랑하는 나의 아들아!
2 "네, 아버님! 말씀하옵소서."
3 내가 너희들에게 법전이요, 제3의 시
대의 역사를 이루어 나의 성령을 태워
나의 책으로 너희들을 구원하고자 세
상에 내려보냄이니라.
4 이는 너희들이 지금까지 수천 년 동안
믿어 왔던 그 믿음의 관행이요, 너희
들이 잘못 행했던 그 부분들을 내가
견주어 책에 기록하여 세상에 내보냄
이니,
5 너희들은 나의 법전을 읽으며 깨우치
기를, 지금까지 너희들이 잘못 믿어
오고 잘못 가르쳐 왔으며 너희들이 구
원의 길이라 하여 잘못 행하여 온 그
모든 관행을 나 여호와의 법전이 들춰
내며 그것을 탓하며 그것을 너희들에
게 보여 주고자 하는 그 뜻으로써 나
의 법전을 세상에 내려보낸다 그리 생
각하나,
6 내가 너희들이 잘못 믿어 온 그 관행
이요, 잘못 행하여 온 그 모두를 들춰
내기 위해서만이 나의 법전을 세상에
내려보내는 것이 아님을 너희들은 알
아야 될 것이니라.
7 나의 법전을 세상에 상세히 기록하여
나의 성령으로써 나의 아들을 통하여
너희들에게 강론하며 책으로 엮어 너
희들에게 내려보냄은,
8 너희들의 성경에 잘못된 부분과 너희
들이 잘못 이해하고 잘못 행하는 그
부분을 나 여호와가 지적하고자 하며
그를 바로잡기 위함이니라.
9 너희들이 성경을 가지고 공부하며 그
걸 가지고 나의 피조물 만백성이 하늘
에 오른다 그리 가르치고, 그와 같은
역사 속에 수천 년의 역사가 흘러왔으
니, 그것을 너희들이 잘못 이해하고
잘못 가르침으로 인하여 구원의 길이
아니라 나와는 정반대의 그 역사의 길
로 간다 내가 수천수만 번 너희들에게

이야기하였음이니라.

10 내가 너희들이 잘못 가고 잘못 가르치는 것을 바로잡지 아니한다면, 내가 이루고자 하는 그 미래에 너희들이 참여할 수 없으며, 새로운 시대의 건설을 내가 이룩할 수 없기 때문이니라.

11 나 여호와가 너희들을 내치고 뽑아 버리고자 하는 그와 같은 마음에서 행한다고만 너희들은 생각할 것이나, 정녕 너희들이 지금 깨닫지 못하며 바로 보지 못한다면 나 여호와의 그 뜻을 이루지 못하게 되니, 그것은 너희들의 지금의 믿음의 뿌리가 깊어 너희들의 그 잔재가 존재할 때 새로운 시대의 역사를 열 수 없기 때문이니라.

12 이제는 너희들이 지금의 잘못 가는 믿음에서 내가 너희들을 바로 깨우치고자 함이며, 너희들이 정녕 구하고 너희들이 믿어야 되는 것이며 너희들이 지켜야 되는 것이 무엇인가를 너희들에게 알려 주기 위하여 내가 제3의 시대에 나의 법전에 상세하게 기록하여 너희들에게 내려보내니,

13 너희들은 하늘에 오르는 영혼의 양식이라 내가 깨우쳐 이른 십계명의 중요성과 나의 법전의 중요함을 모름이니라.

14 나의 십계명과 내가 직접 성령으로써 기록하여 내려보내는 나의 법전인 이 책의 중요함을 너희들이 모름이니, 즉 너희들은 참진리의 빛을 모르게 되어 있으며 구원의 길을 보지 못하는 그와 같은 형국에 처해 있음이니라.

15 너희가 나의 나라에 다가올 수도 없으며 나의 천국에 올 수도 없는 그와 같은 형국으로 지금 가고 있음이니,

16 이와 같은 것을 보고 내가 더 이상 너희들을 방치할 수 없기에, 너희들이 왜곡되게 알며 잘못 깨달으며 잘못 믿어 오는 그 믿음의 길을 내가 바로잡고자 함이니,

17 내가 지금 160권의 법전을 세상에 내려보내는 뜻이 여기에 있음이니라.

18 너희들이 잘못 가고 잘못 믿어 온 그 관행을 더 이상 무엇으로써도 잡을 수가 없으며, 너희들을 바로 세울 수가 없음이니라.

19 지금의 너희들의 믿음의 그 형태로써는 너희들이 수천 년 동안 오는 세월 속에 너희들 자신이 세뇌되었으며, 너희들이 옹벽보다 더 단단한, 바위보다 더 단단한, 깰 수 없는 그와 같은 너희들의 집단으로 형성되어 있음이니, 이를 무엇으로써도 바로잡을 수 없음이니라.

20 그리하여 내가 너희들이 진정한 하늘의 빛을 보는 깨우침을 위하여, 너희들을 다 구원하기 위하여 나의 160권의 법전을 세상에 내보내, 너희들이 잘못 믿어 오며 잘못 가르치며 성서를 잘못 이해하며 뜻을 알지 못하는 그 부분을 나의 법전에 기록하여 너희들을 깨우쳐 주고자 함이 여기에 있음이니라.

21 내가 너희들의 잘못 가고 잘못 믿어 온 그 형태를 들추어내어 너희들에게 바른길을 볼 수 있도록 그리하고자 하는 나의 뜻을 너희들이 깊이 깨우쳐, 나 여호와에게 감사 기도를 드리는 마음으로 너희 자신을 다스려 나가야 될

것이니, 이를 잊지 말라.

3,090 번째 하나님 말씀

2002년 8월 24일 0시 28분

1 사랑하는 나의 아들아!
2 "네, 아버님! 말씀하옵소서."
3 네가 나로부터 선택된 나의 아들로서
세상에 나가 지금 육의 세상에서 60
평생의 삶을 살며, 그 속에서 얽히고
설키며 슬프고 괴롭고 즐거웠던 그 모
두와, 가족과 이웃과 더불어 살아가며
형제와 나눔이 무엇이며 사회에 살아
가는 것이 무엇인가를 그리 배우고 나
로부터 훈련되었다 하였음이니라.
4 내가 제3의 시대를 열어 가며 너를 나
의 아들로서 나의 피조물 만백성을 구
하는 그 역사의 길을 열기 위하여 너
를 60평생 내가 시험과 훈련으로써
다스려 왔다 말하였음이니라.
5 그리하여 네가 나의 피조물 만백성을
깨우치고자 나의 성령을 받아 법전을
들고 그들을 가르치며 그들을 깨우쳐
가는 과정에,
6 네가 어렵고 힘든 그 인생의 삶을 살
아왔기에 너의 제자들의 어렵고 힘든
길을 알며, 네가 5달란트의 그 역사를
행할 수 있으며, 남들이 생명보다도
더 소중히 여기는 그 금화와 은화를
네가 연필 한 자루 놓는 것처럼, 종이
하나 놓는 것처럼 가벼운 마음으로 놓
을 수 있는 그와 같은 삶을 살아가며,
남들과 다른 특이한 삶을 사는 것도
네가 나로부터 훈련을 받아 왔기 때문
이니라.
7 네가 너 자신은 굶어도 남들을 위해서
무엇인가 이루고 싶으며, 너는 가진
것 없으나 남을 위하여, 그들 가정의
평화와 한 가정이 바로 설 수 있다면
네 피라도 빼서 그들에게 무엇인가를
열어 주고자 하는 그 사랑하는 마음과
네 인성이 그리 변한 것도 내가 너의
60평생 동안 살아오면서 많은 훈련을
너에게 시킴으로 인해서 그 훈련 속에
네가 깨닫고 배워 온 그 삶이 몸에 배
었음이니,
8 그리하여 오늘 네가 나의 성령을 받아
너의 제자들이요, 만백성과 더불어 가
는 그 속에서 그들의 슬픔과 아픔을
알며, 그들의 원하는 것이 무엇인가를
알며, 그들의 고통을 알며, 그들의 심
성을 아는 그와 같은 깨달음으로써 그
들에게 네가 베풀며 가는 그와 같은
마음 자세로 살아갈 수 있는 것이니라.
9 내가 너에게 이와 같은 너 개인의 모
두를 나의 법전에 기록하여 전하는 것
이니,
10 네 앞에 너의 제자라 하여 나의 성전
에 와 너에게 제자로서 그 임무를 다
하며 너와 더불어 가겠다고 언약한
자들, 그리하여 나의 법전을 가지고
깨우친 자들, 네가 나의 성령을 들어
그들에게 교육하며 나의 뜻을 전해서
배웠던 그 제자들이 등을 돌리고 가는
그 이유 중의 하나가,
11 네가 완벽한 예수와 같은 삶을 살지
못하며 저희들이 바라는 신선과 같은
삶이요, 저희들이 생각할 수 없는 그
와 같은 경지에 오른 너를 그리며 상
상하느니라.

12 그리하여 그들에게 무엇인가 이루어지며 역사가 이루어지며, 저희들의 육의 고통을 덜어 주며, 저희들의 시련을 덜어 주며, 그와 같이 이끌어 가는 자라고 너를 생각하여 그들이 모여들었음이니라.

13 그러나 네가 평범한 사람이요, 평범한 삶을 살아가며 너 자신이 자유분방한 그 성격대로 인간 속에서 살아가는 너를 보고, 그들은 네가 아직도 경지에 오른 자가 아니며, 정녕 선지자요, 나의 아들로서의 자리가 잡히지 아니하였다 그리 생각하고 떠난 자들이 또 많을 것이니라.

14 그러나 그들은 모름이 있느니라.

15 그들이 정녕 깨우침이 무엇인지 모르며 참진리의 의미를 모름이니라.

16 인간 세속에 사는 네가 인간의 삶을 알고 그를 몸으로 체험하며 깨달아 가며 그 속에서 네가 하늘에 오르는 경지요, 천사들의 삶의 모습으로 서서히 변해 감이니라.

17 내가 너를 완벽한 예수와 같은 사람으로 세상에 만들어 놓았을 때, 너는 나의 영의 세계요, 하늘의 세계 속에 사니,

18 나의 피조물 만백성이요, 너의 제자들이 어찌 삶 속에서, 그 혼탁하고 어렵고 힘든 고난의 세월에서 서서히 변해 가는지, 나의 뜻에 따라 살아갈 수 있는 그 변하는 그들의 역사요, 그들의 고통과 시련을 네가 알 수 없음이니라.

19 내가 그리하여 너를 변해 가도록 하였으며, 너를 훈련시켰으며, 처음서부터, 걸음마서부터 네가 살아가 나의 피조물 만백성이 너를 따라 어찌 변할 수 있는 것인가 네 마음의 훈련을 쌓으며, 네 마음이 변하는 만큼 너의 제자들을 이끌어 갈 수 있으며 나의 피조물 만백성이 변할 수 있다는 것을 너에게 심어 주며, 너에게 탄력을 붙여 지금 하늘을 향하여 천사와 같은 마음으로 무섭게 네가 달려가 변하고 있음이니라.

20 그와 같은 훈련에서 너 스스로 인간의 탈을 벗고 하늘에 오르는 천사의 형태로 변화되는 그와 같은 과정을 네가 먼저 겪고 체험하여 너의 제자들을 그리 이끌어 가며 쓰러져 가는 제자들을 네가 끌어안으며 너로부터 등을 돌리는 제자들을 끌어안을 수 있으며,

21 또 너에게 와 공부하는 제자들에게 인내함과 기다림과 그리고 나 여호와에게 아무런 바람이 없는 순수한 마음으로 기도하는 것을 가르칠 수 있고,

22 나의 아들에게 많은 훈련을 시켜 그를 교육시킴으로 인해서 그가 너희들에게 지도자로서, 목자로서 이루어 갈 수 있게 내가 단계적으로 나의 아들을 깨우쳐 감이니,

23 너희들이 어느 정도 깨우쳤을 때 나의 아들이 급속도로 성장하며 변화하여 예수와 같은 삶이며 천사와 같은 마음으로 살 날이 머지않았음이니라.

24 너희들은 그와 같은 나의 이치요, 나의 계획의 순서에 의해 교육하고 가는 것을 모르고 그저 당장 나의 아들이 완벽한 예수와 같은 삶으로 서 주기를 바라나, 내가 그리하여 너희들에게 말

하였느니라, 나의 아들의 그 머리카락
이 하얘졌을 때 그가 경지에 오를 수
있다는 것을.
25 이는 나의 아들에게 너희들의 마음을
이해하며, 나의 피조물 만백성이 하늘
에 오를 수 있는 천사와 같이 변할 수
있는가, 그리고 나의 성령대로 변할
수 있는가 그를 먼저 나의 아들에게
체험시키며 훈련시켜서 그를 다스려
나감이니라.
26 그리하여 걸음마서부터 시작했기 때
문에 오늘의 나의 아들이 천사가 될
수 있으며, 신에 가까운 그 마음의 경
지로, 신의 심성이요, 창조주인 나 여
호와의 심성으로 너희들이 변하는 것
이 하늘에 오를 수 있는 길이며, 변할
수 있는 그와 같은 자신을 갖게 되는
것이니,
27 이와 같이 너희들이 나의 아들의 훈련
하는 과정을 모르고 하루아침에 천사
의 마음이요, 예수와 같은 삶으로 바
라는 것은 너희들의 욕심이며 너희들
의 생각임을 알라.
28 나의 뜻대로 가는 나의 아들이요, 나
의 뜻대로 내가 가르침이니, 내 성령
의 법전이 나의 성령을 내려보내 너희
들을 구원하는 진리의 빛이요, 나의
아들이 진정한 나의 아들이요, 나의
선지자라 너희들이 믿는 그 마음이 있
다 하면, 너희들은 오늘과 같은 일은
없었을 것이니라.
29 너희들이 믿음이 약하며, 너희들이 나
를 믿지 못하며, 나의 법전을 믿지 못
하며, 나의 아들을 믿지 못함이니,
30 나의 아들을 믿지 못함은 나의 법전을
너희들이 믿는다 말하나 그것 또한 믿
지 못하는 가식이요, 너희들의 위선이
니라.
31 그리고 나 여호와가 존재함을 믿는다
는 그 자체는 더 큰 위선이며, 너희들
은 거짓 행위에 너희 자신을 속이며,
지금까지 하늘에 오르는 길을 위하여
너희들이 착실하고 근면하고 진실되
게 살아왔다 하나,
32 그 모두가 너희들은 계산이요, 얻는
것을 위해서, 얻기 위해서 믿음을 믿
어 간 자들이기에, 내일을 못 보고 그
와 같이 나의 법전을 읽으며 나의 성
전에 왔다가 저희들이 다시 얻을 수
없으며 세상과도 바꿀 수 없는 그 기
회의 소중함을 버리고 가는 불쌍한 사
람임을 알라.

3,091 번째 하나님 말씀

2002년 8월 24일 0시 40분

1 사랑하는 나의 아들아!
2 "네, 아버님! 말씀하옵소서."
3 내가 사랑하는 나의 피조물 만백성을
세상에 내보냈음이니, 너희들이 세상
에 나와 인간사의 얽히고설킨 그 삶이
며, 너희들이 노력하는 만큼 모두를
다 구하고 얻을 수 있도록 내가 만들
어 주었거늘,
4 너희들이 노력하지 아니하며, 깨닫지
아니하며, 그리하여 너희들의 육의 삶
이 남보다 뒤지며, 너희들이 정상적인
삶을 살지 못하며 고달픈 삶을 살아가
는 너희들의 그 모습이, 너희들이 고
통스러운 삶이요, 힘든 삶이며 재물을

얻지 못하고 명예를 얻지 못하여 그리
살아가는 것이 너희들은 너희 스스로
게으름이며 노력하지 않은 너희들의
대가라 하나, 내가 똑같이 노력할 수
있으며 너희들이 아름다운 삶을 살 수
있는 그 모두를 주었거늘,
5 노력하지 아니하여 그와 같이 어렵고
힘든 삶을 살아가는 나의 창조물인 너
희들을 볼 때 나 여호와의 마음 아픔
을 너희들은 과연 생각해 보았는가?
6 남들처럼 의식주를 해결하지 못하며
당당한 삶을 살지 못하는 자, 남들로
부터 손가락질을 받으며 저주받는 자,
그리고 해서는 아니 되는 불의의 행위
를 하며 살아가는 자, 그 모두를 바라
보는 나 여호와의 마음이 얼마나 아픈
것인가 너희들이 생각해 보았는가?
7 너희들이 아름다운 삶을 살지 못하는
것 또한 나에게 크나큰 죄를 짓는 것
임을 너희들은 과연 생각해 보았는가?
8 너희들이 그렇게 나의 뜻을 따르지 아
니하며, 내가 내려 준 그 모두에 너희
들이 노력을 하지 않아 고통스럽게 사
는 그 모습을 보는 어버이의 마음이
아프며, 너희들을 내가 기억하고 싶지
아니한 마음이라면 너희들은 어찌할
것인가?
9 노력하여 아름다운 삶을 사는 자만이
내가 기억하고 살아가고 싶은 자이니
라.
10 그러나 너희들이 나의 피조물 만백성
이요, 또한 나의 자식이니, 내가 그래
도 너희들을 사랑하기에 너희들에게
다시 한 번 육의 삶의 기회를 주는 것
이니, 너희들은 그 뜻을 모르고 사느
니라.
11 내가 십계명을 너희들이 완벽히 지키
고 살아야 된다 하며, 내가 제3의 시
대에 내리는 나의 법전을 너희들의 가
슴에 정독하고 깨우쳐 완벽한 삶을 살
라 하여 내가 너희들에게 이와 같이
어렵고 힘든 시간에 내려보내며,
12 너희들을 구원하기 위하여 밤과 낮과
시와 때가 없이 나의 성령이요, 나의
뜻을 나의 아들에게 내려보내어 책을
만들어, 160권이라는 그 법전을 10년
의 역사에 걸칠 것을 단기간에 만들어
너희들을 몇 명이라도 더 구하고자 하
는 나의 아들의 마음을 너희들은 과연
어찌 보는가?
13 그 속에 기록되는 나의 법전을 그대로
내가 너희들에게 지키고 살라 함이 어
디에 그와 같은 나의 뜻이 있는 것인
지 너희들은 과연 아는가?
14 내가 너희들에게 뭐라 말하였던가?
15 내가 너희들에게 이와 같이 지키라 말
하는 것은 내가 너희들의 삶에 있어서
죄를 지으며 잘못 살며 용서받을 수
없는 그와 같은 삶을 살아 너희들이
나에게 심판을 받으러 왔을 때 내가
너희들을 용서해 주고 너희들을 다스
려 준다 말하자.
16 그러나 너희들은 나의 천국에서 견딜
수 없음이니라.
17 내가 너희들에게 일찍 깨우쳐 말하기
를, 도둑질하는 자, 또 모르고 짓는 죄
가 아니요, 알면서 죄짓는 자, 그리고
너희들이 알면서 수시로 행하는 그 모
든 죄를 짓는 것은 상대성이 있으며
그 상대방이 있기 때문에 용서받을 수

없다 내가 그리 수차 가르쳤느니라.
18 하늘의 뜻이 거기에 있음이니라.
19 너희들이 자격이 없는 자, 자격이 미
달된 자, 제대로 깨우치지 못한 자를
내가 용서하여 천국에 받아 준다 해
도, 너희들은 천국에서 살 수가 없으
며 너희들 스스로 지탱할 수 없음이니
라.
20 내가 죄지은 자 너희들을 용서하여 천
국에 받아 준다 하여도, 자질이 없는
자, 자격이 없는 자, 잘못 산 자, 천사
와 같은 마음을 갖지 아니한 자가 이
천국에 오면,
21 너희들이 물에 빠져 죽을 때 물속에서
산소라는 공기가 없어 숨이 막혀 죽어
갈 때의 그 답답함과 고통스러움보다
도 더한 고통과 괴로움을 겪게 되니,
죄지은 자가 이 천국에 와 견디고자
할 때 그것보다 더 무서운 고통을 겪
고 인내해야 되는 것이니라.
22 물속에 빠진 자, 얼마나 고통스러우
며, 과연 그가 살아날 수 있겠는가?
23 산소라 하는 공기를 너희들에게 주입
시키지 아니하였을 때, 너희들이 과연
몇 분이나 견디며, 그 고통이 얼마나
심한 것인가?
24 내가 죄지은 자를 용서하여 천국에 받
아들인다 하여도 너희들이 그보다도
더한 고통과 시련에 너희 스스로 견디
지 못하고 인내하지 못하여 너희들의
동료가 있는, 죄지은 자들이 사는 그
지옥으로 내려가는 것이며, 스스로 너
희들이 가게 되어 있음이니라.
25 그리하여 내가 너희들에게 십계명을
바로 지키며 그를 행하며, 나의 법전
을 정독해서 그 내용에 따라 순종하며
실행하며 살아가는 완벽한 백성이 되
라 강조함이니라.
26 완벽한 너희들의 깨달음이 없어 자격
을 갖추지 못하였을 때, 너희들을 정
녕 내가 용서해 주며 모든 천사들이
너희들을 받아 준다 해도,
27 너희들은 이 천국에 와서 살아갈 수
없으며 지탱할 수 없으며, 스스로 너
희들의 동료들이 우글거리는 지옥 불
로 가지 아니하면 견디지 못하는 것이
천국이니라.
28 그래서 내가 너희들에게 완벽하게 자
격을 갖추라 함이니, 그리하여 나의
피조물 만백성을 한 명이라도 더 구하
고자, 너희들을 다 구하고자 나의 아
들을 통하여 이 법전에 상세히 기록
하여 세상에 내려보내는 나 여호와의
이 뜻을 너희들이 깨달아,
29 육에서 잘못 사는 너희들이 나에게 지
은 그 죄로써 창조주인 나의 가슴을
아프게 하며, 또 너희들에게 두 번의
기회를 주었거늘 깨달음을 깨우치지
못하여 지옥 불에 고통받는 너희들의
그 모습과 너희들의 그 형태를 보며
가슴 아파하는 나 여호와의 마음을 위
로하고 달래 줄 수 있는 그와 같은 삶
으로 살라.
30 완전히 자격을 갖추지 못한 자, 스스
로 하늘나라에서 지탱할 수 없음을 알
라.

3,092 번째 하나님 말씀

2002년 8월 24일 08시 50분

1 사랑하는 나의 아들아!
2 "네, 아버님! 말씀하옵소서."
3 내가 너희들에게 열여섯 가정에게 육
의 삶의 고달픔에서 벗어나며 영혼의
구원의 그와 같은 큰 상을 내린다 하
였음이니, 내가 그들에게 상을 내리는
그 의미를 너는 알고 있는가?
4 "네, 아버님! 알고 있사옵나이다.
5 저의 오늘의 변화와 제가 오늘에 서
있는 그 위치를 아버님께서 알고 계셨
기에 저를 도와 그들이 왔으며, 그들
이 있었기에 제가 오늘의 이와 같은
변화가 있음을, 그 상으로 아버님께서
내리심을 알고 있사옵나이다."
6 나 여호와요, 나 하나님의 이름을 망
령되이 일컫지 말라 하는 그 계명에
따라 네가 이제 나 여호와의 이름을
망령되게 일컫지 아니하는 삶을 살아
갈 수 있는 그 깨달음을 얻었으며, 네
가 마음속 깊이 그 진리의 뿌리를 이
제 심었음이니,
7 어떠한 태풍이요, 어떠한 비바람이 몰
아쳐도, 어떠한 사악한 유혹이 너를
무너트리려 하여도, 네 그 선함과 진
리의 뿌리를 뽑을 수 없음이니, 그 상
으로써 내가 오늘의 너의 제자의 열여
섯 가정에 상을 내리는 것이니라.
8 "알겠사옵나이다, 아버지!
9 모든 제자들을 사랑하며, 제가 깨달아
저 자신이 이 진리의 빛의 심지를 끝
이 보이지 않을 정도로 심을 수 있는
그 능력을 저의 제자들 또한 깨달을
날이 있을 것이라 생각되옵나이다."
10 내가 너희들에게 말하지 아니하였더
냐?
11 마음을 비우는 훈련을 하라.
12 그것이 나에게 너희들이 줄 수 있는
것이며, 나에게 보답하는 길이 그것뿐
이라 하였음이니, 그와 같은 마음을
네가 강력히 그들에게 깨우치도록 해
줘야 될 것이니라.
13 그 하나를 실행하고 깨우칠 때, 너희
들 마음속에 참진리의 뿌리가 보이지
않을 정도로 깊이 끝이 없도록 심어질
것이니라.
14 그 심지가 심어질 때 나 여호와의 이
름을 망령되이 일컫지 아니하며 너희
들이 지탱하고 살아갈 수 있는 이와
같은 깨달음을 얻게 될 것이니라.
15 너희들 말에 있음이니라.
16 아무리 너희들이 진리를 탐구하며 깨
우치고 노력해도 인간 너희들은 한계
가 있다 함을 잘 알고 있으며 또한 그
러함이니라.
17 나로부터 선택된 길이 아닌 다음에는
너희들에게 진리의 빛이 깊이 심어질
수 없음이니, 다만 너희들에게 그 못
지않은 노력이 있어야 될 것이니라.
18 내가 너희들에게 깎아서 내려 준 여덟
개의 그 진주처럼, 두 개 남은 그 진주
의 자리에 너희들의 마음을 갈고 깎아
서 진주를 만들도록 그리하는 마음의
소중함을 알라.
19 그와 같은 너희들의 마음이 없으면 내
가 너희들에게 참진리의 빛을 심어 준
다 해도 그를 너희들이 지탱하지 못함
이니라.

20 오늘의 나의 아들 네가 시련을 겪으
며, 3부의 법전을 내려고 하며, 나로
부터 그 많은 성령의 뜻을 받아 그 내
면에 네가 얼마만큼 고독하고 독한 마
음의 훈련을 했는지, 네 마음을 너의
제자들이 모를 것이니라.
21 그와 같은 독한 마음으로써 진리를 위
하여 나를 향하여 오고자 하는 그 마
음의 눈물의 고통과 싸움이 없이 내가
너희들에게 진리의 빛을 내려 준다 하
면, 너희들은 그를 지탱할 수 없음이
니라.
22 내가 너희들에게 죄를 지은 자 용서하
여 천국의 문을 열어 나의 나라에 들
어오게 한다 하여도 그들이 숨이 가쁘
며 가슴이 터질 듯하며, 그들 자신이
지탱할 수 없는 그 고통 속에 죄지은
자는 천국에서 살 수 없다 내가 말하
지 아니하였던가?
23 스스로 깨달음 속에 너희들이 세상을
볼 수 있으며, 스스로 깨달음 속에 천
국의 문을 볼 수 있음이니라.
24 너희들의 노력이 없이 내가 선택해 주
었을 때, 너희들은 진정한 세속의 인
간들이 살아가는 그 세상사를 모르며
천국의 이치를 알지 못하니, 지탱할
수 없음이니라.
25 오늘의 네가 변화의 역사를 이루어 내
가 너의 제자의 열여섯 가정에 상을
내리듯이, 너희들이 노력한 만큼 내가
상을 줌이니라.
26 사랑하는 나의 아들아!
27 "네, 아버님! 말씀하옵소서."
28 오로지 네가 진리의 빛을 보고 서 있
듯이, 오로지 그 빛만을 따라오며 그
빛을 향하여 살아오는 너의 그 변화되
는 삶에 나 여호와 아버지로서 너에게
사랑의 메시지요, 사랑의 손길을 내려
보내며, 많은 천사와 사탄도 이제 네
앞에 고개 들지 못할 것임이니, 내가
너를 사랑하노라.

3,093 번째 하나님 말씀

2002년 8월 24일 09시

1 사랑하는 나의 아들아!
2 "네, 아버님! 말씀하옵소서."
3 내가 너에게 일러 하얀 종이에 큰 원
을 그리라 하였으니, 그 원 속이 비어
있듯이 너희들의 마음을 그와 같이 비
우라 하였음이니라.
4 수천 년 역사가 흐르는 동안에 내가
지금 제3의 시대에 새 역사의 새로운
시대를 열어 가며, 너희들의 열여섯
가정을 내가 품으로 안았음이니, 너희
들은 바로 그 마음이 그리 다 비워져
야 함을 잊어서는 아니 됨이니라.
5 너희들의 마음을 비워 내 품에 오는
그날은 너희들은 남녀의 구분이 없으
며, 악한 것이 없으며 선한 것이 없으
며, 즐거운 것이 없으며 괴로운 것이
없음이니라.
6 너희들 마음이 천사와 같이 세상을 다
사랑으로 내려다보는 그와 같은 마음
의 형태가 되어야 됨이니, 너희들은
곧 다시 태어난 역사가 이루어지는 것
이니라.
7 너희들이 죽어 와 나에게 심판을 받았
을 때, 너희들이 심판을 받아 천국의
문을 들어온 그 영혼이 무엇이 있겠는

가?
8 남녀의 구분이 있겠느냐, 생각하는 것
이 다르며 어떠한 마음의 형태가 있겠
는가?
9 아무것도 없음이니라.
10 곧 너희들이 육의 세상에 사는 나로부
터 선택된 자들이요, 나의 아들의 제
자라 하여, 나의 아들의 오늘의 그 변
함이 하늘의 빛을 보아 그가 그 빛 이
외의 삶을 바라보지 아니하며 세상을
보지 아니하며 오로지 곧고 바른 그
빛을 향하여 만백성에게 거울이 될 수
있는 오늘의 그 변화가 있을 때까지
너희들의 공로가 높음이니라.
11 그리하여 내가 너희들을 거두어들임
이니, 너희들의 열여섯 가정에 너희들
의 육의 행복이요, 너희들이 남으로부
터 지탄받는 삶을 살지 아니하며 남으
로부터 부끄러운 삶을 살지 아니하도
록 내가 너희들에게 상을 내림은 그것
이 곧 무엇이더냐?
12 너희들의 마음이 비워졌음이니, 나에
게 다시 옴이니라.
13 너희들은 나의 아들에게 남자요, 여자
가 없이 다 새로 태어난 신부로서 나
의 아들을 따라감이며, 나의 아들이
이루고자 하는 그 역사를 이루는 것이
너희들임이니라.
14 나로부터 열여섯 가정의 은혜를 받은
것은 너희들이 육의 세상에 존재하나
너희들이 육에 있는 자들이 아니니라.
15 육의 세상에 사는 그들의 마음을 다
벗어나 그 원 속에 아무것도 없는 그
와 같은 마음이 되어야 됨이니,
16 너희들은 나의 아들에게 남자도 아니
고 여자도 아닌 그 깨끗한 신부와 같
은 마음으로 나의 아들의 품에 와야
될 것이니라.
17 너희들이 정녕 깨끗한 신부의 마음으
로써 신랑을 맞이하는 그와 같은 마음
의 자세가 하나하나 되어야 되거늘,
18 내가 이와 같은 너희들의 영화와 축복
과 기적을 내려 주며 마음을 다스리라
하여도, 너희들이 아직도 돼지와 같은
마음이요, 사악한 짐승과 같은 마음을
버리지 못했다 하면, 너희들은 정녕
신부로서 자질이 있는가?
19 하얀 드레스를 입고 방긋이 웃는 신부
가 되어야 될 것이니라.
20 열여섯 가정의 아들이요, 딸이요, 아
내요, 남편인 너희들은 다 신부가 되
어 나의 아들의 품에 올라옴이니,
21 그를 통하여 너희들이 하늘에 오른 역
사요, 나 여호와의 품에 안기는 그와
같은 영광이니, 너희들이 알아야 될
것이니라.
22 너희들은 남자도 아니요, 여자도 아니
요, 천사와 같이 하얀 신부가 되어야
될 것이니라.
23 그리하여 너희들은 욕심이 없으며, 미
워하는 것이 없으며, 질투하는 것이
없으며, 시기하는 것이 없으며, 나의
성령이요, 나의 법전을 너희들의 생명
보다도 더 소중히 믿으며, 이 세상에
이 시대에 나와 살아 있는 나의 아들
을 너희들이 믿고 사랑함이며, 그를
따르는 마음에 하나의 티끌만큼도 너
희들의 머릿속으로 생각하는 것이 있
어서는 아니 됨이니라.
24 나의 아들이 오로지 하얀 밝은 태양보

다도 더 진한 하늘에 오르는 하나의
진리의 빛을 향하여 꼿꼿이 걸어가고
있음을 너희들이 모름이니,
25 나의 아들을 믿으며 나의 성령의 법전
을 믿으며, 너희들이 그리했을 때 나
여호와를 믿게 됨이니, 나의 아들이
요, 나의 성령을 믿지 못하는 너희들
은 나 여호와를 믿지 못함이니,
26 너희들이 천사와 같은 신부가 되어야
되거늘, 돼지와 같은 모습이요, 그 마
음으로 나의 아들에게 신부로서 온다
하면, 그를 받을 수 있으며 그가 있을
수 있겠는가?
27 너희들 딸이요, 너희들 아들이요, 너
희들 남편이요, 모두는 그 가정이 다
천사가 되어 신부가 됨이니,
28 하얀 신부가 되었을 때 나의 아들의
품을 거쳐 너희들이 하늘의 내 품에
오르기 때문이니, 나의 아들의 신부가
되는 그와 같은 축복과 영광을 내가
너희들에게 내림이니, 이를 받을 자세
요, 자격은 너희들이 갖춰야 함을 잊
지 말라.

3,094 번째 하나님 말씀

2002년 8월 24일 09시 16분

1 사랑하는 나의 아들아!
2 "네, 아버님! 말씀하옵소서."
3 너희들이 깨달아 곱게 천사로 변했다
하여 신부라 함은 그 신부가 신랑을
맞이함이 아니니라.
4 신랑은 오로지 나로부터 선택된 나의
아들이요, 하늘에 오르는 빛 속에 그
를 보고 살아가는 자, 깨달음의 경지
가 천사와 같은 마음으로 살아가는 그
변화요, 내가 선정하는 자이니,
5 신랑이 너희를 찾아감이 아니요, 너희
들이 신부가 되어 신랑을 찾아감이니,
그 신랑을 통하여서만 하늘에 올라올
수 있음이니, 그 신부 된 자가 나 여호
와의 품에 올 수 있는 것이니라.
6 이와 같은 가르침과 깨달음을 너희들
은 알아야 될 것이니라.
7 한두 명의 백성을 깨우쳐 신랑이 그를
찾아감이 아니요, 모든 백성들이 남녀
할 것 없이 결혼하는 여자의 신부처럼
그리 마음이 곱게 변한 자, 그 신부들
이 내가 선정한 나의 아들이요, 나의
혈통인 내가 명한 자를 통하여 하늘에
오름이니, 곧 이는 내가 너희들을 가
슴에 받아들이며 천국에 올라오는 것
이니라.
8 이와 같은 이치의 신부의 깨달음을 너
희들이 바로 보고 깨달아야 될 것이며
바로 알아야 될 것이니라.
9 그리하여 내가 열여섯 가정의 너희들
이 다 신부가 되도록 그리 명을 내렸
으며 너희가 신부라 하였음이니, 너희
들이 어떤 마음을 가져야 될 것인가
그것은 너희 스스로 알아야 될 것이며,
10 내가 너희들에게 내린 이 영광과 축복
이요, 육에 사는 너희들을 신부라 명
하였음이니라.
11 그를 어찌 너희들이 정녕 신부의 자세
로써 신부의 마음을 갖췄는가를 너희
들은 깨달아야 할 것이니라.
12 나의 아들이 너희들의 마음이요, 심성
이요, 너희들이 지금 처해 있는 모두
를 다 그림으로써 너희에게 제시하여

보여 줄 것이니라.
13 한 사람 한 사람 너희들이 고쳐야 할
것을 나의 아들이 너희들에게 명하여
가르칠 것이니, 그를 고치는 자, 신부
가 될 수 있음을 너희들은 잊어서는
아니 될 것이니라.
14 내가 한 사람씩 한 사람씩 나의 아들
을 통하여 나의 아들의 신부 될 자에
게 이와 같은 것을 고치는 여인이 되
어 달라 간곡히 부탁함이니, 그를 고
치지 아니하고 그를 거역하는 자, 신
부가 될 수 없음을 너희들은 알아야
될 것이니라.
15 나의 아들이 너희들에게 그림으로써
너희들이 처해 있는 마음이요, 너희들
이 고쳐야 할 것이며, 너희들이 행하
여야 할 것을 하나하나 가르쳐 줄 것
이니, 너희들은 그것이 곧 신부 수업
임을 알라.
16 그 수업을 충실히 수행하고 그 수업을
바로 깨우치지 않는 자, 너희들은 정
녕 아름다운 신부가 될 수 없음을 알
라.
17 이 영광을 너희들이 저버리지 말라.
18 내가 그림으로써 너희들의 마음이요,
신부 될 자의 고칠 점을 깨우쳐 줌이
니, 그리 바로 시행하도록 하라.
19 그리하여 너희들이 신부의 자격으로
서 나의 아들의 가슴을 통하여 내 품
에 오는 그와 같은 영광을 잊지 말라.
20 너희들이 이를 고치지 못할 때 변화될
수 없음이니라.
21 너희들이 가지고 있는 그 모든 마음이
검은 돼지와 같은 마음이라 내가 하였
으니, 그를 고쳐 신부가 되는 그 탈바
꿈을 하지 아니한다면,
22 너희들은 이 영광의 내가 베푸는 기회
요, 수천 년 역사 동안에 내가 처음으
로 인간에게 신부의 자격을 직접 명함
이니, 너희들이 여기서 그 길을 오지
못하여 탈락되는 그와 같은 자가 되지
말라.
23 마음을 비우라.
24 모두를 다 비우는 마음이며, 나 여호
와에게 기도하며, 나 여호와에게 경배
하며, 나 여호와가 증거함을, 그를 가
슴 깊이 새겨 나의 성령이 나의 뜻이
요, 만백성을 구하는 역사며, 나의 아
들이 나의 아들임을 깊이 가슴에 새기
라.
25 그것만이 너희들이 신부가 될 수 있는
마음의 변화를 이룰 수 있을 것이니라.
26 이를 잊지 말라.
27 아름다운 신부로서 너희들이 그 역할
을 다할 수 있도록 너희 마음을 고쳐
신부가 될 수 있는 자격을 주고자 함
이니, 그를 받아 꼭 너희들이 고치는
사람이 되라.
28 그리하면 너희들의 마음이 비워짐의
역사가 이룰 것이니라.
29 나의 성령이 임하여 너희들의 마음에
변화를 이룰 수 있는 깨달음을 얻을
것이니 그리 알라.

3,095 번째 하나님 말씀

2002년 8월 24일 09시 26분

1 사랑하는 나의 아들아!
2 "네, 아버님! 말씀하옵소서."
3 너의 제자들에게 일러 만백성에게 전

하라.

4 내가 한 권의 법전을 세상에 내려보내며, 열여섯 권의 법전을 내려보내며, 또 160권의 법전을 내려보내는 것은 너희들의 깨달음이 그와 같이 우둔하고 우매하기 때문이니라.

5 내가 너희들에게 하나를 내려서 너희들이 그를 깨우친다면 160권의 법전이 세상에 내려갈 이유도 없으며, 나의 아들이 160권의 나의 성령을 세상에 전해 나의 뜻을 계속 받아 너희들에게 깨우침을 전할 일도 없건만,

6 너희들은 한 치 앞도 못 보는 그와 같은 어리석은 삶이며, 너희들이 깨달음을 얻고자 아니 하며, 그저 육의 생활에 너희들의 육의 부귀영화요, 편안함만을 생각함이니,

7 한 가정을 이루어 가며 하나의 목적을 이루기 위하여 남으로부터 존경받는 사람이요, 권좌에 앉는 사람이요, 재물을 모으는 사람이 노력하는 만큼 너희들이 나의 성령이요, 나의 뜻을 한 줄을 읽고 그와 같이 깨우친다 하면, 나 여호와가 한 권의 법전으로써 세상을 다 통제할 수 있을 것이니라.

8 그러나 너희들이 노력하지 아니하며, 깨우치려 하지 아니하며, 너희들이 들여다보지 아니함이니,

9 내가 이와 같이 사람마다 다 다르게 깨우침을 주기 위하여 160권의 법전이요, 끝이 없이 내가 세상에 내려보내는 이와 같은 나의 수고로움이 너희들에게 얼마나 죄인가를 생각해 보라.

10 너희들은 노력하는 깨달음을 가져야 될 것이니라.

11 내가 너희들에게 말하기를, 남을 평가하지 말며, 남을 시시비비하지 말며, 남의 말을 하지 말라 그리 수천수만 번 가르쳤으나, 너희들은 그것 하나도 고치지 못함이니라.

12 상대방에게 얼굴 붉히며, 언성을 높이며, '내가 잘났으며, 내가 높은 자요, 나의 뜻만이 맞다.' 하여 상대방의 인격을 바라보지 못하며 그의 깨달음을 모르면서 너희들이 그리 핍박함이니라.

13 내가 너희들에게 뭐라 말하였더냐?

14 수십 가지 색으로 감겨 있는 그것을 보면서 그 색을 하나로 보라 내가 말하였으니, 나의 아들이 너희들에게 깨우쳐 주었음이니라.

15 수천 가지 아름다운 색상으로 나무를 감았을 때 그 색상을 자르고 나면 그 속에는 원천의 나무가 있다 하였음이니,

16 세상에 아름답고 모든 색상으로써 모든 형태가 이루어졌다 하여도, 나 여호와가 창조하는 그 마음이 어떤 마음으로써 세상을 창조했느냐 하는 그걸 안다면, 내가 흰 마음으로 세상을 창조했다고 생각하면 세상이 흰 눈처럼 하얀 것이 너희들의 형국이라 내가 말하였음이니라.

17 너희들은 날아다니는 날짐승을 보고 무얼 느끼는가?

18 너희들은 날짐승이 검다 하여 그가 속까지 검으며 그의 살이 없으며 그의 피부가 없으며 살결이 없다 생각하는가?

19 너희들이 백조요, 하얀 새요, 예쁜 새

라 하여 그 새가 검정 새와 달라서 그
는 살결을 갖지 아니하고 피가 없는가?
20 자연 속에 살아가는 크고 작은 그 동
물들의 형태는 다르며 그의 살아가는
모습이 다 다름이니라.
21 그러나 그들이 가지고 있는 그 속에
흐르는 피가 과연 없으며, 그 피의 색
깔이 다르며, 그들의 살점의 색깔이
다르던가?
22 너희들은 날짐승의 그 외형의 깃털만
을 보고 그를 평가하는 그와 같은 너
희들의 삶 속에서 살아가는 어리석은
자들이니, 그 수천수만 가지의 새들의
몸에는 피가 흐르고 있으며 살점이 있
음이니, 그 이치를 어찌하여 너희들이
깨닫지 못하는가?
23 내가 나의 아들을 통하여 이와 같은
예를 들어 너희들에게 또 가르침이니,
너희들에게 남의 말을 하지 말며 남을
평가하지 말라 하였음이니라.
24 짐승의 외형만을 보고, 그들이 똑같은
피가 흐름이며 그들이 살점을 가지고
있고 육을 가지고 있는 것을 모르나
니, 너희들은 나의 피조물 만백성의
그 외형을 보고 평가하지 말라.
25 그의 깨달음이 어느 경지에 올라와 있
으며, 그의 깨달음이 얼마나 깊이 와
있으며, 그가 생각하고 있는 것이 무
엇이며, 그가 행하는 것이 무엇인지를
모르는 너희들이 그가 보이지 않는 곳
에서 선행을 하며, 보이지 않는 곳에
서 어려운 자를 돕고 살아가며, 그가
누구도 견딜 수 없는 역경 속에서 인
내하며 오로지 나를 향하여 달려오는
그 마음이 너희들보다 더 강하고 진지
하며 강렬할 때, 너희들은 과연 그를
보고 평가할 자격이 있다 하였느냐?
26 내가 너희들에게 말하였음이니라.
27 열 가지의 죄를 짓는 자가 한 가지의
죄를 짓는 자를 평가할 수 없다 하였
음이니, 너희들이 모르기에 열 개의
죄를 지은 자가 하나밖에 죄를 짓지
않고 사는 자에게 갑론을박해 그를 가
르친다고 그리 말하고 있는 어리석은
행위를 한다 하였음이니, 이후부터 두
번 다시 남에 대한 말을 하지 말며 남
을 평가하지 말라.
28 오로지 나 여호와만이 평가할 수 있다
하였음이니, 그들의 속마음이요, 그의
뜻이요, 그의 행하고 있는 그 모두를
알고 있는 자는 나 여호와뿐이기 때문
이니, 너희들이 두 번 다시 이와 같은
오류를 나에게 범하지 말라.
29 이를 명심하여 행해야 될 것이니라.
30 너희들은 남을 말하는 만큼 그 혀에
대한 죄를 받을 것이니, 남의 욕을 많
이 하는 자, 남의 흉을 많이 보는 자,
너희들이 죽어 왔을 때 그 혀로 너희
들의 몸을 감아, 뱀이 개구리를 조여
가듯이 너희 혀로써 너희들을 조여 가
는 그와 같은 벌을 면치 못한다 하였
거늘,
31 어찌하여 이 두려움을 모르고 너희들
이 그리 함부로 혀를 놀리며 함부로
말을 하는가?
32 이를 용서할 수 없음이니라.
33 너는 너의 제자들에게 이를 확실히 가
르쳐 그와 같은 일이 없도록 그리하라.
34 그것이 너희들이 하나가 되며 하얀 마
음으로써 역사가 이루는 기초이니 그

리 알라.

3,096 번째 하나님 말씀

2002년 8월 24일 09시 34분

1 사랑하는 나의 아들아!
2 "네, 아버님! 말씀하옵소서."
3 내가 제3의 시대에 이 역사를 이룸에
있어서 내가 너에게 일러 만백성에게
전하라 하였음이니라.
4 지금까지 잘못 믿어 온 그 종파의 모
두를 다 뿌리 뽑으며 그들을 뽑아냄이
라 내가 말하였음이니라.
5 그와 같이 어렵고 힘든 그 역사 위에
이 지상에 하늘의 낙원처럼 이루어질
것이며, 내가 원하는 나의 성령으로써
이루어진 천사와 같은 백성들이 이 세
상에 살아가도록 내가 그 역사를 이룬
다 하였음이니,
6 그 길을 이루는 것이 얼마나 힘들고
어려운 길인가를 너의 제자들은 마음
속으로 깊이 새겨 너를 따라야 될 것
이니라.
7 너는 너의 제자들에게 이르라.
8 나 여호와가 어찌하여 그와 같이 지금
의 수천 년 동안 그 뿌리 깊고 단단한
조직이요, 철옹성보다도 더 굳어진 그
들을 다 뽑아내며 그들을 다 버리며
그를 잘라 내어 그 위에서 제3의 시대
를 이루고자 하는 그 역사를 이루는
그와 같이 어려운 길을 가느냐 너희들
이 말할 것이니, 너의 제자들에게 일
깨워 주어야 될 것이니라.
9 너희들이 황폐한 땅 위에 씨앗을 뿌려
곡식을 가꿀 수 있는가?
10 황폐한 땅에는 아무리 씨앗이 좋다 하
여도 그 씨앗이 자라 알곡식으로 거둬
들일 수 없는 것이니, 황폐한 땅에 씨
를 뿌리지 못함이니라.
11 지금 나의 피조물 만백성이 구약 시대
에 그와 같이 사악한 자들이 되었으
며, 그 역사와 기적을 본 그 백성들이
우상을 만들며, 그와 같이 너희들이
상상할 수 없는 변화를 가져온 것이
너희들의 사악한 마음의 근본의 뿌리
이니라.
12 그리하여 십계명으로써 그를 잡고 다
스리라 하였으나 너희들이 이를 거부
하고 버렸음이니,
13 그리하여 내가 신약 시대를 열어 십계
명을 바로 지키고 그를 따르는 백성으
로 만들고자 하였으나, 나의 아들 또
한 그와 같이 그의 뜻을 이루지 못하
며, 너희들로 하여금 나의 아들을 버
리지 아니하면 아니 될 정도로 그 당
시의 모든 백성들이 그리 사악한 자들
이 되었음이니라.
14 그리하여 내가 직접 내려와 제3의 시
대를 열어 가는 지금에 내가 황폐한
땅에 씨앗을 뿌려 곡식을 거둬들인다
말할 수 있는가?
15 그 후손들인 지금의 믿음의 길을 가
며 나의 피조물 만백성을 구원하는 길
로 인도한다는 자들이 지금 황폐한 땅
을 만들었음이니라.
16 이 폐허 속에 어떠한 씨앗도 뿌려서
거둘 수가 없음이니, 이를 옥토로 바
꾸며 옥토로 바꾼 그 위에 좋은 토양
속에서 나의 씨를 뿌림으로써 그들이
자랄 수 있는 것이지, 이 폐허와 같은

황폐한 땅에 내가 내리는 그 씨앗은
계속 존재할 수 없으며 새로운 싹으로
서 날 수가 없음이니라, 나의 아들아!
17 그리하여 밤낮을 가리지 아니하고 이
를 고치기 위하여 내가 성령을 나의
아들에게 내려보내어 160권의 장서
를 만드는 것이니,
18 이 고통의 시련도 너희들이 힘들고 어
려울 것이나, 너희들이 나의 법전을
세상에 전하여 이 황폐한 땅을 황금의
땅으로 만드는, 옥토로 만드는 그 역
사를 이루는 것이 얼마나 어렵고 힘든
것인가를 너희들은 생각하며 나의 아
들을 따라야 될 것이니라.
19 굳어지고 잘못된 그 땅을 갈고 뒤집어
엎으며 거기에 퇴비를 주어 그 씨앗이
클 수 있는 옥토로 만들지 아니하면
어떠한 씨앗도 살아남을 수가 없음이
니,
20 내가 그리하여 지금까지 믿어 오고
잘못 간 황폐한 너희들의 종교 지도자
들의 가르침이요, 그곳에서 배워 십계
명을 지키지 아니하며 나의 법전을 보
지 아니하려는 황폐한 땅이요, 폐허를
내가 갈아엎어 뒤집으려 함이니라.
21 여기에 그가 있음이니, 그 땅을 놓고
뒤집어 퇴비를 뿌려 옥토로 만드는 너
희들의 노고가 얼마나 크고 가슴이 저
릴 것인가를 알아야 될 것이니라.
22 너희들의 손발이 갈라져 터질 것이며
몸이 만신창이가 되는 그 싸움 속에서
너희들이 폐허를 옥토로 만들 수 있음
이며,
23 내가 제3의 시대를 여는 데 천사와 같
은 나의 백성들만이 거기에 뿌려져 그
들이 씨앗을 낳아 그 씨가 또 씨를 뿌
리며 알곡식을 거둬들이는 그와 같은
역사가 이루어짐이니라.
24 내가 신부를 비유하여 말하였음이니
라.
25 그 신부들의 고운 마음처럼 곱고 아름
다운 자들이 이 세상을 지배하고 사는
그 역사를 이루기 위하여 지금의 잘못
된 그들을 다 뿌리 뽑아 잘라 내며 그
들을 내가 버리고자 함이니라.
26 이 뜻을 너희들은 알아야 될 것이며,
여기에 선택된 너희들이 나의 법전이
세상을 하얀 눈처럼 덮는 그 역사의
기틀을 바로잡고 세우는 것이니, 다만
너희들은 내가 역사하여 있기에 너희
들이 할 수 있는 일이며, 너희들이 해
낼 수 있으며, 너희들이 지켜 갈 수 있
음을 알라.
27 우선 너희들의 열여섯 가정을 신부로
만드는 그와 같은 역사를 내가 명하였
으니, 너희들이 나의 아들의 품을 거
쳐 하늘에 오를 때, 너희들의 그 능력
은 세상에 천둥 번개가 치는 것보다도
더 위대한 역사를 이룰 것이니 그리
알라.

3,097 번째 하나님 말씀

2002년 8월 24일 09시 47분

1 사랑하는 나의 아들아!
2 "네, 아버님! 말씀하옵소서."
3 내가 지금 너희들이 오고 있는 그 믿
음이 잘못되어 그를 대수술을 하지 아
니하면 너희들이 구원의 길을 오를 수
없다 하였음이니라.

4 그리하여 내가 제3의 시대를 열어 나
의 아들을 통하여 나의 성령이요, 나
의 모두를 태워 너희들을 깨우치고자
책으로 만들어 세상에 내보낸다 하였
음이니라.
5 너희들이 구약 시대에 모세로부터 그
역사를 보며 그 변화를 보며 그 위대
한 흐름의 세월 속에서 같이 행하며
왔던 그 백성들이 어찌 되었던가?
6 그들은 그를 등졌으며, 감히 우상을
만들어 나에게 도전하였으며, 그들은
나 외에 다른 신을 섬기는 그와 같은
행위를 하였음이니, 그 백성들이 무엇
이 잘못되었는가?
7 그들이 가지고 있는 마음의 병폐이니
라.
8 병폐를 도려내지 못했기 때문에 그와
같은 역사가 되었으며, 그 모든 행위
는 병폐의 원인이니라.
9 신약 시대의 그 백성들이 구약 시대를
보며 광란이요, 우상을 만들어 경배하
는 그 백성들을 어리석다 생각하며 그
들을 이해할 수 없다 생각했으나 그
신약의 백성들이 또 어찌하였는가?
10 나의 아들 예수를 그와 같이 버렸으
니, 너희들의 욕심에, 그리고 너희들
이 신이 되고자 하는 마음을 버리지
못하는 그 병폐의 원인을 도려내지 못
하였기 때문이니라.
11 너희들의 마음을 병들고 썩게 하는 그
병폐를 도려내지 못하여 너희들이 신
약 시대에 이 지상에 하늘의 낙원같이
이루어지는 그와 같은 역사를 이루지
못하였으며, 너희들이 이룰 수 없게
하였음이니라.
12 그러나 지금 수천 년 동안 내려오는
동안에 수많은 종파로 갈라졌으며, 그
종파들은 각국 집단에 따라서 그 집단
의 이해득실과 환경에 따라서 또 교리
가 바뀌었으며 가르침이 변해졌으니,
이것이 바로 무엇이더냐?
13 구약의 병폐요, 신약의 병폐요, 너희
들이 도려내야 되는 그 병폐의 근본을
도려내지 못하고 지금까지 흘러왔음
이니,
14 바로 하늘에 오르는 길이 아니요, 마
실 수 없는 그와 같은 물로써 너희들
이 지금 나의 피조물 만백성에게 생수
라 하여 그들을 유혹하고 현혹하여 너
희들이 아름다운 자연의 이 나의 성전
위에 내 가슴에 못을 박는 것과 같은
너희 손으로 지은 그 성전을 궁궐같이
꾸려 놓기 위하여 나의 피조물 만백성
을 비틀고 또 비틀고, 짜고 또 짜 그들
에게 너희들이 한때는 구원의 길의 천
사로 둔갑하며 한때는 너희들이 위협
적인 자가 되어 수단과 방법을 가리지
아니하고 너희들이 조상으로부터 재
물을 긁어모아 지금 궁전같이 그걸 지
어 놓고 있음이니, 그것이 흉물이요,
너희들의 병폐의 가장 큰 원인임을 알
아야 될 것이니라.
15 너희들은 그걸 운영하고 관리하며 그
것을 지탱하기 위하여 지금 더 썩어져
가는 형국이 되어 있음이니, 구약과
신약의 그 병폐보다도 너희들은 그것
을 관리하고 운영하는 더 큰 또 하나
의 병이 너희 몸에 도사리고 있으니,
자라나는 그 병균을 너희들이 잘라 내
지 못한다면 너희들은 스스로 지탱할

수 없음이니라.
16 그리하여 너희들의 그 병폐를 내가 나
의 성령이요, 나의 법전으로써 모두를
쓸어 내며 버리며 잘라내고자 하는 것
이 나의 뜻이니라.
17 너희들 개인 자신이 또한 깨우침을 알
아야 될 것이니라.
18 무엇보다도 구원의 길이요, 하늘에 오
르는 길은 어떠한 외부의 누구의 가르
침이요, 지도함으로 되는 것이 아니
며, 너희들이 만든 성전에 가 기도하
며 나의 성령이요, 그 설교의 교리를
듣고 너희들이 구원을 받는 것이 아님
이니라.
19 너희 스스로 듣고 깨우침이 중요함이
니라.
20 너희들이 그 성전에서 어떠한 교리를
듣든 어떠한 성서의 가르침을 듣든 외
부로부터 들어 깨우치는 것은 외형적
인 가르침이요, 진정한 깨우침을 얻고
자 하며 너희들이 구원의 길에 들어서
고자 하는 것은 너희들의 내면적인 변
화가 소중한 것이며, 내면서부터 모두
가 변화되어야 될 것이니라.
21 썩어져 가는 모든 것이 속에서부터 썩
어져 그와 같이 나가듯이 너희들이 내
면을 다스리고 잡지 못하면 아니 되
니, 내면의 변화가 더 소중함을 알아
야 될 것이니라.
22 그리하여 너희들이 아무리 바르게 서
며 구원의 길을 가고자 하여 천사와
같은 마음으로 살고자 하여도 너희들
의 병폐를 도려내지 못한다 하면, 그
병폐를 도려내지 못하는 자 변화할 수
없으며 역사의 한 자리에 설 수 없음
이니,
23 오늘부터 너희들은 너희들 자신의 잘
못된 그 병폐를 도려내는 데 너희 자
신을 맞추는 그와 같은 노력을 게을리
해서는 아니 됨을 알라.
24 너희들의 모든 잘못된 병폐를 하나하
나 도려내는 그와 같은 역사를 이룰
때, 이 세상에 잘못 가르치는 종교 지
도자들이 뒤덮고 있는 그 자신들이 썩
어져 가는 그 병폐의 병균을 너희들이
볼 수 있으며, 병들어 가는 것을 볼 수
있으며 썩어져 가는 것을 볼 수 있음
이니,
25 이 병폐를 도려내지 아니하고는 새로
운 역사를 이룰 수 없기에 이를 다 버
리고 쓸어내고자 함이 나 여호와의 뜻
이니, 여기에 동참한 나의 선택된 백
성 너희들은 천사와 같은 아름다운 마
음으로써 살아가야 함을 잊어서는 아
니 될 것이니라.

3,098 번째 하나님 말씀

2002년 8월 24일 11시 59분

1 사랑하는 나의 아들아!
2 "네, 아버님! 말씀하옵소서."
3 비탈진 고갯길을 짐을 싣고 수레를 모
는 너는 가면 갈수록 많은 짐들이 너
에게 쌓임이며, 그 짐을 덜어 주는 자
없다 하였음이니라.
4 나의 아들 예수가 일찍이 '주여, 이 잔
을 받지 아니하면 아니 되오리까?' 하
며 아버지인 나에게 무한히 기도를 드
렸으며, 그가 몇십 번이나 그 길을 가
지 아니하려 아무도 없는 깊은 밤 나

에게 눈물의 기도를 드렸음이니, 그
모두를 듣고 보는 나 여호와가 그 기
도를 들어주지 아니하였음이니, 정녕
예수의 그 아픈 마음과 나 여호와의
마음을 네가 이제야 알겠는가?
5 "아버님, 이 부족한 자를 자식이라 명
하셨으며, 저를 선택하신 그 뜻을 이
제 만 분의 일, 억 분의 일이라도 보답
할 수 있는 길이 무엇이며 방법이 무
엇인가를 깨닫고 있는 제 마음이 너무
나 터질 것 같사오며, 이 고통의 번뇌
를 어찌하여야 할지 모르겠사옵나이
다.
6 그리고 제가 깨달음의 경지에 오름으
로 제가 가야 할 길과 해야 할 일이 무
엇인가를 이제는 너무나도 명확히 알
고 있사오니, 그 길을 정녕 가야만 하
오리까?"
7 사랑하는 나의 아들아!
8 이 세상 만백성 중에 몇천 년 역사가
흐르는 동안 또 지구가 멸망할 때까지
내가 내 아들이라 부를 자 없음이니,
내가 너를 아들이라 부름이니, 너는
나의 아들이요, 나는 너의 아버지이니
라.
9 네가 해야 할 그 대명을 네가 하지 아
니하며, 네가 가야 할 그 길을 가지 아
니하며 두려워하며 주저한다면, 어느
백성이요, 어느 누가 그 길을 갈 수 있
으며 그 역사를 이룬다 할 수 있겠는
가?
10 나의 아들이요, 나의 혈통이요, 나의
피로써 나를 대신하여 세상에 나와 만
백성을 구하는 대명을 받은 네가 가야
할 그 길을 가지 아니하며 돌아가거나
피해가고자 한다면 그 길을 누가 갈
것인가?
11 누구도 갈 수 없으며 누구도 그 역사
를 이룰 수 없음이니라.
12 네가 그리 나약해지며, 네가 그리 고
통스러워하며, 네가 그리 괴로워한다
면, 내 아들 예수가 나에게 '아버님이
시여, 이 잔을 받지 아니하며, 이 길을
가지 아니하면 아니 되오리까?' 그 기
도를 드리는 아들의 목소리를 듣지 않
던 내 찢어지는 아픈 가슴에, 내가 다
시 한 번 너로부터 그 기도를 들어야
하겠는가?
13 정녕 그것이 네가 할 길인가?
14 네가 그렇다 하여 나에게 그 기도를
드린다 하면 나는 예수처럼 너의 손을
놓지는 않을 것이니, 너를 거두어들일
것이니라. 이는 너의 선택이니라.
15 네가 그 험난하고 두렵고 멀고도 먼
길을 갈 수 없어 네가 나에게 그것을
거두어 주십사 기도를 드린다면, 나는
두 번 다시 나의 자식을 그 시련과 고
통 속에 가는 그곳에서 손을 놓는 매
정한 창조주요, 아버지가 되고자 하는
마음이 없음이니라.
16 너를 버려서 만백성을 구하지 못하는
나의 아픔이나 너를 거두어들여 만백
성을 구하지 못하는 그 아픔은 같을
것이니, 네가 나에게 선택의 기도를
드리도록 그리하라.
17 "아버님, 멀고 먼 길이요, 넘을 수 없
는 그 험난한 고비의 길을 저는 가겠
사옵나이다.
18 세상에 인간사에 낳아 준 부모 자식
간에도 그 부모를 위하여 목숨을 바치

며 효성을 다한 사람도 있사옵나이다.
19 보잘것없는 저를 다스리고 또 다스려
서 이와 같이 제가 하늘의 뜻을 알며
아버님의 뜻을 알며 제가 가야 할 길
과 험난하고 먼 그 고개의 산을 넘어
야 한다는 것을 알고 제가 물러나고
싶지는 않사옵나이다.
20 어떠한 역경과 어떠한 고충이 있다 하
여도, 제 가슴이 산산조각으로 부서져
쪼개지고 터져 나간다 해도 아버님께
고통을 드리며 아버님께 눈물을 드리
며 아버님께 슬픔을 드리며 아버님께
서 모두를 포기하시게 하는 그와 같은
불효자는 되지 않겠사옵나이다.
21 저 자신을 태워서 아버님께 효도하는
자식으로서 영원히 남을 수 있는 그
길을 선택할 것이며 그 길을 가겠사옵
나이다.
22 그것만이 제가 할 길이며, 그것만이
제가 아버님께 만 분의 일, 억 분의 일
이라도 은혜를 갚는 길이며 제가 해야
할 일이기에, 두 번 다시 이 무거운 잔
을 옮겨 달라 기도드리지 아니할 것이
며, 두려움에 겁나 제 가슴에 쉴 새 없
이 뛰는 맥박을 안정 못 하는 이와 같
은 불효막심한 일은 없을 것이옵나이
다, 아버님!"
23 사랑하는 나의 아들아,
24 무엇이 이루어야 할 일이며, 무엇이
더 큰 것이며, 무엇이 가야 할 길인가
를, 나 여호와의 마음이 한없이 찢어
지듯이 아프며 울려 오는 이 고통을,
내가 이를 참으며 너를 내려다보아야
함이니,
25 내 찢어지듯이 아픈 마음을 진정 달래
며 기절할 것 같은 이 고통의 아픔을
인내하며 너를 바라보는 나 여호와의
마음이니, 나는 그래도 네가 선택하는
그 길을 취할 것이니, 너 스스로 선택
의 여지를 갖도록 그리하라.

3,099 번째 하나님 말씀

2002년 8월 24일 17시 51분

1 사랑하는 나의 아들아!
2 "네, 아버님! 말씀하옵소서."
3 내가 너에게 일러 너희들 열여섯 가족
의 모든 자녀요, 아내요, 남편은 다 신
부가 될 수 있는 자격을 가지며, 내가
그들에게 신부의 자격을 명한다 하였
음이니, 그들의 깨우침이 그와 같이
높이 가 있음이니라.
4 너는 오늘의 깨달음이 감히 천사요,
사탄도 고개를 내저을 만큼, 10년 이
상이 걸려 세상에 내야 될 나의 성령
을 기록하는 법전을 2년이라는 시간
안에 그 모든 역사를 이루기 위하여
쉬지 않고 달려가는 너의 모습에 그
누구도 감히 무어라 말하지 못하며 혀
를 내두르고 있음이니라.
5 그리하여 너의 오늘의 깨달음이 이제
는 신랑의 위치에 서 있다 하였음이
니, 너의 깨달음이 그와 같이 높음이
니라.
6 네가 이제는 신랑의 자격으로 서 있는
그 높이의 깨달음에 있어 너의 제자들
모두가 다 이제 신부가 됨이라 내가
말하였느니라.
7 그리하여 내가 선택한 그 신부들이 너
의 가슴을 통하여 내 품에 오름이니,

이것이 신랑과 신부의 관계이니라.
8 그리하니 네가 신부를 맞이하는 신랑으로서, 네가 살아가는 모든 행동에 있어서 너는 그와 같은 마음 자세에서 흔들려서도 안 되며, 신부를 기다리는 신랑의 마음 자세에서 흐트러져도 아니 됨을 알아야 될 것이니라.
9 새로운 아름답고 고운 신부를 맞이하는 그와 같은 신랑의 자세에서 어긋나서는 아니 되는 것이 너의 삶임을 알아야 될 것이니라.
10 너의 깨달음이 그와 같이 높으며, 네가 선택한 제자들의 열여섯 가족의 깨달음에 또한 그들에게 영광을 내림이니, 그 남편이요, 아내요, 자식 그 모두를 내가 신부라 하였음이니, 그보다 더 큰 은혜와 영광이 없음이니라.
11 그러니 그 가족들이 다 내가 선택한 신부로서, 하얀 드레스를 입고 곱고 아름다우며 설레는 마음의 신부로서 한 점의 부끄러움이 없는 자리에 서야 될 것이며, 그와 같은 삶을 살아야만 너희들이 바로 될 수 있다 그리 깨우쳤음이니,
12 이것이 내가 너희들에게 내리는 상이요, 그리하여 내가 열여섯 가정 너희들이 남에게 부끄럽지 않은 삶을 살아갈 수 있는 영광을 내린다 하였음이니라.
13 이와 같은 축복을 너희들이 피부로 느껴야 될 것이며, 이와 같은 영광을 받는 너희 자신이 어떠한 백성들인가를 스스로 깨우쳐야 할 것이니라.
14 수천 년 역사가 흐르는 동안에 너희들만이 신부라 내가 명하였음이니, 새로운 신랑을 맞이하는 신부와 같은 마음으로 변하여지며 깨끗해야 된다 함이니라.
15 내가 너희들을 일찍이 신부로 명하였음이니, 너희들 마음이 그리 서야만 될 것을 잊어서는 안 될 것이니라.
16 나 여호와가 천 년의 역사를 이루기 위하여 나의 아들을 통하여 10년에 걸쳐 나의 성령을 세상에 내어 너희들을 구원하고자 했으나,
17 나의 아들이 지금 달리는 그 깨달음이 감히 누구도 따를 수 없으며, 천사들도 혀를 내두르며 사탄도 혀를 내두르는, 단기간에 160권의 법전을 세상에 내어 만백성을 구하고자 하는 그의 변화에 따라 너희들의 모든 영광이 같이 변화됨이니, 너희들이 그를 따라 변화되지 아니하면 아니 됨이니라.
18 내가 너희들에게 신부라 명하였음이니, 신부의 자격으로서 너희들이 바로 서야 할 것이니, 이를 명심하여 행하도록 그리 가르치라.
19 이리하여 내가 너희들에게 이 중요함을 다시 한 번 가르침이니, 너의 제자들에게 바로 깨우쳐야 할 것이니라.

3,100 번째 하나님 말씀

2002년 8월 24일 17시 58분

1 사랑하는 나의 아들아!
2 **"네, 아버님! 말씀하옵소서."**
3 너를 훈련과 훈련 속에서 성장하도록 하였음이니, 어렵고 힘든 고도의 훈련을 받으면서 네가 인간의 삶을 다시 돌아다보는 이와 같은 삶을 갈 때, 나

의 피조물 만백성이 네 앞에 와 기도
하며 너를 따를 때 그들이 어떠한 사
람들이며 그들의 고난이 무엇인가를
네가 또한 이해할 수 있고 바라볼 수
있다 하였음이니라.
4 나의 피조물 만백성, 너의 제자들 또
한 네가 나의 아들 예수와 같이 그 변
화의 순간을 이루어 그와 같은 삶을
살아가는 너를 바라고 원하나, 그는
아니 됨이니라.
5 네가 인간 세상에 살아왔던 것을 다시
뒤집어 네가 잘못 살아온 것을 하나하
나 깨우치고 회개하고 반성하며 나에
게 용서를 빌며 훈련과 다짐을 하며
그와 같이 살아왔을 때, 네가 나의 피
조물 만백성의 삶을 이해할 것이며,
6 네가 깨달음 속에서 하나하나 얻어 가
며 착실히 너 자신을 쌓아 갈 때 그 속
에서 네가 하늘나라의 이치를 깨달으
며 변하는 자의 자세를 깨달으며 변하
는 모습을 깨달아 감이니,
7 나의 피조물 만백성의 깨우치고자 하
는 자들에게 길잡이가 되며 그들에게
생명수가 될 수 있는 것은 그 훈련이
아니면 아니 됨이니라.
8 사탄이요, 사악한 자는 일시에 하나의
변화를 이룰 수 있으며 나의 아들 예
수와 같은 삶을 흉내 낼 수 있음이니
라.
9 그러나 그는 얼마 가지 못하며 재가
됨이니라.
10 그와 같은 것은 기다릴 수 없음이니라.
11 단시일 내에 네가 예수와 같이 변하는
기적의 역사를 이루었다 하면, 그는
사탄이요, 사악한 자요, 악마의 장난
이니라.
12 사탄과 악마는 그와 같이 순간의 역사
를 이룰 수 있으나, 정녕 나로부터 선
택된 나의 아들은 천 년에 걸쳐 새로
운 역사를 이루는 기틀을 잡으며, 만
백성이 영원히 사는 그 역사를 이룸이
니,
13 네가 인간 육의 삶의 그 고통과 번뇌
와 그 속에서 깨우쳐 가는 것이 네가
몸소 체험하고 시험하지 아니하면 나
의 피조물 만백성, 너를 따르는 그 제
자들을 알 수 없으며 그들을 이해할
수 없으며, 그들을 이끌어 갈 수 없으
니,
14 너는 한 계단 한 계단 훈련의 단계를
거쳐 고도의 훈련을 받아 와 오늘의
너를 신랑의 자격이 있다 하였음이니,
너에게 만백성의 신랑의 자격을 내가
명함이니, 이와 같은 훈련 속에서 네
가 다져진 것이니라.
15 하늘에 오르는 이치도 마찬가지이니
라.
16 네가 하나하나 깨우쳐 스스로 깨달았
을 때, 네가 너의 제자들에게 천국의
문을 열어 줄 수 있으며 그들을 인도
할 수 있음이니,
17 하루아침에 이루어지는 것은 사탄이
요, 마귀요, 사악한 자들의 장난이며,
그들은 활활 탔다가 꺼지는 그와 같은
불의 역할밖에 못 하며, 영원히 존재
할 수 없음이니라.
18 너희들이 하나의 건축물을 짓더라도
10년, 20년 다지고 다져서 완벽하게
짓는 그 건물이 영구히 빛을 발하며
존재하는가, 그렇지 않으면 그저 너희

들이 급한 대로 모래성 위에 집을 짓
는 그와 같은 역사를 이루었을 때 그
리 이룰 수 있는가?
19 이것은 하늘과 땅의 차이이니라.
20 내가 천 년에 걸쳐서 나의 백성에게
하늘에 오르는 길을 역사하기 위하여
너에게 고도의 훈련과 고난과 고통의
세월을 겪게 하지 아니하고 네가 하루
아침에 예수와 같은 형국으로 변한다
하면 이는 사탄이요, 마귀요, 사악한
자들의 장난이니, 이를 못 깨우치는
너의 제자들이 얼마나 어리석고 우매
한 자들인가?
21 나의 법전이 나가 그들이 깨우쳤을 때
는 이미 나의 아들이 만백성의 신랑이
되어 있음이니, 신랑이 되기 전에 신
부가 될 수 있는 그 자리를 지킨 너희
들이 소중함이니, 구약과 신약의 몇천
년 역사 속에 육의 삶인 인간의 삶을
내가 보살펴 주며 너희들에게 역사하
니, 이것을 알아야 될 것이니라.
22 너희들은 어찌 그 깨우침을 모르는가?
23 오늘 내가 나의 아들의 깨우침이 신랑
이요, 만백성이 깨우쳐 나의 품에 오
는 것이 모두가 다 나의 아들을 영접
할 수 있는 신부라 하였으니, 내가 무
어라 말하였더냐?
24 나의 뜻이요, 나의 성령은 나의 아들
만을 통하여 만백성에게 전할 수 있으
며, 그를 통하는 것만이 기도가 상달
됨이며 하늘에 오른다 하였음이니,
25 너희들 수천수만의 신부가 있다 하나
나의 아들의 가슴을 통하지 아니하면
아니 되는 것이니, 나의 아들이 신랑
이요, 너희들이 신부라는 이치를 이제
야 알겠는가?
26 내가 나의 아들을 통하여 성령의 가르
침을 너희들에게 전하듯이 너희들은
나의 아들을 따르는 신부임을 알라.
27 그리 깨우치며, 그리하여 너희들이 나
의 아들을 따라 하늘에 오를 수 있음
이니, 그것이 곧 나의 가슴에 오름이
니,
28 내가 나의 아들만을 통하여 세상을 정
화하며 너희들의 뜻을 들어준다는 것
을 알면, 오늘의 나의 아들이 만백성
중에 깨우친 자의 신랑이라는 그 뜻을
너희들이 알게 될 것이니라.
29 이와 같은 이치에 어긋남이 있으며,
내가 너희들에게 깨우침에 어긋남이
있는가?
30 천기요, 하늘의 뜻을 내가 이리도 나
의 아들을 통하여 무섭게 나의 법전에
기록하여 전하니, 이를 읽고도 깨우치
지 못하는 백성, 너희들을 과연 어찌
하여야 할 것인가?
31 내가 나의 성령 모두를 태워서 내려보
낸다 하였음이니, 내가 너희들에게 알
기 쉽게 깨우치기 위하여 밤낮을 가리
지 아니하고 나의 아들에게 내려보내
는 이 애절한 나의 성령을 듣지 못하
는 자, 영원히 나에게서 멀어지며 내
가 손을 놓음이니,
32 그는 연줄이 끊어져 연이 날아가다 그
저 늪에 빠지며 나뭇가지에 찢어지듯
이, 그와 같이 너희들이 험난하고 험
악한 지옥행으로 가는 것을 잊지 말라.
33 그게 가슴 아파 내가 너희들에게 지금
육의 삶에서 영혼의 삶에 오기 전에
바로 살다 하늘에 오르라 가르치거늘,

이 나의 애절한 뜻을 너희들이 듣지
못하고 보지 못함이니, 이 나의 아픈
가슴을 너희들이 어찌 그리도 모르는
가?
34 너희들이 잘못 살아가는 것도 나에게
죄라 하였음이니라.
35 내가 너희들에게 편히 먹고살 수 있는
모든 것을 다 주었음이니, 그 속에서
너희들이 노력하지 아니하고 열심히
살지 아니하여 남에게 누를 끼치며 사
는 모습을 볼 때, 나 여호와의 가슴을
아프게 하는 것도 너희들의 크나큰 죄
요, 너희들이 나에게 용서받지 못할
죄라 하였음이니라.
36 육의 삶에서도 너희들이 잘못 사는 것
이 나에게 너희들이 죄인이거늘,
37 내가 너희들이 구원받아 내가 내려보
냈던 원점의 그 형태로 돌아오라 하여
이리 애절하게 너희들을 이끌어 가고
깨우쳐 주거늘, 이를 듣지 아니하고
너희들이 지옥으로 가는 것이 또한 나
창조주에게 두 번째 크나큰 죄를 지음
이니, 내가 그리하여 용서하지 못함을
너희들은 알아야 할 것이니라.

3,101 번째 하나님 말씀

2002년 8월 24일 18시 11분

1 사랑하는 나의 아들아!
2 "네, 아버님! 말씀하옵소서."
3 내가 너에게 일깨워 말하기를, 종교
지도자라 하는 자는 만백성에게 군림
하기 위하여 존재하는 것이 아니라고
수차 말하였음이니라.
4 그러나 지금의 종교 지도자들은 과연
어찌 가는가?
5 그들은 너희들에게 군림하는 것도 부
족하여 너희들에게 제왕적인 그와 같
은 행위를 하느니라.
6 아무런 대가도 없이 나의 아들과 나
여호와, 우리 부자의 이름을 팔아, 천
국이라는 그 문의 이름을 팔아, 하늘
에 오르는 길이라는 그것의 이름을 팔
아 재물과 금화를 대대손손 몇천 년
동안 거두어들이고 호의호식하며 저
희들의 육신의 삶을 위하여 살아감이
니,
7 노력하지 아니하면서 거두어들이는
자요, 대가성 없이 거두어들이는 그와
같은 삶을 지금까지 지속해 온 자이니
라.
8 저희들이 제왕보다도 더 현란한 궁전
을 짓고자 하며 그보다 더 위대한 대
우를 받고자 하여 살아감이니,
9 지도자는 나의 종이요, 만백성의 종이
라 하였거늘, 어찌하여 종이 그와 같
이 군림된 행위를 하며 제왕적인 행위
를 하면서 종이라 말할 수 있겠는가?
10 내가 너희들에게 말하여 일렀느니라.
11 나에게 선택된 자요, 구원의 길을 인
도하는 종교 지도자요, 가르치는 자는
만백성의 종으로서 제가 서야 되며,
나 여호와로부터 종으로서 존재하는
자임을 알아야 한다 하였거늘,
12 지금 너희 종교 집단의 지도자들이 가
르치고 존재하는 것이 만백성의 종으
로서 존재하는가, 나 여호와의 종으로
서 존재하는가?
13 너희들은 제왕보다도 더 위에 존재하
며, 나 여호와보다도 더 위에 존재하

며, 작은 신으로서 군림하며 모두를
다 받고 행하고자 하는 것이 지금 너
희들의 자세이니,
14 과연 많은 종교 집단이요, 많은 신도
를 이끌어 가며 재물을 모으고 있는
지도자들이, 그리고 궁궐보다도 더 호
화롭고 아름답게 꾸리며 호의호식하
며 육신의 더없는 영광과 영화를 누리
고 살아가는 그자들이 과연 나의 종이
요, 만백성의 종이라 말할 수 있는가?
15 만백성의 종이 어찌 제왕이 되며 군림
하며 그와 같이 살아갈 수 있는가?
16 그와 같이 호화롭게 걸치고 너희들이
하나의 노력도 없이 우리 부자의 이름
을 팔아 영수증도 없이 사악하게 모아
둔 그 재물 모두를 다 정리하여 만백
성에게 돌려주며,
17 너희들은 그저 비바람만 막을 수 있으
면 족한 성전에서 나의 뜻을 가르치며
나의 진리를 가르치며 진실한 사랑의
나눔을 가르치며 하늘에 오르는 그 역
사를 가르칠 때 너희들이 나로부터 선
택받은 자가 될 것이니라.
18 진정한 나의 백성의 종이요, 나의 종
으로서 너희들이 거듭나지 아니한다
면, 너희들은 그 죄를, 너희들이 지금
육에서 누린 몇천 배의 그 고통을 반
드시 받음을 알아야 할 것이니라.
19 너희들은 너희들만이 지은 죄가 아니
요, 만백성까지 너희들이 지옥으로 이
끌어 가며, 그들을 보내고 그들을 우
롱하고 핍박하며 너희들이 거짓 하여
그들을 너희들의 소유물처럼 행한 그
죄를 다 받아야 되기 때문이니라.
20 여기서 너희들은 깨달아야 될 것이니
라.
21 너희들이 형식에 젖어 의식을 행하며,
그리고 재물을 거두어들이며, 제왕적
인 위치에서 만백성을 지도하는 것이
나 여호와의 뜻인가,
22 아니면 그저 자신의 모두를 다 털어
만백성을 위하여 저희들의 신도요, 나
의 성전에 와 공부하는 백성을 위하여
무엇인가 이루고자 하여 노력하며, 그
들이 나 여호와를 믿음으로 육의 행복
을 얻으며 육의 짜릿함을 얻으며 그리
고 나 여호와가 존재함을 믿으며 사는
그 자체를 영광으로 얻도록 인도하고
일깨워 주도록 하는 나의 성전이요,
나의 아들이 역사하는 것이 진실한 것
인가?
23 과연 어떤 것이 나의 뜻인지 너희들은
한번 보아야 할 것이니라.
24 좋은 음식을 놓고 저희들의 입에 먼저
집어넣으며, 그리고 저희가 먹다가 배
를 다 채워 저의 아내에게 저의 자식
에게 먹여 주며 같이 배불러 하는 사
악한 자와 그것을 자신이 먹기 전에
배고픈 이웃에게 나누어 주며 그들을
먼저 생각하며 그들을 먹이는 자 중에
누가 진정한 나의 뜻에 따라 사랑을
베푸는 자인가?
25 이것 하나만 본다 해도 지금의 종교
지도자들이 너무나도 잘못 가고, 얼마
나 잘못 이끌어 가고 있는가 하는 것
을, 그들의 행태와 형국이 얼마나 사
악한 것이며, 그들의 보이지 않는 이
면의 추잡하고 추한 행동들까지 너희
들이 들추어 본다면 누구도 너희들이
만든 그 성전에 가서 경배하고 기도하

는 자 없을 것이니라.
26 그러면서 너희들은 무어라 말하는가?
27 너희들 스스로 잘못하는 그 죄를 의식하지 아니하며 너희들이 사악한 행위를 하면서 그 죄의 회개도 아니 하며, 나의 피조물 만백성에게 그저 '회개하라, 반성하라, 금화와 은화를 바쳐라!' 그리하고 있는 것이 지금의 종교 지도자이니라.
28 너희들은 우리 부자의 이름을 팔아 나의 아들의 이름으로써 하늘에 오르는 그 영광만 가르쳐 주며, 나의 아들의 보혈로써 너희들이 구원된 자이며 천국의 문에 들어설 수 있다 그렇게 가르침이니라.
29 너희들은 육의 삶에 너희들이 어찌 살아야 되는 것인가 그를 가르치지 아니하며, 육의 삶에 천사와 같은 삶을 살지 아니하고 나의 계명을 지키지 아니할 때 너희들은 죽어 하늘에 오를 수 없다는 것을 가르침이 아니라,
30 너희들은 육의 삶은 어찌 살든 영의 믿음만 가지며 너희들이 지은 성전에 와 재물을 바치며 '아멘, 할렐루야!' 하며 광란의 짓을 하며 눈물로써 소리 지르고 기도하고 찬송 부를 때 그것만이 구원의 길이라 그렇게 가르치니,
31 그들이 불안한 마음이요, 초조한 마음이요, 저희들이 죄 속에 죄의식을 느끼고 살려 하니, 저희 자신이 두렵고 무서운 그 마음에 너희들은 세 치 혓바닥으로 위안하여, 육신의 행동은 어찌 살아가든지 믿음만을 향해 소리 지르고 구원을 받고자 하는 목소리만 높으면 구원받는다 그리 가르침이니, 그 죄가 얼마나 무서운가를 너희들이 죽어 나에게 왔을 때 알 것이니라.

3,102 번째 하나님 말씀

2002년 8월 24일 18시 16분

1 사랑하는 나의 아들아!
2 "네, 아버님! 말씀하옵소서."
3 나에게 오르는 길은 어린아이들이 달구지 타고 동요, 부르며 가장 기쁘고 또 행복한 마음으로써 나의 성전을 찾는 것이 참진리의 길이라 하였음이니라.
4 너희들이 부모를 찾아가는 즐거운 마음보다도 열배 백배 더 즐겁고 행복한 마음으로써 나의 성전을 찾아올 수 있는 그와 같은 분위기로 만들었을 때, 그것이 바로 나의 뜻이며, 나를 찾는 자의 마음 자세라 내가 말하였음이니라.
5 그와 같은 마음으로 나의 성전에 와 강론을 들을 수 있는 그와 같은 마음이 아니라면 이것은 진정한 참진리가 아니라 하였음이니라.
6 그러나 너희들은 지금 만백성을 어찌 가르치고 있는가?
7 만백성은 초조한 마음으로 그들의 모든 재물이요, 모든 헌금을 바치며, 이를 바치는 자에 따라서 이름을 부르고 격려하며 기도해 줌이니,
8 너희들이 평생토록 살아가면서 바치고 더 바치고 더 바치는 자만을 기억해 주며 기도해 주며 그들만을 사랑하는 그와 같은 형국으로 과연 가지 않는가?

9 그리하여 바치는 자 사업에 실패하며, 가난에 견디기 어려울 정도로 실패한 자가 예전에 바치던 만큼 바치지 못할 때, 너희들은 그들의 이름을 기도에서 슬그머니 빼 버리며 지우는 그와 같은 행동은 하지 아니하는가?
10 그리하여 너희들은 더 바치고 더 바치라 하였으니, 평생을 살아가면서 더 바치고 더 바치는 그와 같은 자를 위해 기도하고 그와 같은 자만이 믿음이 굳으며, 그와 같은 자만이 하늘의 영광을 받는 것이며 구원을 받는다고 너희들은 그리 독려하며 사기극을 벌이고 있지는 아니한가?
11 너희들이 나의 뜻이요, 나의 성령으로 나의 만백성을 참진리의 길로 인도하여 하늘에 오를 수 있는 것은, 나의 피조물 만백성을 이끄는 너희 종교 집단에 그들이 참여하는 것을 스스로 즐거워하며 스스로 동참하는 데 그들이 기쁜 마음으로써 이루는 그와 같은 집단을 이루어야 될 것이니라.
12 만일 즐거운 마음이요, 스스로 기쁜 마음으로 동참하지 않는 그와 같은 집단의 소속이라는 것은, 그는 너희들이 잘못 가르치고 잘못 인도하는 집단임을 알아야 할 것이니라.
13 가장 기쁜 마음으로, 가장 편안한 마음으로써 나를 향하고 나에게 오르고자 그들이 깨우치고 가는 그와 같은 집단으로서 바뀌지 아니하며 탈바꿈하지 아니하고 그와 같은 형국으로 이끌어 가지 않는 종교 집단은 잘못된 종교 집단임을 너희들이 알아야 될 것이니라.
14 참진리요, 진정한 빛을 보고 나에게 오르는 백성들은 가장 즐겁고 편안하며 행복한 마음으로써 성전을 찾으며, 나의 법전을 읽고 공부하고 성경을 들어 깨우칠 때, 그와 같은 마음으로 가는 그 믿음의 길을 가는 자만이 축복받은 자요, 영광의 길을 볼 수 있으며, 진정한 진리의 길을 갈 수 있는 지도자가 이끌어 가는 것이니,
15 그의 뜻이요, 그가 이끄는 것만이 하늘에 오를 수 있으며, 내가 천국의 문을 열어 주는 문 앞에 올 수 있는 인도자임을 너희들은 알아야 할 것이니라.

3,103 번째 하나님 말씀

2002년 8월 24일 20시 53분

1 사랑하는 나의 아들아!
2 "네, 아버님! 말씀하옵소서."
3 수천 년 역사 동안에 종교 지도자라 하여 나의 피조물 만백성을 구원하는 그 역사를 이루며 살아오는 그들이 과연 어떠한 생활 속에서 행하여 왔는가?
4 종교 지도자는 모름지기 그 생활의 모두를 다 만백성이 유리알처럼 볼 수 있는 그와 같은 삶을 살아야 한다 하였음이니라.
5 그러나 지금까지 흘러오는 종교 지도자는 저희들의 성전에서 호화찬란한 모습으로 나의 피조물 만백성을 위협하고 제압하며 제왕과 같은 형태로써 지금까지 이끌어 왔음이니라.
6 그들의 생활은 신과 같은 삶으로써, 모두를 저희 신도들에게 보여 줌이 아니요, 그들로서 권위를 지키며 저희들

의 성전을 궁궐보다도 더 찬란하고 호
화롭게 지은 그곳에 제왕보다도 더 찬
란하고 웅대한 모습으로써, 그와 같은
형태요, 그와 같은 의상이요, 그와 같
은 모습으로써, 또 화려한 그 단상에
서서 나의 피조물 만백성을 현혹게
하며 그들을 위협하며, 때로는 그들
자신이 제 앞에 감히 저희들의 옳고
그름을 말할 수 없도록 하는 그와 같
은 위협적인 분위기로써 지금까지 끌
고 왔음이니라.
7 그러나 너희들은 알아야 될 것이니라.
8 종교 지도자는 은폐된 생활을 하거나
은폐된 속에서 깨우침을 전하는 것도
아님이니라.
9 너희들의 생활이 은폐되고 밀폐되어,
나의 피조물 만백성과 격이 있으며 너
희들이 작은 신과 같이 신격화하는 그
와 같은 생활로써 그들과 거리를 두고
깨우치는 것이 아니며, 그러한 형태로
써 나의 피조물 만백성을 하늘로 인도
하는 것이 아님을 알라.
10 모든 백성과 더불어 생활하며, 그 속
에서 너희들이 진정한 진리만을 깨우
치며, 그들과 더불어 육의 삶에서 너
희들이 얽히고설키는 그와 같은 생활
속에서 그들을 인도하는 것이 진정한
종교 지도자인 것이니라.
11 너희들은 너희 신도라 하는 자들, 또
나의 백성들에게 모든 것을 다 보여
주어야 될 것이며, 그들로부터 은폐하
고 숨기는 것이 있어서는 안 되며, 너
희들 스스로 차별화된 삶을 살고자 하
는 그와 같은 형식적인 삶으로 나의
백성들을 인도한다는 말을 해서는 아
니 될 것이니라.
12 너희들을 따르는 나의 백성이요, 신도
라 칭하는 그들은 너희들에 대하여 모
두를 다 알 권리가 있으며, 또한 알고
자 하는 그 권리를 보장해 주며, 너희
들의 그와 같은 생활을 다 보여 주는
속에서 그들에게 너희들의 진정한 모
습의 삶을 볼 수 있도록 그리 행하여
야 할 것이니라.
13 너희들이 너희 신도들이요, 나의 백성
들에게 너희 생활을 보이지 아니하며,
그를 은폐하고 속이는 그와 같은 생활
속에서 그들과 차별화를 둔다 하면 이
는 너희들의 생활에 추하고 더러운 단
면이 있기에 그를 보일 수 없고 당당
하지 못하기 때문에 그와 같이 보이는
생활을 하지 못하는 것이 아닌가 스스
로 깨우쳐야 될 것이니라.
14 하나도 투명하지 않은 것이 있어서는
아니 되며, 너희들이 은폐된 속에서
생활하며, 너희들 자신을 신도들 앞에
내놓기를 꺼리며 너희들 생활의 모두
를 다 보여 주는 것을 두려워하며 꺼
리는 삶을 산다 하면,
15 너희들은 정녕 나 여호와의 뜻대로 천
사와 나의 심성과 같은 마음을 가지고
살지 못하기 때문에 너희들이 그를 보
여 주지 못함이니라.
16 나의 아들이 살아가는 모습을 너희들
이 보아야 될 것이니라.
17 그가 그 신도요, 그를 따르는 백성이
요, 그의 제자들에게 과연 무엇을 속
이고 은폐하며, 너희들의 하는 외형처
럼 그가 단상에서 그 모두의 호화찬란
하게 준비한 상태에서 위압적이며 고

압적인 자세에서 그와 같이 그들을 깨
우치고 이끌어 가는가?
18 그들과 더불어 한데 어울려 모두의 생
활을 다 보여 주며, 그들과 더불어 한
점의 부끄럽이 없으며 한 점의 속임이
없으며 가림이 없는 그와 같은 삶을
살아가는 것이 그의 삶이니라.
19 그가 제 앞에 재산을 쌓고자 하는 것
도 아니요, 재물을 모아 두는 것도 아
니요, 그를 모으기 위하여 수 쓰는 것
도 아니요, 거짓 함도 없느니라.
20 그저 다만 그를 따르는 제자들을 위해
서, 그들의 의식주요, 그들의 편안한
삶을 위해, 그들이 진정한 믿음의 길
을 갈 수 있도록 그 모두를 다 던짐이
니, 그것이 너희들과의 차별화임을 알
아야 될 것이니라.
21 너희들이 모으는 재물이요, 너희들이
각종 헌금을 거두어들이는 그 모두를
너희 신도들이 알 권리가 있으며, 그
들이 알고자 할 때 그들에게 모두를
보장하며 보여 주는 그와 같은 삶을
살지 아니한다면 너희들은 잘못된 지
도자임을 알아야 될 것이니라.
22 너희들은 투명성 있게 이끌어 가야 될
것이며, 너희들이 한 점의 의혹이 있
는 생활로써, 그리고 너희들이 감추려
하는 그와 같은 생활에서 깨우친다 하
면, 너희들은 진정한 깨우침을 가르칠
수 없으며, 너희들 자신이 무엇이 진
정한 길이며 하늘에 오르는 것인지도
모르느니라.
23 그리하여 너희들이 나의 뜻을 알 수
없으며, 나를 향하여 가는 길이 무엇
인지 모르며, 나의 뜻에 따라 너희들
이 천사와 같은 아름다운 마음으로 살
아갈 때 그 속에서 얻어지는 행복이
무엇인지 그와 같은 것도 너희들은 느
끼지 못하고 살아가는 자들이니라.
24 종교 지도자는 모름지기 은폐된 생활
을 해서는 아니 됨이니라.
25 모든 신도들에게 하나의 의혹이 없으
며, 그들이 의심함이 없으며, 그들이
알고자 하는 그 모두를 다 보장하여
주며, 너희들이 생활함에 하나서부터
열까지 다 그들과 더불어 보여 줄 수
있는 삶을 사는 것만이 종교 지도자가
가야 할 길이니,
26 종교 지도자가 위선이요, 거짓된 행위
요, 너희들이 외형의 현란하고 찬란한
것으로써 백성들을 현혹하지 말아야
될 것이니라.
27 진정한 진리로써 그들을 깨우치는 데
모두가 다 하나가 되어 모든 생활을
다 비춰 주며 볼 수 있으며 하나도 은
폐됨이 없이 살아가는 그가 진정한 종
교 지도자임을 알라.
28 은폐된 생활을 하는 자, 제가 깨우칠
수 없으며 계명대로 지킬 수 없으며,
제가 말하는 설교요, 교리대로 지킬
수 없는 자이기에 은폐된 생활을 하
며, 옷으로써 위장하며, 호화찬란한
궁전 같은 속에서 나의 피조물 만백성
을 제압하고 살아가려는 얕고 추악한
모습을 벗어던질 때가 되었음을 알라.

3,104 번째 하나님 말씀

2002년 8월 24일 20시 57분

1 사랑하는 나의 아들아!

2 나의 피조물 만백성을 구하는 종교 지
도자요, 수천 년 동안 이끌어 오는 그
집단의 형태가 과연 어떠한 믿음으로
가는가?
3 정녕 하늘에 오르는 길이요, 나로부터
선택된 목자요, 나로부터 명받은 종교
지도자라 하면 너희들의 소수의 집단
에서 존경받는 그러한 가르침의 자세
로 가는 것이 아니며,
4 소수의 집단만을 구원한다 하여 너희
들이 그들로부터 존경받으며, 너희들
이 위대한 종교 지도자요, 너희들만이
구원으로 인도할 수 있는 그러한 종교
지도자라 그리 존경받는 데 급급하며
그것에 만족해 살아가는 자는 정녕 나
로부터 선택되지 못한 자임을 알아야
될 것이니라.
5 너희들은 작은 종파 속에서, 작은 집
단 속에서 그들만을 깨우치는 것이며,
그들만이 위대하게 선택된 자들이며,
제 밑에 와 그 배움을 가는 자, 설교를
듣는 자, 그들만이 선택받은 자이며,
예수의 보혈로써 구원받은 자며 진정
한 하늘에 오르는 길이라 그리 가르치
는 자, 그들은 모두가 다 가려진 자이
니라.
6 그들은 진정한 하늘에 오르는 뜻을 가
르치는 종교 지도자가 아니며, 스스로
저희들이 가려진 잘못 간 진리요, 잘
못 가르치는 자들이며, 그들은 진정한
하늘의 뜻이 무엇인지도 모르는 자이
니라.
7 나 여호와로부터 선택된 백성이요, 나
여호와로부터 지도자로서 명받은 자
요, 목자라 명받은 자는 소수의 백성
으로부터 존경을 받는 그와 같은 가르
침을 위하여 존재하지 아니함을 알아
야 될 것이니라.
8 나로부터 선택된 종교 지도자요, 나로
부터 명받은 자요, 진정한 나의 목자
라면 소수의 집단이요, 그들로부터 존
경받으며 그곳에서 만족하며, 그곳에
서 많은 백성들을 긁어모으고자 하며,
많은 신도들을 모아 설교하며 금화와
은화를 거두어 자신이 편안하게 살아
갈 수 있는 그와 같은 삶에 연연한다
면,
9 몇 푼의 재물이요, 금화를 모아들이는
데 모든 정성을 다 쏟는 그와 같은 믿
음으로 가는 자요, 그와 같은 믿음으
로 끌고 가는 종교 지도자는 정녕 나
와는 아무런 관계가 없는 것이니라.
10 나로부터 선택된 백성은 만백성을 구
하는 데 역점을 두며, 만백성을 구하
기 위하여 그 가르침을 전할 것이며,
하나에 상주하여 적은 몇몇 백성을 위
하여 설교하고 가르치는 그와 같은 종
교 지도자가 아님을 알라.
11 나로부터 선택된 백성이요, 나로부터
선택된 목자요, 나로부터 명받은 종교
지도자는 몇몇 소수의 집단을 위하여
존재하는 것이 아니며, 그들로부터 존
경받으며 믿음을 받는 그와 같은 자세
로써 살아가고자 하는 것이 아니니라.
12 만백성을 구하기 위하여 그와 같은 역
사를 이루는 것이 나로부터 선택된 종
교 지도자이며 목자임을 알아야 할 것
이니라.
13 소수의 몇 명의 집단을 위하여 저희들
이 옳은 길로 가며 이끌어 간다 그리

발버둥치며 저희들만이 구원의 길에 들어섰다 하는 자들, 그들이 다 허상이요, 다 허상의 빛을 위하여 환상 속에서 우리 부자의 이름을 팔아먹고 사는 장사꾼임을 알아야 될 것이니라.

3,105 번째 하나님 말씀

2002년 8월 24일 22시 01분

1 사랑하는 나의 아들아!
2 "네, 아버님! 말씀하옵소서."
3 정녕 너희가 깨달음이요, 깨우침이라
는 것이 무엇이던가?
4 "네, 아버님! 인간은 인간으로서 지켜
야 할 길이 있으며, 저희들이 먼저 행
하여야 할 길이 있사옵나이다.
5 저희들이 생각하건대, 아버님께서 저
희들 인간을 깨우쳐 주시고 저희들에
게 지혜를 주시면 모든 것이 쉽고 간
단하게 처리될 수 있는 것이며, 세상
의 모든 사악한 자들을 물리친다면 선
한 자들만 존재하는 그와 같은 세상이
되지 않을까 하는 그와 같은 저희들의
바람의 욕심과 또한 그러한 생각을
가지고 살아가고 있었사옵나이다.
6 그러나 그것이 정녕 아님을 이제야 알
고 깨닫겠사옵나이다.
7 저희들은 저희들로서 깨달아야 할 일
이 있으며, 저희들이 행하여야 할 명
분이 있사옵나이다.
8 저희들이 생각하기에는 항상 아버님
께서 먼저 주시는 것을 저희들이 받아
서 행하면 간단하고 편할 것이라는 그
러한 생각의 마음에서 지금까지 기대
하고 살아왔사옵나이다.
9 그러나 이는 결코 이루어질 수 없는
것임을 이제 깊이 깨닫고 있사옵나이
다.
10 저희들이 말하기를, 아버님의 성령이
저희들에게 임하여야만 모든 것이 변
화할 수 있으며 모든 것이 역사할 수
있다 그리 생각하며, 그리하여 성령의
은총을 받기를 기도하고 경배하는 마
음으로 살아가는 것이 저희들이라는
것을 저희는 그렇게 알고 있었사옵나
이다.
11 그러나 그 모두는 저희들의 잘못된 생
각이며 잘못 깨달음이라는 것을 알았
사옵나이다.
12 성령으로써 아버님께서 저희들에게
임해 주시는 것이 아니요, 저희들이
성령을 받을 수 있는 마음의 빈자리를
얼마만큼 크게 먼저 만드느냐 하는 것
이 더 우선이라는 것을 깨닫고 있사옵
나이다."
13 그러니라, 사랑하는 나의 아들아!
14 내가 모두로써 너희들에게 역사하지
못할 것이 무엇이 있겠는가?
15 그러나 너희들의 노력으로써 너희들
이 먼저 변하지 아니하고 얻는 것은
그 값짐을 모르며, 그 진주요, 보석의
소중함을 너희들은 모르느니라.
16 그리하여 너희들의 마음이 수시로 변
하며 때와 장소에 관계없이 너희들이
악한 자가 될 수도 있고 선한 자가 될
수도 있는, 그와 같이 마음이 변하는
것이 인간의 삶이니라.
17 너희들이 육의 세상을 살아가면서 모
든 사탄의 유혹이요, 인간사의 향락이
너희들을 유혹하며, 너희들을 무너트

리고 쓰러트리고자 하는 것이 너희 인
간 세속의 삶이니, 너희들이 나로부터
쉽게 얻은 것이요, 쉽게 성령을 받아
깨우쳤다면, 너희들은 정녕 그를 지키
고 갈 수 없음이니라.
18 그리하여 네가 깨닫고 한 계단 더 올
라와 행할 수 있을 때 내가 행할 힘을
실어 줌이니, 이게 바로 나의 뜻이니
라.
19 그리하여 너희들이 변화되는 노력과
고통 속에서 값지게 얻었을 때 내가
너희들에게 힘을 실어 주며 지킬 수
있는 굳건한 마음자리를 심어 주는 것
이니라.
20 내가 무어라 하였더냐?
21 내가 80이라는 것은 너희들에게 주었
음이니, 20의 그 두 구슬의 노력만큼
너희들이 얻어서 오라 하였음이니,
22 그것이 바로 그와 같이 네가 노력하지
아니하고 고통과 시련으로써 깨우쳐
얻지 아니하면 모두가 다 물거품이 되
고 허사가 되기 때문이니, 내가 너희
들에게 성령으로 임하여 모두를 주지
못함이 여기 있느니라.
23 "이제 제가 알고 있사옵나이다.
24 제가 깨우침의 노력이 정녕 값진 것이
며, 그 값진 것 위에 아버님께서 쇠말
뚝보다 더 강한 그 이치를 심어 주시
며, 그 마음을 굳건히 자리를 내릴 수
있도록 아버님의 영광이요, 성령이 깊
이 심어짐이니, 이는 어떤 것에도 넘
어질 수 없으며, 어떤 고통과 시련 속
에서도 넘어질 수 없음을 제가 알고
있사옵나이다.
25 또한, 제가 오늘 같이 깨닫고 또 깨닫
는 그 속에서 갈 때 저의 제자들이 저
를 따라올 것이며, 제가 변하는 모습
을 보는 속에서 저의 제자들도 또한
한 계단 한 계단 변해 오면서 스스로
그들이 깨우침에 저희들의 대견함을
알며, 노력함에 변함을 알게 되며,
26 그 속에서 비운 만큼 아버님께서 성령
으로 채워 주셨을 때 그 깨달음은 영
원히 변하지 않는 그와 같은 역사의
흐름을 또한 아버님께서 이루고자 하
시는 그 뜻을 이제 깊이 깨달았사옵나
이다.
27 그 고통과 시련 속에서 아버님께서 답
을 주시고 성령을 심어 주시는 것을
체험하면서 제가 살아갈 때 저의 제자
들이 또한 그와 같이 한 계단 한 계단
변화할 수 있기에, 그들 또한 한번에
아버님께서 성령으로 임하여 한번에
변하는 기적의 역사를 내리지 아니함
을 알고 있사옵나이다.
28 그를 한번에 받았을 때 그는 간단히
너무나 쉽게 얻었으며 힘을 안 들이고
얻었기 때문에 그를 지킬 줄 모르며
그 소중함을 모르며, 그리하여 넘어지
는 그 이치 때문에 아버님께서 하나하
나 깨우쳐 변하는 그 역사를 저에게
체험하도록 하시며, 제가 하나 얻었을
때 아버님의 성령의 빛으로 깊이 못을
박아 심어 주시는 것을 알았사옵나이
다.
29 그리하여 저의 제자들 또한 그와 같이
깨우쳐 가 그들이 변하는 모습 속에
완벽한 하나님의 아들딸로서 성장하
도록 키우고자 하심을 알겠사옵나이
다."

30 사랑하는 아들아!
31 너의 그 깨달음이요, 그 이치를 너의
제자들과 만백성에게 전하여야 할 것
이니라.
32 내가 일시에 너희들에게 기적을 내리
지 아니함은 다만 그와 같은 깨달음이
요, 훈련의 과정이 필요함이니라.
33 너희들은 나로부터 은혜와 은총의 영
광을 항상 받을 수 있으며 언제나 너
희들이 구원의 길에 오를 수 있음이니,
34 스스로 너희들이 깨달아 그 중하고 귀
함을 너희 몸으로 체험하여 너희 것으
로 만들 때, 너희들이 영원히 죽을 때
까지 흔들리지 아니하고 넘어지지 아
니하며 나에게 올 수 있는 그와 같은
값진 깨달음을 위해서 그와 같이 어렵
고 힘든 훈련의 과정을 거치게 함이
니, 너희들이 먼저 깨우쳐야 될 것이
니라.
35 너희들이 먼저 깨우침은 너희들의 마
음을 먼저 비움이니, 너희들이 마음을
비우는 만큼 내 성령이 채워짐이니,
36 너희들이 마음을 비우는 만큼 깨달음
이 있으니, 그 깨달음을 내가 너희들
가슴속에 성령의 빛으로써 꼭 심어 줌
이니, 이것이 너희들이 먼저 깨우치고
내가 성령을 심어 주는 그 뜻임을 알
아야 할 것이니라.

3,106 번째 하나님 말씀

2002년 8월 24일 22시 09분

1 사랑하는 나의 아들아!
2 "네, 아버님! 말씀하옵소서."
3 내가 나의 법전이요, 나의 성령을 반
복하고 또 반복하며, 너희들에게 반복
훈련을 시킴이니, 이는 내가 너희들에
게 기록하는 그 뜻을 너는 '어찌하여
전지전능하신 아버님께서 반복하고
또 반복하는 말씀을 내려 이 법전에
기록하시는가?' 하고 의혹하고 있음
을 내가 아느니라.
4 너는 나로부터 직접 들으며 모두를 들
으니 생생하게 네가 깨달음이 있으며
그 원하는 뜻을 아나, 나의 피조물 만
백성은 책으로써 한 구절을 읽으면 그
책을 덮으면서 잊어버림이니라.
5 그리하여 하나의 길을 가르치기 위하
여 내가 나의 성령의 법전에 반복 훈
련하면서 너희들을 깨우쳐 가는 것이
니라.
6 지금 160권의 법전이 세상에 나감이
니, 그 160권 속에 반복되고 또 반복
되게 가르치는 내용들을 너희들은
160권이 각각 다르며, 또 각각 다른
구절 속에 내가 매일 너에게 내리는
시간마다 그 내용이 다 다름이니,
7 그 속에서 어느 한 구절을 읽고 깨우
치며 한 권의 책 속에서 어느 한 페이
지를 읽고 깨우침이니, 그와 같이 수
천, 수만, 수억의 인구들이 보고 깨우
치는 속에서 내가 너희들에게 반복과
반복의 훈련으로써 깨우쳐도 너희들
이 나의 뜻이요, 나의 성령을 몇 분의
일밖에 받아들이지 못함이니,
8 내가 너에게 지시하여 너에게 내리는
것을 너는 직접 받음이니, 내가 원하
는 그 뜻을 알며 내가 행하고자 하는
것을 네가 알아 바로 서고 바로 깨우
쳐 가며, 이 세상 누구도 너와 같이 변

할 수 없는 가장 아름답고 깨끗한 마
음을 가진 천사와 같은 자로 너는 변
하여 가고 그리 변화되느니라.
9 그러나 직접 듣지 못하는 나의 피조물
만백성은 네가 깨닫는 것같이 그렇게
가지 못함이니, 나의 법전을 기록하여
책으로 읽는 자, 네가 나로부터 직접
들어 깨우치는 것의 3분의 1의 그와
같은 접함도 없으며 그와 같은 깨달음
이 없음이니,
10 그들에게 세 번, 네 번 반복하는 구절
을 집어넣어 그들의 머릿속에 스스로
자기도 모르도록 심어 주어, 네가 깨
우치는 것처럼 100퍼센트 깨우치는
역사를 이루고자 하는 것이 나의 뜻이
니라.
11 그리하지 아니하면 너희들이 정녕 깨
우칠 수 없으며 내가 원하는 내용의
진실함을 알 수 없기 때문이니라.
12 그리하여 내가 너희들에게 계속 반복
의 훈련으로써 다스려 가고자 하는 것
이니라.
13 너희들의 세상사에 망각이라는 것이
있으니, 슬프고 고통스러운 것도 잊어
가며 사는 것이 너희들이니라.
14 그리고 생활에 따라 변화되고 환경에
따라 변화되고 적응의 능력에 따라서
너희들이 수시로 변하게 됨이니,
15 이를 반복하고 거듭 반복하지 아니하
면 너희들은 정녕 깨달을 수 없기에,
나 여호와가 160권 속에 한 구절의 깨
우침을 위하여 반복하고 또 반복하는
형국으로 나의 법전을 엮어 감이니,
16 너는 나에게 그와 같은 의혹의 마음을
갖기 전에 네가 느끼는 것만큼 나의
피조물 만백성이 느낄 수 없기에 그들
에게 반복의 훈련을 시킴을 알아야 될
것이니라.
17 사랑하는 나의 아들아!
18 "네, 아버님! 말씀하옵소서."
19 너희들은 변화되느니라.
20 그리고 수시로 때에 따라서 환경에 적
응하며 너희들은 그때그때 맞추어 적
응해 살아가는 무한한 변화의 역사를
가지고 있느니라.
21 너희는 진정한 믿음의 변화도 또한 수
없이 변화되는 속에서 너희들이 스스
로 변화의 역사를 이루었으나, 그것이
너희들이 진정한 믿음의 길을 선택함
이 아니요, 나와는 정반대의 믿음의
길로 변하여 왔기 때문에 오늘과 같이
너희들이 돌이킬 수 없는 형국이 되어
있음이니라.
22 너희들은 반복 훈련을 시키고 또 반복
훈련을 시키는 것보다도 더 소중함이
있으니, 백 번, 천 번, 만 번 너희들이
말로 듣는 것보다 만져 보는 것을 더
소중히 함이니,
23 너희들에게 이 법전의 160권으로써
심어 주고 또 심어 너희들을 완전히
깨우치고자 하는 것이 나의 뜻이며,
24 나의 아들, 네가 변하고 또 변하여 예
수와 같은 경지요, 천사와 같은 경지
에 올랐을 때, 그들이 또 육으로써 체
험할 수 있는 그 역사의 다음 단계의
변화가 이루어짐이니,
25 내가 말로써 반복시키며, 나의 책으로
써 글로써 반복시켜 훈련시키며, 너희
들이 백 번, 천 번 듣는 것보다도 만져
보는 것으로 너희들이 믿음을 가고자

하기 때문에 내가 너희들이 직접 느낄
수 있고 피부로 느낄 수 있으며 만질
수 있으며 눈으로 볼 수 있는 그와 같
은 역사의 변화를 이루게 될 것이니라.
26 다만, 너희들이 그와 같은 역사의 변
화를 볼 수 있는 것은 나의 십계명에
의하여 실천하며 살아가는 자, 그리고
너희들이 진정한 삶으로써 변화하여
가는 자, 그리고 지금의 잘못 가는 종
교 지도자들이요, 그와 같은 자들이
가르쳐 변질되고 변질되는 그 깨달음
에서 너희들이 뼈를 깎는 훈련을 스스
로 견디어 이기면서 그곳에서 뛰쳐나
오는 자, 그리고 나의 법전을 읽고 깨
우치는 자, 목숨을 다 바쳐 뼈를 깎는
고통보다도 더 힘든 나의 법전의 가르
침대로 시행하고 지키는 그와 같은 너
희들의 훈련이 이루어지지 아니한다
면 정녕 구원을 받을 수 없음을 알아
야 될 것이니라.

3,107 번째 하나님 말씀

2002년 8월 24일 22시 17분

1 사랑하는 나의 아들아!
2 나의 피조물 만백성, 수억의 그 생명
들이 나로부터 은혜를 받아 세상에 나
감이니, 그들의 육의 삶에 있어서 욕
심이요, 사욕을 버리지 못하여 그를
버리고자 한평생 사나,
3 그를 이기지 못하며 제가 스스로 천국
의 문을 오르지 못하며 지옥의 문에
가, 버리지 못한 욕심과 사욕에 대한
대가를 치르고 영원히 그곳에서 고생
하며 죄의 대가를 치르는 것이 너희들
의 영혼의 삶이니라.
4 그리하여 지금 만백성을 구한다는 종
교 지도자들이 너희들의 사욕이요, 그
욕심을 부리는 것을 깨우치고 가르쳐,
욕심과 사욕을 버린 마음에서 깨끗한
마음속에 사랑을 베풀며 나눔을 베풀
어 하늘에 오르는, 나로부터 구원을
받는 길을 가기 위하여 너희들을 이끌
고 지도하는 종교 지도자들은 과연 어
찌하여야 되는가?
5 만백성을 구한다는 종교 지도자들이
자신의 사욕이 있어서 그 사욕을 한
점이라도 버리지 못하고 있다 하면,
과연 지도자로서 자격이 있다고 말할
수 있는가?
6 그를 버리라 말하는 종교 지도자가 사
욕이 있다 하면 그는 가르칠 자격이
없으며 지도자로서의 자격이 없음이
니, 그와 같은 자가 단상에 서 나의 피
조물 만백성을 구한다 그리 말할 수
없음이니라.
7 너희 자신이 버리지 못하는 그 욕심의
사욕을 버리기 위하여 너희들을 평생
가르친다는 종교 지도자 자신이 그를
버리지 못하면서 나의 피조물 만백성
너희들을 구원의 길로 가게 한다 그리
가르치고 이끌어 왔음이니,
8 그와 같이 거짓 하며 자신의 죄를 시
인하지 못하며 자신도 버리지 못하면
서 남들에게 버리라 울부짖는 그들 밑
에서 너희들이 지금까지 수천 년 역사
가 흘러왔으며, 또 앞으로도 그와 같
은 역사의 흐름 속에서, 그 가르침 속
에서 너희 후손들이 그와 같이 잘못된
지도자에 따라 지옥으로 가는 역사가

이루어져 감이니, 바로 그것이 무엇이
더냐?
9 지금 너희들이 종말의 시대라 말하는
것이니라.
10 그리하여 이 종말의 시대를 바로잡기
위하여, 내가 너희들이 지옥으로 가는
것을 구원하기 위하여 제3의 시대에
나의 법전을 세상에 만들어 너희들에
게 전하는 이 역사를 이루고 있는 것
이 지금의 과정임을 알아야 될 것이니
라.
11 종교 지도자들이 얼마나 잘못 가고 있
으며, 그들의 집단에서 얼마나 잘못
지도하며, 그 집단에 속해 있는 백성
들이 얼마나 어리석은 길을 가고 있는
것인가?
12 너희들은 말하지 아니하는가?
13 너희들의 집단만이 위대하며 너희들
만이 구원을 받는다 그리 말하며, 너
희들이 말하는 이방인이라 하는 백성
들을 어찌 보는가?
14 그들에게 너희들은 천사요, 그들은 사
탄의 자식이라 그리 말하나, 너희들이
지금에 살아가는 형국이요, 너희들 자
신이 욕심을 버리지 못하며, 욕심을
버리지 못한 자가 지도자라 하여 가르
치는 그와 같은 삶 속에서 나의 아들
예수로부터 구원받아 천사라 말하는
너희들이 이방인이라 말하는 나의 그
백성들에게 부끄러움을 알아야 될 것
이니라.
15 그들이 너희들을 보기를 어찌 보는가?
16 이방인이라 말하는 그들이 너희를 만
나기를 두려워하며 너희들의 방문을
두려워하며 너희들의 가증된 생활에
환멸을 느끼며, 너희들로 하여금 나
여호와로부터 그들이 멀리 가 있는 그
와 같은 형국으로 만들어져 있음을 너
희들이 그 부끄러움을 깨닫고 죄의식
을 알아야 될 때이거늘,
17 너희들은 그보다 더 당당한 모습으로
써 당연한 것처럼 오만하고 자만하는
형국으로써 지금 살아가는 형태를 알
아야 될 것이니라.
18 너희들은 믿음 속에서 죄를 행하면서
죄의식을 느끼지도 못하며, 모든 것을
성역화했으며, 성역화해 놓고 지금의
종교 지도자들이 그 속에서 저희들의
뜻에 따라 저희들의 환경에 따라 저희
들의 육의 편안함을 위하여 만들어 놓
은 그 속에서 구원을 받겠다 그리 허
덕이고 있음이니,
19 너희들은 정녕 나 여호와에게 오르는
그 깨달음을 듣지도 못하고 보지도 못
하는 것이며, 구원의 길을 볼 수도 없
으며 구원을 받을 수 없음을 알라.
20 저 자신도 다스리지 못하며 저 자신이
변화되지 못하고, 제가 어떠한 죄의식
속에서 어떠한 죄를 짓고 사는 것이
며, 저의 깨달음이 무엇이며 내가 원
하는 것이 무엇인지도 모르고 가르치
는 자, 그 속에서 너희들은 정녕 모두
를 다 잃고 가고 있음이며, 너희들 자
신이 다 불행한 지옥을 향하여 가는
그와 같은 삶을 살아간다는 것을 다시
한 번 깊이 깨우쳐야 할 것이니라.

3,108 번째 하나님 말씀

2002년 8월 24일 22시 24분

1 사랑하는 나의 아들아!

2 "네, 아버님! 말씀하옵소서."

3 너희들의 방대한 종교 집단을 이끌어 오는 지도자들과 그리고 그 밑에서 구원을 받고자 하는 나의 불쌍한 백성, 그 모두에게 너는 전하여 깨우쳐야 될 것이니라.

4 그리고 그 방대한 집단의 소속에서 변화되고 변화된 교리를 갖고 나의 피조물 만백성을 구원의 길로 인도한다는 작고 큰 종교 집단의 지도자들에게 너는 경종을 울리며 일깨워 주어야 될 것이니라.

5 지금 모든 종교 집단들이 정녕 저희들이 구원을 받으며, 천국의 문을 저희들이 스스로 오르며, 나의 피조물 만백성을 이끌어 온다 하여 저희들이 지금까지 가르치는 그 방법이요, 그들 스스로 만들어 놓은 모든 규제를 탈바꿈하여야 할 것이며, 그 규제 속에서 이루어지는 모든 의식이 정녕 나의 율법대로 변화되지 아니한다면 너희들은 구원의 길을 볼 수도 없으며 구원을 받을 수 없음을 알아야 될 것이니라.

6 지금 너희들이 수천 년 동안 흘러내려 오며 철옹성보다 더 방대히 쌓아 놓고 굳어져 있는, 그리고 너희들이 제왕보다 더 방대한 궁전이라는 것을 만들어 놓고 그 속에서 행하는 그 모든 형식이 과연 지금의 나의 율법이요, 법전에 따라 행하는 행위인가를 바라보아야 될 것이며, 너희들은 지금 그들이 다 잘못되었음을 알아야 될 것이니라.

7 그리하여 너희들이 억제해 놓은 모든 규제의 너희들만이 지키는 그 모든 법규를, 너희들만이 행하는 모든 행사의 변화요, 의식이요, 그 모두를 다 폐지하지 아니하면 너희들은 종교 집단으로서 구원의 길을 가는 것이 아니요, 지옥의 길로 안내하는 자들임을 알아야 될 것이니라.

8 이제 너희들은 알아야 될 것이니라.

9 지금까지 너희들이 방대한 조직 속에서 궁궐과 같은 성전을 지으며, 너희들이 각종 규제 속에서 행하며 집행하는 그 행사와 그 가르침의 방법을, 나의 피조물 만백성을 지도하는 방법의 모든 것을 폐지하지 아니하면 너희들은 구원을 받을 수 없다는 것을 내가 다시 한 번 나의 법전에 기록하여 전함이니, 만백성 너희들은 한번 너희 자신을 돌아다보아야 할 것이니라.

10 계명대로 지키며 나의 율법대로 지키며 내가 지금 제3의 시대에 나의 아들을 통하여 내리는 나의 법전을 정독하여 그 내용대로 지키는 것만이 구원을 받는 것이요, 지금의 모든 의식과 행사와 규제를 다 버리고 폐지하지 아니하면 구원의 길을 볼 수 없음이니라.

11 그러니 지금까지 흘러오는 모든 규제의 행사를 폐지하고 나의 아들을 통하여 내려보내는 법전의 내용의 가르침과 십계명을 지킬 수 있음을 깨닫고 그 십계명의 뜻이 무엇인가를 깊이 깨닫고 그대로 행하지 아니하는 자는 정녕 하늘에 오르는 영광된 길을 볼 수

도 없으며, 그는 나와 아무런 관계도 없음을 알아야 될 것이니라.

3,109 번째 하나님 말씀

2002년 8월 24일 22시 33분

1 사랑하는 나의 아들아!
2 "네, 아버님! 말씀하옵소서."
3 나의 피조물 만백성이 이 지상에 살아갑이니, 선량하고 착하게 살아가는 그 백성들, 그리고 선함을 추구하며 살아가는 착하고 어린 나의 백성들을 이제 내가 직접 구원하는 길을 열어 주며 그들을 구원하기 위하여 내가 밤낮을 가리지 아니하고 너를 달구어 나의 성령을 세상에 내려보내 법전을 만들어 이 책으로써 너희를 구원하고자 하는 것이 나의 뜻이요, 나의 소망임을 알고 있는가?
4 그리하여 160권의 대장정의 책을 만들어 그 선량하고 착하며 나의 십계명대로 살고자 노력하며 나의 계명에 따라 살아가고자 하는 그들을 위하여 내가 지금 이 역사를 이루고 있음이니라.
5 그들을 구원하기 위하여 내가 지금 법전을 세상에 만들어 그들의 손에 하나하나 쥐여 주어 스스로 그 자리에서 기도하는 법과 경배하는 법과, 하늘의 이치를 깨달으며 하늘에 오르는 길과 내가 무엇을 원하는 것인가를 그들에게 직접 깨우쳐 그들을 직접 구원하고자 하는 것이 내가 이루고자 하는 제3의 시대의 역사이니라.
6 그러나 내가 너희들을 그리 구원하고 너희들을 나의 천국의 문으로 안내하고 너희들이 나의 나라에 들어올 수 있도록 하기 위해서는 너희들을 붙잡고 있으며 너희들을 쇠사슬로 꽁꽁 동여매 놓았으며 너희들의 모든 자유와 시간과 재물과 금화를 빨아먹는 그와 같은 지금의 잘못 가르치는 그들의 뿌리를 뽑아내야 할 것이며, 그들을 버려야 될 것이니라.
7 너희들을 묶어 놓고 있는 그 쇠사슬을 자르지 아니하면 너희들이 구원을 받을 수 없기 때문이니, 너희를 동여매고 있는 그 쇠고리를 끊고자 함이요, 그리하여 너희를 잘못 가르치며 지금까지 계속 너희들을 이용하여 지옥으로 보냈던 그들의 뿌리를 잘라 내며 이 세상에 존재치 못하도록 내가 다 버리고자 함이니라.
8 그리하여 나의 법전을 세상에 내려보내니, 이 법전을 읽고 깨우친 백성 너희들이 깨우쳐 나가는 역사의 변화 속에서 스스로 너희들만이 구원을 받고자 해서는 아니 됨이니라.
9 나의 법전을 읽고 깨우친 나의 피조물 만백성 너희들은 나의 아들이 이끌어 가는 이 성전에 다 같이 동참하여야 할 것이며, 너희들이 동참했을 때 내가 이루고자 하는 새로운 역사를 이룰 것이며, 선하고 착한 백성들을 구하고자 하는 나의 뜻이 이루어질 것이며, 너희들을 묶고 있는 그 쇠사슬의 줄을 내가 끊을 수 있음이니, 또한 그들의 뿌리를 다 뽑아 존재치 못하도록 하는 그와 같은 역사를 이룰 수 있음이니라.
10 나의 법전을 읽고 깨우친 백성 너희들이 나의 아들을 따라 하나로 뭉치는

데 동참하며 너희들이 거기에 같이하
지 아니할 때 너희들은 내가 이루고자
하는 대역사를 이룰 수 없음을 알아야
할 것이니라.
11 지금 나의 성령이 세상에 내려가 내가
마지막으로 너희들을 구하고자 하는
그 역사를 이룸이니, 이것을 구약 시
대에 너희들의 잘못된 관행이요, 신약
시대에 예수를 핍박하여 죽게 했던 그
와 같은 관행의 그 짓을 다시 또 하려
함이니,
12 그와 같은 힘에 밀려 너희들이 내가
이루고자 하는 새로운 역사에 이룸의
세월이 늦어지며, 그 역사에 내가 새
나라를 건설하려 하는 거기에 너희들
이 방해되며 너희들이 힘차게 그 역사
에 임하지 못할 때,
13 너희들은 나의 뜻에 어긋나는 삶을 사
는 것이며, 나의 뜻에 따라 지상을 하
늘의 천국처럼 이룰 수 없음이니,
14 나의 법전을 읽고 깨우친 많은 백성들
이 나의 아들을 따라 함께 가며 새로
이루는 그 역사에 동참해야만 이가 뒤
로 물러가지 못함이니라.
15 너희들이 같이 참여하지 아니하며 동
참하지 못할 때, 지금과 같은 잘못된
종교 지도자들의 가르침의 그 세월이
더 연장될 것이며, 더 긴 세월을 그리
갈 것이니, 뒤로 물러나는 그와 같은
역사가 이루어질 것이니라.
16 너희들이 참여하며 동참하며 나의 아
들의 그 길에 힘이 되었을 때, 너희들
은 내가 이루고자 하는 그 세월 안에
새로운 시대를 이룰 수 있음을 알라.
17 너희들이 주저하며 참여하기를 두려
워하며 동참하지 아니할 때, 지금 새
로 이루고자 하는 역사의 세월은 뒤로
돌아감을 잊어서는 아니 될 것이니 그
리 알라.

3,110 번째 하나님 말씀

2002년 8월 25일 01시 40분

1 사랑하는 나의 아들아!
2 "네, 아버님! 말씀하옵소서."
3 지금의 너희 종파의 그 집단들이 어찌
흘러가는가?
4 정녕 너희들은 나의 종이요, 만백성의
종으로서 그리 살아가는가?
5 너희들이 지은 그 성전이요, 너희들이
만든 조직 속에서 우두머리요, 지도자
는 제왕보다 더 많은 권력을 누리고자
하며, 인간의 법이요, 인간의 법도라
는 인간의 질서를 지키기 위해 만들어
진 그 모두가 저희들을 다스릴 수 없
는 성역을 만들어 놓아 그 속에서 제
왕보다 더한 권력과 금화와 은화를 가
지고 휘두르며, 너희들이 그 모든 나
의 백성의 종으로서가 아니라 작은 신
으로서 너희들의 그 제왕의 나라를 만
들고 통제함이니,
6 그 밑에 있는 모든 종파의 지도자들은
저희 손으로 지은 성전을 위하여 금화
와 은화를 거두어들이는 것에 연연하
는 이와 같은 형국이 되어 있음이니,
7 이것이 정녕 나에게 오를 수 있으며
하늘에 오르는 길을 가르치는 자들이
며, 이러한 지금의 종교 지도자들의
관행이 옳다 생각하는가?
8 모든 종파의 우두머리는 제왕보다 더

한 권력이요, 저희들이 성역을 만들어 놓고 그 속에서 누구도 통제할 수 없는 제왕 중의 제왕의 행세를 하고 지배하고 있으며,
9 그 밑에서 갈라져 있는 많은 종파들도 저희들 나름대로 성전을 지으며 저희들이 그것을 통제하고 관리하기 위하여 그곳에 연연하는 이와 같은 형국이 되어 있음이니,
10 거기에 어디 진실이 있으며, 참진리를 보며 나 여호와에게 오르는 빛을 볼 수 있겠는가?
11 그와 같은 지금의 세태 속에서 나의 피조물 만백성 너희들이 자신을 모르며 자신을 돌아보는 시간이 없이, 그들의 가르침이요, 그들의 집단에 들어가 울부짖고 재물을 바침으로 구원을 받고자 하는 그와 같은 허무맹랑한 속에 빠져 있음이니, 이를 내가 어찌 보아야 되겠는가?
12 너희들은 지금 한 시점에서 너희 자신이 깨어나는 역사를 이루어야 될 것이니라.
13 새로 태어나는 삶으로써 너희들이 세상에 다시 태어나는 그 역사를 이루지 아니하면 구원을 받을 수 없을 것이니라.
14 지금 나의 성령이라 하여 너희들이 이를 가지고 지금에 흘러온 그 세태가 종교 집단의 우두머리는 제왕보다도 더한 그 호화찬란한 속에서 저희들이 영위하고 살아가며, 그 밑에 갈라진 종파는 갈라진 대로 그를 운영하고 조직을 관리하기 위한 형국으로 변해 있음이니,
15 너희들은 주는 것도 없이 그저 거두어 들여 그를 지키고 살아가는 데 급급한 이와 같은 현실이니,
16 내가 이를 더 이상 볼 수 없어 너희들에게 보고 또 보며 깨우치고 또 깨우치는, 그리하여 나의 법전에 너희들이 듣고 들어도 또 들어야 하는 그와 같은 방법으로써 너희들을 돌려 깨우치고자 하는 것이 제3의 시대에 이끌어 가고자 하는 나의 뜻임이니라.
17 너희들은 여기서 나의 법전을 들여다 보아야 될 것이며, 너희들이 나의 법전대로 살고, 그것이 너희들이 원하는 진리의 길이 아니며 사악한 자요, 사탄이라 말하거든,
18 너희들은 우선 십계명이라도 바로 지키며 십계명대로 사는 것이 구원의 길이라는 그것 하나를 깨우치고 나면, 너희들이 지금 나의 법전이 정녕 위대한 것이며, 너희들을 구원하기 위한 것이며, 나의 성령이라는 것을 알게 될 것이니라.
19 이 나의 법전을 가지고 내가 너희들에게 명하는 대로 살지 아니하며 그와 같은 형국으로 변화되지 아니하면, 너희들은 정녕 구원의 길을 볼 수도 없으며 그 빛조차도 볼 수 없음을 알아야 할 것이니라.

3,111 번째 하나님 말씀

2002년 8월 25일 01시 47분

1 사랑하는 나의 아들아!
2 "네, 아버님! 말씀하옵소서."
3 나의 성령이요, 참진리는 변할 수 없

으며 변질되지 아니한다 내가 너희들
에게 말하였음이니라.
4 지금 너희들의 종교 집단의 흐름은 위
에서부터 너희들이 몇천 년의 역사가
흐르는 동안에 변질되고 변화되었음
이니,
5 그 본질의 가르침은 어디로 갔으며,
너희들의 생활에 따라서, 그 국가의
집단에 따라서, 그들의 삶에 따라서
변화되는 그와 같은 믿음의 역사가 지
금 흘러가고 있음이니라.
6 진정한 진리요, 진정한 구원의 가르침
은, 물줄기가 원천의 샘에서 그대로
흘러와 만백성이 그 생명수로 마실 수
있듯이, 위에서 흐르는 물이 아래까지
와도 변하지 않는 물의 흐름과 같은
것이 종교의 진리요, 너희들이 깨우치
는, 변하지 않는 나의 성령의 진리임
을 알아야 될 것이니라.
7 그러나 지금의 종파의 가르침은 어찌
되었던가?
8 원천적인 샘의 물이요, 그 물줄기는
찾아볼 수도 없으며, 그 물들이 혼탁
한 물줄기로 변하여 흐르고 있음이니,
9 그 혼탁한 물속에서 어찌 나의 피조물
만백성의 생명수가 될 수 있으며, 그
를 먹고 나의 피조물 만백성이 구원의
길을 오를 수 있다 말할 수 있는가?
10 위에서 맑은 물이 흐르듯이 밑에도 맑
은 물이 흐르는 그와 같은 종교의 믿
음이 아니면 진정한 진리가 아님이니
라.
11 너희들은 지금 그 흐르는 물의 원천의
샘물의 뿌리는 찾아볼 수 없으며, 혼
탁한 물만이 흐르고 있는 시국에 이르
렀음이니,
12 너희들이 나에게 오르며 진정한 믿음
의 길을 가는 것은, 윗물이 먼저 맑아
야만 밑의 물이 맑은 그 이치에 따라
서, 위의 종교 지도자들이 살아가는
형태와 이끌어 가는 그 방법이 먼저
개혁되며 변화되지 아니한다면, 너희
들은 정녕 바른 가르침이요, 바른 진
리요, 참진리요, 생명의 빛을 볼 수가
없음을 알아야 될 것이니라.
13 이제 너희들이 지금까지 믿어 왔으며,
그것만이 너희들이 구원을 받는 길이
며, 나의 아들의 보혈로써 구원을 받
는다는 너희들의 성전을 지어 모아 놓
고 기도하고 광란으로 변하는 너희들
의 우두머리서부터 그 집단이 변화되
지 아니하면 이는 변화될 수 없는 것
이니라.
14 그 집단을 이끌어 가는 위의 집단이
변화되는 것만이 너희들이 변할 수 있
는 길이요, 위의 집단이 변하지 않는
한 너희들은 영원히 진정한 길을 갈
수 없는 그와 같은 종교의 흐름으로
갈 것이니,
15 지금의 종교 집단이 진정한 나의 뜻과
나의 길이요, 나에게 오르는 길조차도
모르고 있음이니, 이를 어찌하여야만
하겠는가?
16 너희들이 철옹성보다 더 굳어지고 굳
어진 종교의 우두머리의 집단이 변화
될 수는 없는 것이며, 윗물이 맑지 못
하면 아랫물이 맑지 못하듯이 위의 종
교 집단이 변할 길이 없으니, 아래의
종교 집단이 또한 변할 수 없음이니라.
17 그리하여 내가 천 년에 걸쳐서 너희들

을 다 뿌리 뽑아 버리고자 함이니라.
18 그리고 다 뿌리 뽑고 버린 그 위에서
내가 내리는 제3의 시대에 나의 성령
이요, 나의 법전이요, 내가 책으로 만
들어 엮어 내는 나의 성령만이 새로운
시대를 열 수 있음이니,
19 이 멀고도 먼 길의 역사를 가는 나의
아들 너와 너의 제자들, 너희들이 과
연 어떠한 마음 자세로 가야 하는가?
20 지금의 종교 집단이 윗물이 맑지 못하
여 아래가 혼탁해졌으니, 너희들이 혼
탁한 마음으로 세상사를 살아간다면,
몇백 년, 몇천 년의 역사가 흐른 뒤에
그 아랫물은 더 더럽고 지금보다도 더
혼탁하며 더 사악한 시대가 될 것이니,
21 오늘의 기초요, 창업주와 같은 너희들
이 천사와 같은 마음으로 변하는 그
역사를 이루는 것만이 내가 이루고자
하는 새로운 시대가 천 년에 걸쳐서
이루어짐이니, 너희들의 자세가 얼마
나 소중하고 위대한 것인가?
22 이 수많은 집단과 너희들이 부딪히며,
또는 파도처럼 밀려오는 그들을 가슴
으로 막으며 새로운 기초요, 기틀을
세워야 됨이니, 너희들이 어렵고 힘든
길을 가야 함이니라.
23 그리하기 위해서는 너희들이 나의 성
령이요, 나의 뜻을 깊이 깨우쳐야 될
것이며, 내가 존재함을 너희들의 가슴
속에 깊이 뿌리를 내리지 아니한다면
너희들은 많은 종파들이 몰아닥치는
그 회오리를 막을 수 없으며, 너희 후
손들은 너희들을 보고 진정한 진리의
길을 갈 수 없는 그와 같은 변질된 세
상이 될 것이니,
24 이를 너희들이 깊이 깨우쳐, 자신을
다 태우고 죽여 너희들이 기틀을 바로
잡는 역사의 장을 여는 데 주저함이
없어야 되며, 한 점의 그릇됨이 없어
야 되며, 한 점의 거짓됨이 없어야 되
며, 천사와 같은, 나의 심성과 같은 마
음으로 뿌리를 내리는 길밖에 없음을
알라.

3,112 번째 하나님 말씀

2002년 8월 25일 08시 56분

1 사랑하는 나의 아들아!
2 "네, 아버님! 말씀하옵소서."
3 내가 무어라 말하였더냐?
4 네가 있는 곳이요, 나의 성전에서 하
늘의 빛이 너를 통하여 만백성에게 전
해진다 하였음이니, 내가 너를 통하여
성령을 내려보냄이요, 너를 통하여 모
두를 거두어들인다는 역사를 너희들
은 믿지 아니하며 믿으려 하지 아니함
이니,
5 암흑의 세계에서 한 줄기의 빛이 너희
들을 향하여 비춰 그 길을 인도하는
역사가 이루어지는 곳이 나의 성전이
요, 이곳에 와 나의 법전을 들으며 나
의 아들을 통하여 내리는 그 성령의
강론을 듣는 것이 너희들을 지옥에서
구원하는 생명의 빛이라 하면 너희들
은 과연 이를 믿겠는가?
6 내가 나의 아들을 통하여 지금의 종파
의 바로 서고 못 선 모습과 그들이 잘
가르치고 잘못 가르치는 것을 하나하
나 분석하여 너희 손에 쥐어 주었으
며, 나의 성령이 무엇을 의미하며, 나

의 법전이 무엇을 의미하는 것인지를
너희들의 손에 쥐여 주었으니, 너희들
이 이를 견주어 볼 수 있도록 하였음
이니라.
7 그리하여 너희들이 구원의 길을 선택
하고 못 하는 것은 너희들 스스로 판
단할 때가 왔다 그리하였음이니라.
8 이 법전을 읽고도 깨우치지 못하는
자, 그리고 나의 성전에 와 강론을 들
으면서 깨닫지 못하는 자, 너희들 열
여섯 가정의 모두가 신부요, 너희들의
육의 삶의 길을 내가 열어 준다 하였
음이니, 너희들이 한 가지씩 마음의
그 악습을 지우라 하였음이니라.
9 그러나 너희들이 이를 지우지 못한다
면, 너희들이 얼마나 어리석은 자인가
를 알아야 할 것이니라.
10 내가 나의 법전이 세상에 만백성을 구
하는 나의 진리요, 참빛이라 말하여도
그를 보지 못하는 백성들과 너희들과
의 차이점이 무엇인가?
11 내가 너의 제자들에게 명하는 것을 따
르지 아니하고 그리 행하지 아니하는
너희들이 얼마나 어리석고 우매한 자
들인가?
12 너희들은 나의 작은 명령에 내가 지시
하는 그 작은 모두를 철저히 지키는
훈련부터 돌입해야 될 것이니라.
13 나의 피조물 만백성이요, 그들을 너희
들이 보기에 나 여호와의 성령이요,
이 법전을 듣지도 아니하고 보지도 못
하는 그들을 너무나 어리석고 불쌍한
자들로 그리 보나,
14 나의 선지자요, 나의 아들을 따라서
강론을 들으며 나의 법전을 공부하는
너희들의 가장 악한 폐습이요, 가장
버리기 어려운 단점을 하나씩 지우라
하였음이니, 그것도 지우지 못하고 비
우지 못하는 너희들이 그들보다 더 얼
마나 어리석고 불쌍한 자인가를 알아
야 될 것이니라.
15 너희들은 내가 너희에게 행하라 하는
것을 행하지 아니하며, 너희들이 그를
목숨을 바쳐 고치고 지우려 하지 않을
때, 너희들은 진정한 깨달음이 없으
며, 너희들이 나를 향하여 한 계단 한
계단 올라올 수 있는 그 계단을 올라
오지 못하고 있음을 알아야 될 것이니
라.
16 창조주인 나 여호와가 너희들에게 상
을 주고자 하여 하나를 고치라 하는데
도 그것을 고치지 못한다 하면, 너희
들이 얼마나 우매하고 불쌍한 자들인
가를 알아야 될 것이니라.
17 육의 삶에 무엇이 그리도 그립고 육의
삶의 그 향락이 무엇이 그리우며 육에
서 부귀영화가 무엇이 그리도 소중하
기에 너희들이 육의 세상에서 살아가
는 그 욕심의 근본의 뿌리를 버리지
못하는가?
18 이를 어찌하여야 되겠는가?
19 너희들이 영원히 사는 나의 나라요,
나 여호와가 존재함을 작고 큰 기적으
로써 보고 체험하며, 그리고 나의 아
들이 무서우리만큼 변하여 가는 그의
마음 다스림과 그의 행동의 다스림을
보면서 어찌하여 너희들은 자신의 하
나의 단점을 고치지 못하는가?
20 육의 삶과 육의 부귀영화요, 세속의
삶이 그리도 너희들에게 소중하던가?

21 얼마나 너희들이 어리석은 자들인가?

22 영원히 사는 나의 나라를 그리며, 너희들이 죄를 짓고 나에게 왔을 때 지옥 불에 가 고통받는 것을 너희들은 너희들의 일이 아니요, 남의 일이라 그리 착각하고 생각하지 말라.

23 그것이 너희들 앞에 다가올 날이 머지않았음이니, 내가 너희들의 그 모두를 구원하고자 너희들이 가지고 있는 그 마음의 하나의 단점을 버리라 하였으니, 이것을 못 버리는 것은 세상사의 욕심이요, 너희들의 깨우침이 하나도 없는 것이며, 부질없는 세속의 인생사에 얽매이는 그 끈을 놓지 못함이니, 어찌하여 그리도 불쌍하고 우매한 짓을 하는가?

24 너희들은 이를 깨우쳐야 될 것이니라.

25 맹수가 먹이를 위하여 발톱을 감추고 노리는데 그 먹이가 될 짐승이 그를 깨닫지 못하고 제가 오만하며 저 자신을 믿다가 죽임을 당하는 그와 같은 짐승보다도 더 어리석고 우매함을 알라.

26 그 짐승이 영리하여 아무리 제가 빠르고 독주한다 해도 맹수가 발톱을 가리고 공격하는 것을 하나만 보지, 집단으로 둘러싸고 저를 공격하는 것을 못 보는 어리석은 것이니,

27 아무리 독주에 자신이 있고 빠르다 하나 오만하고 자만하여 그들의 집단에 죽어 가는 그와 같은 처참한 꼴을 당하는 것과 너희들이 지금 하나를 버리라 하여도 버리지 못하는 형국이 똑같은 것이니라.

28 너희들이 그리 어리석고 우매한 짐승으로서 살다 나에게 와 과연 지옥으로 가는 형벌을 받으려 하는가?

29 독주하며 빠른 짐승이 저는 공격하는 그들에게 잡히지 아니한다는 그 오만과 자만 때문에 그들의 집단의 둘레에 막혀 살아나지 못하는 그와 같은 형국이 바로 너희들이니라.

30 너희들이 구원을 받은 자요, 선택을 받은 자라는 너희들의 그 오만과 자만 속에 너희 스스로 지옥 불로 가는 그 길을 벗어나지 못하는 그와 같은 무서운 우를 범하지 말라.

31 내가 명한 것을 너희들이 버리지 못한다면 너희들은 인간의 고리요, 육의 고리를 끊지 못하고 너희들의 욕심이라는 그 고리에 얽매여 있음이니, 그 욕심의 고리가 내가 깨우쳐 하늘에 오르라 하는 것보다 더 소중하다 그리 너희들이 알고 있음이니, 그게 바로 너희들의 지금의 마음이니라.

32 너희들은 하늘에 오르는 그 영광보다도 소중한 것이 없으며 더 위대한 것이 없다고 그리 말하나, 너희들의 행동은 그리하지 못함이니, 이것이 바로 너희들의 우매한 작태이니라.

33 이를 너의 제자들에게 깨우쳐 주어, 내가 명한 것을 실천하도록 그리하라.

34 너희들의 웃음 속에 깨달음이 없으며, 너희들이 말로써만 깨달았으며, 하나님의 은혜에 감사를 안다 하나, 너희들의 마음속은 깨달음이 없으며 변화가 없으며 변화된 행동을 하지 못한다 하면,

35 얼마나 너희들이 우매하고 어리석은 자인가를, 내가 너희들에게 내리고자

하는 그 상을 받지 못하는 너희들이
나에게 얼마나 크나큰 죄를 짓고 있는
가를 알겠는가?
36 내가 사랑하고 아끼며, 나의 혈통이
요, 나의 자식이요, 너희들에게 나의
아들의 신부의 자격을 주었다 하였거
늘,
37 지금도 깨우치지 못하는 너희가 나 여
호와에게 얼마나 큰 죄를 짓고 있는가
를 돌이켜 생각해 보아야 될 것이니
그리 알라.

3,113 번째 하나님 말씀

2002년 8월 25일 09시 03분

1 사랑하는 나의 아들아!
2 "네, 아버님! 말씀하옵소서."
3 내가 선택된 나의 백성을 무척 사랑하
기에 너희들의 하나의 단점을 꼭 고치
라 그리 명하며, 그를 고쳤을 때 너희
들에게 크나큰 은혜와 상을 내린다 하
였음이니라.
4 이 나 여호와의 마음을, 나의 뜻을 너
희들이 그리도 모르겠는가?
5 주고자 하며 주고 싶어 하는 나의 마
음을, 나의 기쁨을 막으며, 나의 기쁨
의 길을 열어 주지 못하며, 나를 위해
너희들이 한 가지도 지키지 못하는 그
와 같은 백성이니, 어찌하여 너희들을
나의 아들이요, 딸이라 말하겠는가?
6 내가 너희들에게 무엇을 고치라 하더
냐?
7 너희들이 고치지 못하는 하나의 가장
큰 단점을 가지고 하늘나라의 나에게
올 수 있는 길이 있다 하면 내가 그를
고치라 너희에게 명하지 아니할 것이
니라.
8 그러나 너희들은 그것을 안고 하늘나
라에 올 수 없음이니라.
9 너희들이 나에게 오기 위해서는 너희
들의 하나의 가장 큰 단점을 베어 내
듯이 고치지 아니하면 정녕 나에게 올
수 없음이니라.
10 그리하여 나에게 올 수 없는 그 혹을
하나 떼어 내 버리라 함이니라.
11 그 혹을 떼어 버렸을 때, 육의 삶에서
너희들에게 부귀와 영화요, 모두를 다
준다 하였음이니라.
12 이는 감히 창조주인 나 여호와로서,
공의의 하나님으로서 내가 너희들에
게 그대로 준다 하면, 만백성과 너희
들과 차별화됨이니 이는 있을 수 없는
것이니라.
13 그리하여 너희들은 나에게 선택된 백
성이기에 너희들의 하나의 악습을 고
치라는 그 과제를 주었음이니, 그를
고침으로 인해서 내가 내릴 수 있는
상을 너희들이 충분히 받을 수 있기
때문이니라.
14 내가 그저 무상으로 너희들이라 하여
아무나 주며 다른 백성이라 하여 주지
아니한다면, 깨우치지 못한 백성들에
게 이를 준다면 되겠는가?
15 깨우친 백성에게 주는 것이 나 공의의
하나님이며, 진정한 참진리를 역사하
는 창조주가 아니더냐?
16 너희들이 가장 소중히 여기는 잘못된
단점 하나를, 너희들이 버릴 수 없는
것을 버림으로 인하여 너희들이 깨달
음이 높으며, 나 여호와에게 기쁨을

안겨 주니, 거기에 대한 상을 내가 너
희들에게 주고자 함이니라.
17 그리하여 나의 피조물 만백성, 나의
법전을 읽고 깨우치고 이 대목을 읽는
백성들이 저희들의 가장 큰 악습이요,
가장 즐겨서 버릴 수 없는 단점 하나
씩을 버리고자 노력하여 버린다 하면
내 그들에게 또한 상을 줄 것이니라.
18 공의의 하나님으로서 내가 행할 수 있
는 길 외에 무엇을 어찌할 수 있겠는
가?
19 나는 너희들에게 상을 내리되, 너희들
이 받을 만큼 했을 때 내리며, 그 누구
도 받을 만한 자격이 없을 때는 내가
줄 수 없음을 너희들은 알아야 될 것
이니라.
20 내가 나의 아들을 종이라 불렀으며,
그가 처음에는 종과 같은 자리에 있었
으며, 그가 변하고 노력함에 따라 그
를 선지자라 불렀으며, 또한 그 변하
는 모습이 너무도 아름다워 내가 나의
아들임을 그에게 일깨워 주었으며 내
가 아들이라 부르지 않는가?
21 그리고 열여섯 가정 너희들의 깨우침
이 남들보다 높기에, 나의 아들을 신
랑의 자격으로서 너희를 맞이하게 하
며, 너희들이 신부로서 나의 가슴에
올 수 있는 그 길을 열어 줌이니,
22 하늘에서 내리는 빛이 나의 아들을 통
하여 너희들에게 전해지듯이, 너희들
은 나의 아들을 통하여 하늘에 오름이
니, 나의 아들에게 신부로서, 신랑과
신부의 그 아름다운 관계가 되지 못한
자, 너희들을 불러올릴 수 없음이니라.
23 바로 너희들 중에 아름답게 변한 자를
내가 거두어들임이니, 나의 성전에 오
는 자, 신부와 같은 자가 아니면 그를
받아들일 수 없음이니라.
24 신부와 같은 자가 되었을 때, 너희들
은 나의 아들을 통하여 하늘에 오름이
니, 내가 너희들을 일찍 나의 가슴에
안고자 하여 이와 같은 것을 너희들에
게 가르쳐 주며 지키라 함이니라.
25 그러니 이와 같은 나의 뜻을 깨닫는다
면, 하나의 폐습이 아니라 열 가지, 백
가지라도 너희들이 고치는 데 모두를
다해야 하거늘, 눈을 감고 세상을 보
라.
26 그리고 너희들이 정녕 깨우치지 못하
겠거든 캄캄한 방에 들어가 눈을 감고
너희 가슴에 안고 세상을 보라.
27 무엇이 보이던가?
28 그와 같이 보지 아니하고 듣지 아니하
면 모두를 다 할 수 있는 것이니, 너희
들이 남들이 말하는 것을 듣기는 듣되
너희 귀에서 듣지 아니하며, 추하고
더러운 것을 보되 그것을 보지 아니하
고 아름다움만을 보며, 말을 하되 백
합의 향기와 같은 말이 아니면 하지
아니하며 입을 다물면 되는 것을,
29 어찌하여 그와 같은 깨달음 하나도 실
천하지 못하면서, 너희들이 나로부터
기적을 얻기를 바라며 구원을 받기를
원하며, 너희들이 차별화된 백성으로
서 나에게 오는 길을 올 수 있다 생각
하는가?
30 내가 나의 아들에게도 훈련을 시켰음
이니라.
31 육의 삶의 그 어렵고 힘든 고비 고비
마다 나의 아들에게 훈련을 시켜 지금

여기에 와 있으며, 그의 깨달음이 또
한 제대로 걷지도 못하는 것과 같으며
성서의 한 줄도 읽어 보지 못한 자를
오늘에 이르기까지 훈련을 시키고 또
훈련시켜 깨달아 이와 같이 온 것은,
32 내가 공의의 하나님으로서 누구나 다
똑같은 절차를 밟아야 되며 스스로 깨
우치고 와야 하기 때문이니라.
33 그리하여 나의 아들에게도 이와 같이
훈련을 시키며 내가 그에게 반복된 훈
련 속에서 그 스스로 딛고 일어서 오
늘의 이 자리에 올 수 있도록 훈련을
시켰거늘,
34 만백성 너희들이 너희 자신의 훈련을
쌓지 아니하며 변화되지 아니하고 구
원을 받는다는 그와 같은 생각은 버려
야 될 것이니라.
35 먼저 변하는 마음속에 비우는 것만큼
나의 성령이 너희 가슴에 임함이니,
이를 알아야 될 것이니라.

3,114 번째 하나님 말씀

2002년 8월 25일 09시 15분

1 사랑하는 나의 아들아!
2 "네, 아버님! 말씀하옵소서."
3 구약 시대의 그 백성들도 천사들이 사
는 천국에 올라오고자 하는 삶을 살아
야 된다는 것을 알면서도 그들이 육의
욕심이요, 육의 한계를 넘지 못하여
우상을 만들며, 그와 같이 참혹한 행
위로써 나 여호와의 존재함을 거부하
였으며, 우상을 저희들의 머릿속에 그
리는 그와 같은 형용할 수 없는 죄를
범하였음이니라.
4 그리하여 신약 시대에 왔던 그 백성들
또한 어찌하였던가?
5 천사들이 사는 천국이 있음을 그들이
알기에 그 길을 오겠다고 가는 그 백
성들이 결국은 어찌하였던가?
6 그들이 나의 아들을 그와 같이 슬픔으
로 가게 하였음이니라.
7 그리하여 수천 년의 역사가 흐른 지금
에도 너희들은 천사들이 사는 천국은
반드시 있으며, 그곳에 가 살고자 하
는 마음이 있기에 너희들은 지금 그곳
에 가려고 무한한 노력을 하며, 너희
인생의 모두를 바쳐 그곳에 가는 것이
가장 큰 영광이요, 너희들의 인생의
목적으로 사는 자가 수없이 있음이니
라.
8 그러나 천국의 문은 너희들이 아무리
깨우치고 또 깨닫는다 해도 그 한계에
부딪힘이니,
9 정녕 천국의 문을 여는 것은 너희들이
나의 계명대로 살지 아니하면, 또 내
가 내린 법전이요, 제3의 시대에 너희
들을 구하기 위하여 내린 나의 성령으
로 기록된 법전이라는 이 책을 읽고
습득하여 이 내용대로 살지 아니한다
면, 정녕 너희들은 천사들이 사는 천
국에 오를 수가 없으며 갈 수 없음을
알아야 되는 것이니라.
10 나의 계명대로 목숨을 다 바쳐 지키고
자 하며, 나의 법전을 정독하여 그 내
용대로 지키고 사는 자, 천국에 가고
자 노력하는 자에게만 그 노력한 만큼
올라올 기회가 더 주어짐이니, 너희들
은 그와 같은 이치를 알아야 될 것이
니라.

11 그리하여 너희들이 노력할 때 노력하
는 강도에 따라서 천국에 오르는 길이
보이며, 그 길에 들어설 수 있음을 알
아야 될 것이니라.
12 너희들의 마음속에 남을 시기하고 질
투하며 남에게 거짓 하고 음해하며,
너희들이 경쟁 속에서 살아가면서 어
떠한 수단과 방법을 가리지 아니하고
승자가 되고자 하는 그와 같은 마음을
버리지 못하며 그 마음을 추스르지 못
하는 너희들은 나의 하늘의 천국에 오
를 수 없음을 알아야 될 것이니라.
13 너희들이 질투하는 마음, 시기하는 마
음, 거짓 하는 마음, 남을 음해하는 마
음, 그리고 너희들이 승자가 되기 위
하여 어떠한 잔인한 방법을 강구해서
라도 남에게 피해를 주며 그에게 손상
을 주며 상처를 준다 해도 너희들이
승자가 될 수 있고, 가질 수 있고, 더
높은 자가 된다 하면 수단과 방법을
가리지 않는 그 마음을 무엇으로써 다
스릴 수 있겠는가?
14 너희들의 그와 같은 마음은 너희들이
교육이요, 스승으로부터도 다스릴 수
가 없으며, 누구를 보아도, 어떠한 방
법으로써도, 너희들이 믿는 종파 속에
가 재물을 바치며 찬송을 하고 또한
그 설교를 평생 들어도 너희들의 그
공허한 마음을 달랠 수는 없음이니라.
15 너희들이 그를 듣고 완벽히 변할 수
없기 때문에 너희들의 그 공허한 마음
은 지울 수가 없음이니라.
16 오로지 너희들의 그 공허한 마음을 뿌
듯하게 채워 주며, 너희들이 삶의 행
복을 느끼며, 나 여호와에게 와 한 점
의 부끄러움이 없는 삶을 살 수 있는
그 변화는 너희들이 목숨을 내걸고 나
의 십계명대로 실천하고 사는 것이며,
내가 너희들을 마지막으로 구원하고
자 내려보내는 나의 법전을 정독해 그
속에서 깨우침을 얻는 자만이 마음의
공허함을 잊을 것이며, 너희들이 인생
의 삶의 허무함을 느끼지 아니할 것이
며, 구원의 길을 받을 것이며, 구원의
길에 확신이 설 것임을 알아야 될 것
이니라.
17 나의 법전을 정독하지 아니하는 너희
들은 구원의 길을 확신하지 못함이니
라.
18 보혈로써 구원받으며 성전에 와 구원
받았다고 너희들이 소리 지르고 찬송
하나, 그리하고 나왔을 때 너희들의
마음은 허무하며, 너희들의 생활이 얼
마나 이중적이고 삼중적인가를 깨달
아 보아야 될 것이니 그리 알라.
19 나의 법전을 읽고 깨우치는 백성만이
이중이요, 삼중으로 변하는 생활을 하
지 아니하기 때문에, 이를 정독하는
자만이 구원의 길을 볼 수 있다는 것
을 알아야 될 것이니라.

3,115 번째 하나님 말씀

2002년 8월 25일 12시

1 사랑하는 나의 아들아!
2 "네, 아버님! 말씀하옵소서."
3 너의 제자들이요, 나에게 선택된 백성
들에게 그리 전하라.
4 내가 너희들의 폐습이요, 가장 잘못된
것 하나를 고치면 너희들의 육의 삶의

은혜를 내려 준다 하였으며, 너희들
열여섯 가정 모두는 나에게 오를 수
있는 신부라 내가 명하였음이니,
5 내가 너희들에게 육의 도움을 주며,
너희들을 신부라 미리 명하여 너희들
에게 내가 일깨워 준 그 뜻은, 너희들
이 이 각박한 세상이요, 남을 시기하
고 질투하며 그저 승리를 위해서 남을
돌아다보지 않는 그와 같은 험악한 삶
을 살아가는 나의 백성들을 보기가 너
무나 가슴이 아픔이니라.
6 나로부터 선택된 나의 아들의 제자인
너희들이라도 풍요로운 마음, 너그러
운 마음, 그리고 용서할 수 있는 마음,
그와 같은 아름다운 마음을 갖고 살아
갈 수 있도록 내가 너희들에게 상을
내리기 위하여 내가 너희들에게 하나
의 버릇을 고치면 육의 행복을 준다
하였으며,
7 너희들이 다 신부가 되어 나의 아들을
통하여 내 가슴에 올라올 수 있는 사
랑하는 아들과 딸들이라 그리 일깨워
주었음이니,
8 이와 같은 영광과 은혜를 받은 너희들
은 이제는 이 세상 그 누구도 갈 수 없
으며 감히 누구도 생각할 수 없는 풍
요로운 마음과 너그러운 마음으로 너
희 마음을 가져 주기를 바라는 것이
나 여호와의 간절한 뜻이니,
9 너희들의 육의 부모가 이보다 너희들
을 더 사랑할 수 있으며, 그 누가 너희
들을 이보다 더 아끼고 사랑하겠는가?
10 내가 나의 아들을 통하여 너희들에게
말하였느니라.
11 너희들이 올 수 있는 그 선이 있으며,
각자가 넘어야 할 선이 있으며, 너희
들 각자가 나에게 와야 될 거리가 있
음이니라.
12 어떤 사람은 나에게 더 가까이 올 자
가 있으며, 또 멀리서 나에게 올 자가
있으며, 너희들이 나에게 달려와야 되
며 내 앞에 와야 되는 너희들이 꼭 넘
어야 하는 그 선이 있음이니, 그 선에
너희들이 거의 다 왔음이니라.
13 용기를 내어 한두 발짝만 더 걷는다면
너희들이 그 선을 넘을 것이니, 그때
는 내가 너희들을 가슴에 안을 것이
며, 그때부터 너희들은 모든 나의 영
광과 은혜 속에서 살아간다 하였음이
니, 어찌하여 그 고개를 넘지 못하는
가?
14 너희들의 마음을 다 비우는 그와 같은
깨달음부터 너희들이 스스로 행하여
야 될 것이니라.
15 지금 나의 성령을 직접 들으며 내가
책으로써 증거하는 나의 법전을 읽고
깨우친 너희들이 바로 서지 못한다면
모든 백성들은 그 누구도 바로 설 수
가 없음이니라.
16 너희들이 얼마나 어리석은가를 너희
스스로 알아야 될 것이니라.
17 내가 모두를 다 주며 너희들에게 기회
를 주었건만, 그를 받아들이지 못하는
너희들이 얼마나 어리석고 우매한 자
들인가 너희들이 스스로 깨우쳐 봐야
될 것이니 그리 알라.
18 내가 나의 아들을 통하여 말하였음이
니라.
19 황폐한 곳에는 아무리 새싹을 내려 해
도 그것은 날 수 없다 말하였듯이, 너

희들의 그 마음의 원심을 하나씩 버리
지 아니한다면 내가 너희들에게 내려
줄 수 없기 때문이니라.
20 나의 이 애절한 마음이요, 너희들이
얻는 기쁨보다 너희들에게 줄 수 있는
나 여호와의 기쁨을 위하여 너희들 자
신을 다 날려 보낼 수는 없는가?
21 너희들 자신이 죽은 자로 살 수는 없
는가?
22 너희들의 기쁨보다도, 너희들의 창조
주인 나 여호와에게 기쁨의 영광을 돌
려줄 수는 없는가?
23 오늘부터 너희들은 너희들의 기쁨이
아니요, 나 여호와의 기쁨을 위하여
너희들의 어렵고 힘든, 너희들에게 정
해진 그 선을 무사히 넘는 나에게 선
택된 백성이 되어 주기를 내가 나의
아들을 통하여 너희들에게 간곡히 이
르노니, 그리 알라.

3,116 번째 하나님 말씀

2002년 8월 25일 15시 10분

1 사랑하는 나의 아들아!
2 "네, 아버님! 말씀하옵소서."
3 너의 제자들에게 일러 말하라.
4 너희들의 깨우침이 빨리 경지에 올라
와 너희들이 천사와 같은 마음으로 변
하여야 될 것이니라.
5 너희들은 나의 아들이 가는 그 고통을
모르고 있음이니라.
6 나의 아들이 지금 수천수만 번의 십계
명을 외웠음이니라.
7 그곳에는 너희들 인간사에 입에 담기
도 싫은 구차하고 추한 단어들을 외우
지 않는가?
8 '간음하지 말라.
9 도둑질하지 말라.
10 살인하지 말라.
11 네 이웃에 거짓 증거하지 말라.' 그 단
어 하나하나를 너희들이 생각해 보라.
12 얼마나 추하고 더러운 말들인가?
13 그 말을 지키라 하여 나의 아들이 수
천수만 번을 십계명을 암송하고 또 암
송하여 내가 법전을 받아쓰도록 하는
것은 너희들 제자들의 마음이 비워져
있지 못하기 때문이니라.
14 너희들의 마음이 비워져 있으며 너희
들이 바로 설 수 있는 깨달음이 있다
하면, 나의 아들에게 그와 같은 추한
말을 암송시키지 아니할 것이니라.
15 나의 아들이 너희들이 모를 만큼 경지
에 올라왔으니, 이제 십계명을 외우는
딱지를 뗄 때도 되었으나, 그 제자들
이 아직 깨우치지 못하고 있기에 너희
들이 듣기도 추한 그 계명을 자꾸 더
암송하도록 하는 것이니, 너희들의 죄
가 여기 있음을 알아야 될 것이니라.
16 너희들이 변했다 하면 내가 어찌하여
도둑질하지 말며 간음하지 말라는 그
추한 말들을 나의 아들에게 계속 더
암송하도록 하겠는가?
17 너희들이 깨우치지 못하면 나의 아들
은 이를 계속 암송할 것이니라.
18 너희들이 듣고 바로 설 때까지 이는
중단하지 아니할 것임을 알라.
19 너희들은 어찌하여 나의 아들의 변한
모습의 삶을 모르는가?
20 그는 아름다운 여인이요, 제가 사랑하
는 자를 만나는 것도, 그와 같은 이름

을 기억하는 것도 싫어하며, 너희들이
살아가는 인간의 향락의 즐거움이요,
그 모두도 다 싫어하는 마음으로 그리
변했음이니라.
21 '너는 가장 소중한 것이 무엇이냐?' 그
에게 물으면 그는 너희들이 고통스럽
고 힘든 길이라 생각하는, 나에게 기
도하며 나의 성령을 받아 기록하는 것
이 그에게는 가장 행복하며 영광이라
하는 자로 그리 변하여져 있거늘, 너
희들은 그를 못 보고 있음이니라.
22 여인을 만나는 것도 아니요, 사랑하는
사람을 만나는 것도, 오랫동안 만나
보지 못했던 친구를 만나는 것도, 그
리고 어떠한 육의 행복도, 어떠한 쾌
락도, 너희들이 세속에서 즐기고 가장
행복하다는 그 어떠한 행동도 그는 이
미 다 접어 두었음이니, 그가 접어 둘
수 있는 것은 무엇인지 아는가?
23 기도하는 그 기쁨이요, 기도하는 그
영광보다 더 소중한 것이 없다 그리
생각하기에, 그는 모두를 다 포기하고
접어 두고 지금 가고 있음이니라.
24 너희들이 그와 같은 마음으로 갈 수
있는가?
25 기도하는 그 영광이요, 기도하는 그
기쁨을 무엇과도 바꿀 수 없음이니,
금화와 은화요, 세상 것을 다 준다 해
도 나의 아들은 그를 마다할 것이며,
그의 마음속에는 이미 그와 같은 재물
의 가치가 하나도 없으니, 가을에 떨
어져 흘러가는 낙엽만큼도 그 마음속
에 없음이니라.
26 기도하는 것이요, 나의 성령을 받아서
기록하는 것 외에는 그에게 아무것도
없음이니, 이와 같이 변해 가는 나의
아들이요, 그가 만백성의 신랑으로서
당당히 설 수 있다 내가 그리 말하였
는데, 너희들이 어찌하여 변하지 못하
고 깨우치지 못하여 너희들의 귀에 거
슬리며 듣기도 추한 계명의 순번을 나
의 아들이 계속 암송하도록 하는가?
27 그가 언제까지 그를 암송하도록 너희
들은 그리 갈 것인가?
28 너희들이 오늘의 이 깨우침을 알아야
될 것이니라.
29 너희들은 말할 것이니라.
30 이 어렵고 힘든 길을 너희들에게 왜
가라 마라 하는 것인지, '너희들은 마
음을 비우라, 원처럼 마음을 비우라,
그리고 모든 생각을 다 버리라, 하나
의 너희들의 더럽고 추하며 지울 수
없는 너희들이 가장 선호하는 악의 그
것을 버리라, 그리고 계명대로 살라,
나의 법전대로 살라, 그리고 변해 가
라.' 그와 같이 어렵고 힘든 주문만을
하는 나 여호와를 너희들은 원망할 것
이니라.
31 그러나 너희들은 추한 죄를 가진 자,
나에게 올 수 없으며, 그와 같은 고통
의 길을 가지 아니하고는 너희들이 천
국에 올 수 없음이니라.
32 너희들이 사하지 못한 죄를 육에서 하
나 둘이라도 안고 있다면, 너희들은
천사가 사는 나라에 올 수 없다 하였
음이니,
33 내가 너희들에게 편안하게 너희들이
즐거움 속에서 믿음의 길을 가도록 그
리 풀어 주는 것이 너희들을 구하는
것이 아님을 너희들은 어찌 모르는가?

34 육의 부모도 커 가는 자식에게 매질을 할 때, 그가 미워서 매질을 하는 부모가 어디 있겠는가?
35 때려서 아픈 자식의 마음보다 부모의 마음이 더 아프지 아니하던가?
36 그것은 너희들이 백 년도 안 되는 그 육의 삶을 위하여 그 부모가 자신과 같은 삶을 살지 말며, 바르고 곧은 인간으로서 남으로부터 칭송받는 그와 같은 자식으로 성장해 주기를 바라는 애절한 마음에서, 자기가 맞는 것보다 더 아픈 마음으로 매를 듦이니,
37 창조주인 나 여호와가 너희 육의 부모보다 백배 천배 더 너희를 사랑함이니라.
38 그리하여 너희들이 영원히 사는 나의 나라에 와 나에게 기쁨을 줄 수 있는 그와 같은 삶을 살라고 내가 너희들을 깨우치고 일깨워 주고자 함이니, 내가 여기에 무슨 말을 못 하며, 어떠한 형국으로써 너희들을 깨우칠 길이 있겠는가?
39 부모가 자식을 때리는 그 마음보다도 더 깊은 마음으로 너희들을 가르쳐 하늘에 오르게 하고자 하니, 내가 나의 아들을 통하여 밤낮을 가리지 아니하고 이리 성령의 뜻을 내려보냄이니라.
40 너희들이 나의 뜻을 알아, 너희들에게 어렵고 힘든 고난의 길을 가도록 하는 그 의미를 알아야 할 것이니라.
41 너희들이 쉽게 얻은 것은 쉽게 값없이 보느니라.
42 너희들을 내가 천사같이 만들어 지금의 너희들의 마음을 내가 바로잡아 놓는다 해도, 너희들은 사악한 마음과 천사의 마음의 차이가 쌀 한 톨의 높이만큼도 안 된다 하였으니, 이는 스스로 너희들이 천사가 될 수도 있고 사악한 자가 될 수도 있는 것이니라.
43 너희들이 쉽게 얻은 것은 무너지게 되며, 너희들은 나의 은혜를 알기 전에 너희들을 무너트리는 사악한 무리에게 무너지게 되어 있음이니라.
44 그리하여 너희들이 하나하나 어려움을 깨우치며 너희 스스로 하나하나 이겨 갈 때, 사악한 자와 싸워 선을 선택하는 너희들의 그 고통의 길을 갔을 때 거기서 너희들이 기쁨을 얻을 것이며, 그 기쁨 속에 너희들이 진정 그 깨달음을 소중히 알 것이니,
45 그리하여 너희들이 육의 삶이 끝나기 전에 너희들의 마음이 변하지 아니하며 행동이 변하지 아니하며 생각이 변하지 아니하여 나에게 올 수 있는 너희들이 될 수 있음이니라.
46 그리하여 너희들에게 오늘의 고통과 시련의 길을 가도록 하는 나 여호와의 아픈 마음을 너희들이 헤아려 줘야 됨을 알라.

부 록

【하나님께서 가르쳐 주신 운동】

천재지변이 일어날 때, 동물이나 미물들은 미리 알고 대피하지만, 인간은 알지 못하고 큰 화를 당합니다. 하나님께서 인간에게 가장 높은 지혜를 주시고 완벽하게 창조해 주셨기에 동물들보다 더 잘 알 수 있지만, 욕심으로 마음이 혼탁해져서 한 치 앞을 보지 못하는 것입니다.

마찬가지로, 인간은 누구나 스스로 필요한 운동을 해서 건강을 지킬 수 있도록 하나님께서 만들어 주셨습니다. 우리의 머리에서 우리 몸에 필요한 동작을 해 달라고 끊임없이 신호를 보내지만, 인간이 혼탁하게 살아서 그 신호를 알아채지 못합니다. 그러니 자연스럽게 자기 몸이 원하는 그 신호를 따라서 운동하는 것이 하나님께서 가르쳐 주신 운동 방법입니다. 바로, 우리의 영이 육을 이끄는 운동입니다.

▶ 하나님 운동법

1. 눈을 감고, 발을 어깨너비로 벌리고 바르게 선다.
2. 몸에 힘을 풀고, 허리를 숙이면서 손과 머리를 아래로 내린다.
3. 허리를 펴고 싶을 때, 천천히 펴면서 하고 싶은 동작을 하면 운동이 시작된다. (사람마다 다르다.)
4. 멈추지 말고, 어떤 동작이든지 자기 몸의 느낌대로 계속 이어서 한다.

▶ 참고 사항

① 눈을 감은 상태로 아무 생각 하지 않고, 자기 몸의 느낌대로 움직입니다.
② 마음을 비우고, 욕심을 버리고, 지난날의 잘못을 반성하면서 몇 차례 시도하다 보면, 자기도 모르게 하고 싶은 동작이 끊임없이 생깁니다.
③ 운동 장소는 방 안이든 운동장이든 관계없으며, 걷거나 달리고 싶을 때는 눈을 떠도 됩니다.
④ 매일 40분 이상, 주 4회 이상, 3개월 이상 하면 음식 조절에 들어갑니다.
 - 음식으로 생긴 병은 음식으로 치료하게 되며, 어떤 음식을 먹어야 하는지 스스로 알게 됩니다.
 (자기 몸에 필요한 음식만 먹고 싶어집니다.)
⑤ 사랑하는 사람과 함께 운동하면 서로 치료해 주기도 합니다.
⑥ 운동을 하다가 몸의 어느 한 부분을 계속 손으로 자극한다면 그쪽에 이상이 있는 것이니, 의사에게 상담을 받고 적절한 치료를 받으면 됩니다.
⑦ 다이어트 및 기타 건강관리에 효과적입니다.
⑧ 꾸준히 운동하여 영이 맑아지면, 자신의 과거와 미래를 스스로 보게 됩니다.

누구나 스스로 하실 수 있습니다.

간행사

《새로운 성경》은:

· 새로운 성경은, 하나님께서 선량하고 선한 자를 선택하여 십계명을 암송하도록 하시고, 십계명을 암송한 다음에 음성으로써 들려주시는 말씀을 듣고 그대로 카세트테이프에 녹음해서 받아쓴 책입니다.

· 90분짜리 녹음테이프 700여 개에 달하는 말씀으로, 1999년 8월부터 2004년 7월까지 총 160권(권당 288쪽)을 완성하였으며, 그 이후에도 현재까지 계속 말씀을 내려 주고 계십니다.

· 새로운 성경은 "하늘을 두루마리 삼고 바닷물을 먹물 삼아 쓰고 써도 다 못 쓴다"는, 끝없이 방대한 하나님의 말씀이 두루마리로 직접 내려오는 것입니다. 이러한 새로운 성경은 구약과 신약을 폐하려는 것이 아니라 "인봉된 성서의 비유의 뜻"을 상세히 설명하여 완성하고자 하나님께서 직접 내려 주신 말씀입니다.

《새로운 성경》의 구성:

· 제 목: 2013년, 160권 모음집을 발간하면서, 본 도서의 제목을 "하나님! 말씀하옵소서"에서 《새로운 성경》 으로 명해 주셨습니다.

· 단행본: 각 권당 288쪽(신국판) 책이 160권까지 시리즈로 출판됩니다.
(모음집은 단행본을 16권씩 묶어서, 총 10부로 구성됩니다.)

《새로운 성경》의 성경적 근거:

· 신약 성경 [요한복음] 16장 13절에 "진리의 성령이 오시면 그가 너희를 모든 진리 가운데로 인도하시리니 그가 자의로 말하지 않고, 오직 듣는 것만을 말하며" 하신 말씀처럼 하나님의 음성을 들은 것만 기록하였으며,

· "장래 일을 너희에게 알리시리라" 하신 말씀과 같이 개인, 나라, 인류의 "장래"일을 하나님께서 알려 주시는 것만 기록하여 책으로 만들었습니다.

《새로운 성경》의 기록 방법:

- 1999년 8월부터 하나님께서 저에게 들려주시는 음성을 기록하였습니다. 처음에는 제가 들은 말씀을 불러 주면 저의 아내가 기록하여, 2000년 1월 29일에 1권 초판이 세상에 나왔습니다. 2000년 4월부터는 주시는 말씀을 받아 녹음기에 기록하여 시리즈로 출간하기 시작하였습니다.

- 녹음을 시작하면서 하나님의 말씀을 받는 데 가속도가 붙었고, 2001년 5월 3일에 1부(1~16권까지)를 인쇄하여 출판하였으며, 2004년 7월까지 총160권 분량의 말씀을 받아 기록하였습니다.

하나님께서 저에게 주신 것은:

- 첫째, 만백성을 상대로 내려 주시는 "기도", 둘째, 수시로 내려 주시는 "묵상", 셋째, 개인의 과거, 현재, 미래를 알려 주시는 "개인 기도", 넷째, 개인의 건강을 위해서 내려 주시는 "음식 처방", 다섯째, 하나님께서 가르쳐 주신 "운동"등이 있습니다. 이 중에 첫 번째, "기도"를 책으로 편찬하였습니다. 사람의 생사, 개인의 미래에 관한 천기는 수록하지 말라 하셨습니다.

강론 안내:

- 하나님께서는 지금도 매일 저에게 새로운 하늘의 비밀의 말씀을 내려 주고 계십니다. 수시로 내려 주시는 말씀을 정리해서 제자를 육성하라는 말씀에 따라 매주 강론을 하고 있습니다. 누구나 무료로 들으실 수 있습니다. (book160.com)

《새로운 성경》을 읽는 분들에게 드리는 선물:

- 개인 기도: 개인의 과거, 현재, 미래에 관하여 말씀을 내려 주십니다.

- 음식 처방: 사람은 음식을 먹고살다가 건강을 잃으니, 음식과 운동으로 건강을 되찾는 방법을 알려 드립니다. 단, 하나님이 계심을 믿고, 십계명을 지키겠다고 진실로 서약하는 분들께 알려드립니다.

《새로운 성경》의 은혜와 기적:

- 새로운 성경 전160권은 16권씩 묶어서 총 10부의 모음집으로 구성됩니다. 모음집 한 부를 읽고 깨우치는 자에게 하나님께서 다음과 같은 기적이 있다고 하셨습니다.

· "첫째, 그가 죽어 하늘에 갔을 때 그의 죄를 묻지 아니하며, 구원을 받는 위대한 은혜가 있으며, 둘째, 그의 소원과 소망이 이루어지고, 셋째, 죽은 자(부모, 형제, 자식, 사랑하고 은혜 입은 분)의 이름으로 구입한 책을 읽고 누군가 한 사람이 깨우칠 때, 그 죽은 자가 지옥에서 천국으로 구원을 받게 되며, 넷째, 유산, 중절 수술 등으로 태어나지 못한 아이를 위하여 구입한 책을 보고 한 명이 깨우쳤을 때, 그 아이가 사람으로 다시 한 번 태어나는 은혜를 받는다."

· "새로운 성경"을 3회 이상 정성을 다해 정독하는 자, 성서의 비밀을 알게 되고, 세상의 이치를 알게 되며, 세상을 지배하고 통제할 수 있는 지혜를 다 얻게 된다고 하셨습니다. 이 책은 만백성이 정독하고 이웃에게 전하여, 평생 가슴에 묻은 슬픔과 고통의 짐을 벗고 미래를 위한 힘찬 삶을 살아가도록 하는 책입니다.

끝으로

· 하나님께서는 흰 눈이 세상을 덮듯이 새로운 성경을 온 세상에 전하라고 하셨습니다. 《새로운 성경》 을 각국어로 번역해서 온 인류에게 구원의 길을 깨우쳐 주고, 그 수익으로 가난하고 어려운 백성을 구제하여, 만백성의 영과 육을 함께 구원하는 선지자의 임무를 수행하라고 저에게 명하셨습니다.

· 하늘에서 내려 주신 말씀의 보화를 만백성에게 나누어 주는 것이 선지자의 임무라고 하셨습니다. 새로운 성경을 통해서 얻는 재물을 사용할 곳도 하나님께서 일일이 명해 주십니다. 모든 재물은 저의 자의로 쓸 수 없고, 하나님께서 명하시는 대로만 쓰여집니다.

· 어떤 명분으로든 십일조나 각종 헌금을 거두어들이지 말라 하셨으며, 국내뿐 아니라 각국에 성전과 단독 서점을 운영하며, 한국의 많은 젊은이들을 전 세계에 지도자로 내보내라고 하셨습니다.

· 우리는 세계적으로 새로운 성경을 보급하며 어려운 이들을 돕는 역사를 해 나갈 것입니다. 지금까지 비록 몇 명 안 되는 제자들과 함께 이러한 일을 역사했지만, 앞으로도 계속 하나님께서 기뻐하시는 일들을 해 나갈 것입니다. 부족한 저희에게 여러분들의 지혜와 성원을 보내 주시기를 바랍니다. 많은 분들의 참여와 도움을 간절히 기다립니다. 감사합니다.

한국어로 내려온 《새로운 성경》 단행본을 출간하며
2016년 4월 10일

발행인 **김 용 철**

한국어로 내려온

새로운 **성 경** · 3부 · 제42권

지은이 하나님 말씀
대역자 김용철

초판인쇄 1쇄 2009년 11월 21일
재판인쇄 1쇄 2017년 4월 3일

펴낸 곳 도서출판 하얀마음
등록번호 제 10-2107호 (2001년 2월 14일)
주소 서울시 노원구 덕릉로86길5, 2층
전화번호 02) 313-1114
팩스 02) 393-5554
전자우편 book160@hanmail.net
편집위원 조나영 김미향 이석교
제작지원 김철종 조현숙 김영환 이계숙

도서상담 1600-7527
ISBN 978-89-5875-142-7 (04230)
978-89-5875-100-7 (세 트)

값 10,000원
잘못된 책은 구입하신 곳에서 바꾸어 드립니다.

※이 책은 10부로 제작되며, 각 부 16권씩 총160권으로 구성됩니다.※

1부	2부	**3부**	4부	5부	6부	7부	8부	9부	10부
1권	17권	33권	49권	65권	81권	97권	113권	129권	145권
2권	18권	34권	50권	66권	82권	98권	114권	130권	146권
3권	19권	35권	51권	67권	83권	99권	115권	131권	147권
4권	20권	36권	52권	68권	84권	100권	116권	132권	148권
5권	21권	37권	53권	69권	85권	101권	117권	133권	149권
6권	22권	38권	54권	70권	86권	102권	118권	134권	150권
7권	23권	39권	55권	71권	87권	103권	119권	135권	151권
8권	24권	40권	56권	72권	88권	104권	120권	136권	152권
9권	25권	41권	57권	73권	89권	105권	121권	137권	153권
10권	26권	42권	58권	74권	90권	106권	122권	138권	154권
11권	27권	43권	59권	75권	91권	107권	123권	139권	155권
12권	28권	44권	60권	76권	92권	108권	124권	140권	156권
13권	29권	45권	61권	77권	93권	109권	125권	141권	157권
14권	30권	46권	62권	78권	94권	110권	126권	142권	158권
15권	31권	47권	63권	79권	95권	111권	127권	143권	159권
16권	32권	48권	64권	80권	96권	112권	128권	144권	160권